LES CELTES

DANS LES VALLÉES DU PÔ ET DU DANUBE

PAR

M. Alexandre BERTRAND

MEMBRE DE L'INSTITUT, ANCIEN MEMBRE DE L'ÉCOLE D'ATHÈNES
CONSERVATEUR DU MUSÉE DES ANTIQUITÉS NATIONALES

ET

M. Salomon REINACH

AGRÉGÉ DE L'UNIVERSITÉ, ANCIEN MEMBRE DE L'ÉCOLE D'ATHÈNES
CONSERVATEUR ADJOINT DES MUSÉES NATIONAUX

PARIS
ERNEST LEROUX, ÉDITEUR
LIBRAIRE DE L'ÉCOLE DU LOUVRE
DE LA SOCIÉTÉ ASIATIQUE, DE L'ÉCOLE DES LANGUES, ETC.
28, RUE BONAPARTE, 28

1894

NOS ORIGINES

II

LES CELTES
DANS LES VALLÉES DU PÔ ET DU DANUBE

ANGERS, IMP. BURDIN ET Cie, 4, RUE GARNIER, 4.

PRÉFACE

Le présent volume est le développement de quelques leçons professées par M. Alex. Bertrand à l'École du Louvre. Il est consacré à l'étude d'une civilisation qui est qualifiée par les uns de celtique, par les autres d'ombrienne ou d'illyrienne, et dont les vestiges caractéristiques ont été recueillis tant dans la Gaule orientale que dans l'Italie septentrionale et sur le Danube. Au point de vue archéologique, abstraction faite de toute désignation ethnique, c'est la *civilisation du premier âge du fer* ou *hallstattienne*, à laquelle succède, dans les mêmes régions et dans d'autres plus éloignées, celle du *second âge du fer*, le « La Tène » des archéologues suisses et allemands, le *marnien* des archéologues français, le *late celtic* des savants anglais. Cette dernière civilisation, en Italie, appartient déjà au domaine de l'histoire écrite, mais le *hallstattien* fait encore partie de ce que Broca appelait la « préhistoire », les seuls documents littéraires où cette civilisation ait laissé des traces étant fournis, comme nous l'avons montré dans l'*Annexe G*, par les poèmes homériques.

L'identité de civilisation n'implique ni l'unité de langage ni l'unité ethnographique. Celtes, Italiotes, Illyriens, d'autres peuples encore, ont participé à la civilisation hallstattienne ; dans l'état actuel de nos connaissances, il n'est pas possible d'affirmer qu'elle ait appartenu originairement à l'un d'eux. En qualifiant de *celtique* la civilisation ombrienne de l'Italie du nord, nous avons simplement énoncé ce fait, à nos yeux incontestable, que les Celtes, avant l'époque dite de La Tène, vivaient dans un état industriel et social analogue à ceux de leurs frères les Ombriens.

En résumé, nous admettons l'existence, dans l'Europe centrale, d'une première couche de populations *à civilisation celtique*, sur laquelle est venue s'étendre, à partir du vi° siècle avant notre ère, une seconde couche *à civilisation galatique*. Ces dernières populations sont les « Celtes de l'histoire » ; les premières sont les « Celtes de l'archéologie » et font seules l'objet de notre travail.

A. B. — S. R.

Musée de Saint-Germain-en-Laye, juin 1894.

TABLE DES MATIÈRES

	Pages.
Préface	I-II
Table des matières	III-VI
Errata	VII

CHAPITRE PREMIER

Divisions générales de l'histoire de la Gaule, 1. — Ce qu'on entend par *période celtique*, 2. — Matériaux pour l'étude de cette période, 3. — Conciliation de l'archéologie avec les textes, 4. — Ignorance de Polybe sur la Gaule, 4, 5. — Témoignage de Cicéron, 6. — Textes les plus anciens relatifs aux Celtes, 7. — Données d'Hérodote, 8. — Données de Platon, de Xénophon, de Scylax, 9. — Les « Celtes restes de l'invasion », 10. — Témoignage de Ptolémée fils de Lagus, cité par Strabon, 11. — Diffusion tardive du nom des Celtes, 12. — Doctrine d'Éphore, 13. — La *Celtique* d'Aristote, 14. — Voyage de Pythéas, 15. — Extension abusive du domaine des Celtes, 16. — Ce que nous apprennent les *Argonautiques* d'Apollonius, 17. — Sources anciennes de ce poème alexandrin, 18. — Domaine des Celtes vers la fin du IVe siècle, 19. — Le « centre de rayonnement » des Celtes n'est pas le centre de la Gaule, 20. — Tradition contraire rapportée par Tite-Live, 21. — Critique de cette tradition par Zeuss et Mommsen, 22. — Carte de la Gaule au VIe siècle, suivant le récit de Tite-Live, 23. — Impossibilités qui résultent de ce récit, 24. — Opinion de Fréret, 25. — Observation de M. d'Arbois de Jubainville sur l'itinéraire attribué à Bellovèse, 26. — Polybe et les Celtes de l'Italie, 27. — Celtes cisalpins et Celtes transalpins, 28. — Caractère agricole et sédentaire des populations de la Gaule cisalpine, 29. — Coexistence d'un groupe pacifique et d'un groupe guerrier, 30. — Dualité des populations celtiques, 31. — Étrusques et Celtes, 32. — *Celtisation* des Ibères et des Ligures, 33. — Celto-ligyens et Celtibères, 34. — La question de l'étain et le rameau septentrional des Celtes, 35. — Type classique traditionnel des Celtes et des Gaulois, 36. — Les Gaulois dans l'art pergaménien, 37. — Opinion de Roget de Belloguet, 38. — Dualité du type physique des Celtes, 39. — Persistance de la couche *pré-celtique*, 40. — Accord de l'anthropologie et de l'archéologie, 41. — Nécessité d'étudier la civilisation celtique dans la région des Alpes, 42.

CHAPITRE DEUXIÈME

I. — LA GAULE CISALPINE.

Celtes et Vénètes, 43. — Domination tyrrhénienne, 44. — Parenté des tribus de l'Italie du nord avec les Celtes, 45. — Rapports entre les Celtes et les

Étrusques, 46. — Les envahisseurs gaulois du IVᵉ siècle d'après Polybe, 47.
— Conclusions de M. Brizio, 48. — Nécropoles celtiques ou *pré-galatiques*, 49.

II. — LA TOMBE DE SESTO-CALENDE.

Publication de Biondelli, 49. — Disposition des objets dans la tombe, 50. — Comparaison avec une tombe de Hallstatt, 51. — Nécropoles de Sesto-Calende et de Golasecca, 52. — Contenu de la tombe de Sesto-Calende, 53. — Objets de métal, 54. — Urne cinéraire, 55. — Unité des types céramiques à cette époque, 56. — Tombe de Bismantova, 57. — Tombes de Golasecca, Moncucco, Robarello, 58. — Fibules en barque et en sangsue, 59. — Fibules serpentiformes, 60. — Fibules crénelées et à bâtonnets, 61. — A quel peuple attribuer les nécropoles insubres? 62. — Galates et Rhètes, 63.

III. — LES RHÈTES.

Les Rhètes sont-ils des Étrusques? 63. — Nécropole rhétique de Vadena, 64. — Témoignage de Tite-Live, 65. — La langue étrusque en Rhétie, 66. — Témoignage de Caton, 67. — Opinion de Zeuss, 68. — Opinion de MM. Oberziner et Orsi, 69. — Thèse de M. Helbig, 70. — Illyriens et Celtes, 71. — Opinion de Fréret, 72. — Textes antiques relatifs aux Ombriens, 73-75. — Incertitude des désignations ethniques, 76. — Caractère de la langue ombrienne, 77. — La civilisation de Villanova est ombrienne, 78. — Sens dans lequel il peut être question des Celtes au VIIIᵉ siècle, 79.

IV. — GOLASECCA.

Enceintes de pierres de Golasecca, 80. — Leur analogie avec les cromlechs, 81. — Cercles de pierres de Garin, 82. — Nécropole à cromlechs d'Avezac-Prat, 83. — Cercles de pierres de Saint-Gaudens, 84. — Nécropoles dites *proto-celtiques*, 85.

V. — LES ÉPÉES A ANTENNES, LES BRONZES ESTAMPÉS ET LES SITULES HISTORIÉES.

Égalité sociale dans les cimetières proto-ombriens, 85. — Le poignard à antennes, 86. — Distribution géographique de ce type, 87-89. — Tribus celtiques et tribus mégalithiques au pied des Pyrénées, 89. — Plaques historiées de Haguenau, 90, 91. — Analogies entre la civilisation des groupes du Pô, du Danube et du Rhin, 92-93. — Fouilles de Deschmann et Hochstetter à Laybach, 94. — Situles historiées, 95. — Liste des situles connues, 96. — Objets divers se rattachant à la même série, 97. — Miroir de Castelvetro, 98. — Couvercle de Grandate, 99. — Fourreau de Hallstatt, 100. — Casque d'Oppeano et couteau d'Este, 101. — Situle de Trezzo, 102. — Casques de Watsch et de Sanct-Margarethen, 103. — Situle de Capodaglio, 104. — Situle d'Este, 105. — Situle Boldù-Dolfin, 106. — Ceinturon de Watsh, 107. — Situle de la Certosa, 108, 109. — Situle de Matrai, 110. — Situle Arnoaldi, 111. — Combat du ceste, 112. — Analogie avec l'épisode décrit dans l'*Énéide*, 113. — Situle de Watsch, 114. — Situle de Kuffarn, 115. — Animaux fantastiques, 116. — Situle Benvenuti, 117. — Fragments de Moritzing, 118, 119. — Ceinturon de Bologne, 120. — Ceinturon d'Este, 121. — Ceinturon de Corneto, 122.

VI. — HALLSTATT ET LES CELTO-GALATES.

Découverte de la nécropole de Hallstatt, 122. — Travaux de Sacken et Ramsauer, 123. — Types *hallstattiens*, 124. — Grande épée de fer, 125. — Tombes à inhumation de Hallstatt, 126. — Mobilier des tombes, 127. — Inhumés et incinérés, 128. — Dualité de la population, 129. — Date de la nécropole, 130. — Galates du sud, 131. — Mouvement des tribus celto-galatiques vers le sud, 133. — L'Empire celtique, 133. — Unité de la civilisation celtique, 134.

VII. — LES GALATES DU SUD A LAYBACH.

Fouilles exécutées à Laybach, 134. — *Oppida* ou *Gradisce*, 135. — Inhumés et incinérés, 136. — Cimetière de Klenik, 137. — Fouilles du prince de Windischgraetz, 138. — Tumulus de Sanct-Margarethen et de Watsch, 139. — Caractère indigène de la civilisation, 140. — Guerriers et agriculteurs, 141. — L'épée de fer, 142. — Les Gésates, 143. — Boïens et Gésates, 144.

VIII. — L'ÉPÉE DE HALLSTATT.

Exemplaires de la grande épée de fer recueillis à Hallstatt, 145. — Description des tombes où elle se rencontre, 146-148. — Distribution géographique de ce type, 149-151. — Distribution des épées de bronze de type analogue, 151-153. — Distribution des bouterolles à ailettes, 154-156. — Le rasoir de bronze, 157. — La ciste à cordons, 158. — Les fibules celtiques, 159. — Fouilles de Bologne et d'Este, p. 160. — Stratigraphie des tombes d'Este, p. 161. — Distinction de cinq couches ou époques, 162, 163. — Nécropole de Villanova et autres analogues, 164. — Porte de Felsina, 165. — Caractères des tombes ombriennes, 166. — Analogies avec Mycènes, 167. — Épées gauloises du type de La Tène, 168. — Fibules gauloises, 169. — Influences étrusques, 170. — Persistance de la population indigène, 171. — Caractères de la conquête gauloise, 172. — Analogies entre les tombes gauloises du Bolonais et celles de la Marne, 173. — Fouilles de Gozzadini et de Brizio, 174. — Épées gauloises de Marzabotto, 175. — Tombes gauloises en Transpadane, 176. — Statistique des nécropoles gauloises, 177. — Statistique des découvertes d'épées du type de la Marne, 178. — Pauvreté archéologique de la couche gauloise, 179. — Les Gaulois n'ont fait que passer comme un ouragan, 180. — Le centre de leur civilisation propre est le Belgium, 181.

ANNEXES

A. — EXTRAITS DES CARNETS DE M. BERTRAND.

Voyage de Milan, Pérouse, Vienne, 182. — Voyage de Mayence, Nuremberg, Sigmaringen, 183, 184. — Voyage de Laybach, Vienne, 185. — Musées d'Este, de Rome, de Bologne, 186, 187.

B. — L'AMENTUM ET LA CATEIA.

La plaque de Watsch, 188. — L'amentum, 189. — Le gaesum, 190. — Textes sur la cateia, 191. — Conclusions à tirer de ces textes, 192. — La cateia et le boumerang, 193.

C. — LA CATEIA ET LA FRANCISQUE.

L'armement des barbares du vᵉ siècle avant J.-C. se retrouve dans celui des envahisseurs de l'empire romain, 194. — Le pilum et l'angon, 195. — La rhomphaea, 196. — Le gaesum, 197. — La matara et le sax, 198. — La francisque considérée comme arme de jet, 199.

D. — LE ROI AMBICATUS ET L'UNITÉ POLITIQUE CHEZ LES CELTES.

Opinion de M. d'Arbois de Jubainville, 200-204.

E. — LE RÉCIT DE TITE-LIVE SUR LA MIGRATION GAULOISE.

Opinion de M. Otto Hirschfeld, 205-212. — Le récit de Tite-Live ne dérive pas de Timagène, mais de Cornelius Nepos, 211. — Anecdote empruntée par Pline à Varron, 212.

F. — GÉOGRAPHIE DES CISTES A CORDONS.

Distribution géographique des cistes, 213-216. — Cartes comparatives indiquant la distribution des cistes et celle des rasoirs, 217.

G. — LE BOUCLIER D'ACHILLE ET LES SITULES CELTO-ILLYRIENNES

Opinion d'O. Müller sur la réalité du bouclier homérique, 218. — Opinion de M. Clermont-Ganneau, 219. — Opinion de M. Milchhoefer, 220. — Opinion de M. Helbig, 221. — Observations de M. Brunn sur la parenté du bouclier et des situles, 222-223. — Opinion de M. Perrot, 224. — Les prétendues influences phéniciennes, 225. — Caractère de la civilisation mycénienne, 226. — Les Achéens à Chypre, 227. — Rayonnement et survivance de l'art mycénien, 228.

Appendice : Traduction de la description du bouclier d'Achille dans l'*Iliade*, 229-231.

ERRATA

Page 55, 3º ligne avant la fin. — Lire : *fig.* 5, n° 8.
— 66, avant-dernière ligne du dernier alinéa. — Lire : *Crotoniates*.
— 95. — Ce livre était imprimé lorsque nous avons reçu de M. Hoernes les épreuves d'un mémoire sur les situles (*Verhandlungen der 42 Philologenversammlung*, p. 300-309). M. Hoernes mentionne un fragment de couvercle de situle de Meclo (*pompa*, hommes avec grands chapeaux) et un fragment de situle de Caporetto (combat du ceste). A la suite de ce travail (p. 309), M. Gurlitt étudie les les fragments récemment reconstitués de Klein-Glein, à savoir une grande situle (cavaliers en marche, chasse à l'ours) et trois larges ceinturons (scènes de chasse, combat du ceste, animaux, homme dont le corps se termine en queue de poisson, oiseaux, etc.). On peut attendre avec quelque impatience la publication de ces curieux objets.
— 103. — La figure 2 a été retournée.
— 149. — Une épée du type de Hallstatt, avec restes d'un fourreau en fer, a été découverte dans le tumulus de Wilsingen (Würtemberg) ; elle appartenait en 1884 à un collectionneur de Stuttgart (Tröltsch, *Fundstatistik*, p. 98).
— 150. — M. Tröltsch signale, mais sans références, une épée du type de Hallstatt découverte dans un tumulus à Bucey-lès-Gy (Haute-Saône). Voir *Fundstatistik*, p. 98.
— 153. — A l'épée de bronze du tumulus de Saint-Oustrille (sic), *il faut ajouter* : une autre épée, pourvue également d'une bouterolle, provenant de la même région et conservée au Musée d'Issoudun ; une épée de bronze de même provenance appartenant à M. Dardeau ; une très grande épée (long. 0m,782), découverte aux environs de Déols près de Châteauroux et appartenant à M. Creusot. Ces spécimens sont gravés, avec une épée de bronze d'un type un peu différent découverte à Bourges, sur une planche accompagnant un article de M. Albert des Méloizes (*Mémoires de la Société des Antiquaires du Centre*, t. XVII [1890], pl. I).
— 155, ligne 3. — Lire : *Schwetzingen*.
— 159, lignes 10-12. — Le seau à côtes s'est bien rencontré à Golasecca et à Vulci (voir p. 214) ; la phrase du texte doit être modifiée en conséquence.
— 222, 6ᵉ ligne avant la fin. — *Lire* : « les fauteuils tressés de la situle de Watsch ressemblent tout à fait à la *sedia Corsini*. »

LES CELTES ET LES GAULOIS

DANS LES VALLÉES DU PÔ ET DU DANUBE

CHAPITRE PREMIER

I

L'histoire de la Gaule, antérieurement à la conquête franque, se divise en trois grandes périodes :

1° Peuplement de la Gaule par une succession de tribus dont la langue nous est complètement inconnue et auxquelles on ne peut appliquer, jusqu'à nouvel ordre, aucune désignation ethnique. Bien que présentant un état social très supérieur à l'état sauvage, ces tribus innomées, réduites à leurs propres forces, ne purent sortir de la phase industrielle dite néolithique [1].

2° Période celtique ou gauloise, marquée par des caractères qui la distinguent nettement de la précédente et accusent l'intervention d'éléments nouveaux. La différence n'est pas moins sensible que celle qui, dans l'histoire de l'Amérique, sépare les temps qui précèdent de ceux qui suivent la conquête, caractérisés par la domination des nations européennes.

3° Période de la conquête et de la domination romaines.

---

1. Voir le précédent volume, *La Gaule avant les Gaulois* (2ᵉ éd., 1891).

La Gaule avant les Gaulois est une esquisse à grands traits de la première période. Nous abordons la seconde, la *période celtique*, qui est celle de la prépondérance et de la domination des Celtes (dont les Gaulois sont une branche), non seulement en Gaule, mais dans les îles Britanniques, la Haute-Italie, la Germanie et une partie de l'Espagne. C'est l'âge héroïque de notre race, celui de sa plus grande expansion territoriale.

Dans le présent volume, né, comme le précédent, de leçons professées à l'École du Louvre, nous étudierons les monuments et les textes relatifs à l'histoire des Celtes et des Gaulois, antérieurement à la conquête romaine. Les documents archéologiques, dont la comparaison et le classement ont été jusqu'ici trop négligés, tiendront ici la première place.

La période initiale de notre histoire comprend l'époque quaternaire ou de la pierre éclatée, l'âge des cavernes ou du renne, l'âge de la pierre polie, des monuments mégalithiques et des cités lacustres où le métal fait défaut. Elle prend fin, sans qu'on puisse en marquer exactement la limite, lorsque, par suite de rapports commerciaux encore mal connus, on voit les métaux, le cuivre, le bronze et bientôt après le fer, remplacer, dans l'Europe occidentale, la pierre, l'os et la corne comme matière des instruments et des armes.

En même temps, des phénomènes d'un autre ordre, en particulier sur notre littoral, annoncent l'intervention de tribus civilisées qui, se mêlant aux indigènes, les soumettant sans doute, commencent à transformer leur état social.

Au premier rang de ces tribus figurent les CELTES. D'où venaient-ils ?

Qualifier les nouveaux venus *d'indo-européens* ou *d'aryens*, parce que leurs descendants parlent une langue dite *indo-européenne* ou *aryenne*, laisse la question d'origine à peu près intacte. Les recherches faites sur le lieu de diffusion des langues aryennes n'ont pas abouti à des résultats décisifs[1] : en

---

1. Voir *La Gaule avant les Gaulois*, 2ᵉ éd., annexe E, p. 307, et S. Reinach, *L'origine des Aryens*, Paris, Leroux, 1892.

fût-il autrement, nous ne serions pas mieux éclairés sur l'itinéraire que les Celtes ont pu suivre et les territoires qu'ils ont occupés à l'aurore des temps historiques. La désignation d'*indo-européen* répond à une idée précise aux yeux des linguistes ; elle est à peu près sans valeur pour les archéologues, qui étudient les civilisations et non les langues. C'est à l'archéologie seule qu'il appartient d'élucider les problèmes qui se rattachent à la marche et à la diffusion de la civilisation celtique : les documents qu'elle met en œuvre lui permettent de remonter à une époque sur laquelle les textes historiques sont muets.

Ces documents ont été surtout recueillis et classés au cours de ces trente dernières années. On les trouve tant dans nos musées nationaux (en particulier au Musée de Saint-Germain) que dans les collections publiques de la Hongrie, de l'Autriche, de la Hesse, de la Bohême, du Wurtemberg, du pays de Bade, de la Suisse, de l'Italie.

La liste de ces musées, qui sont loin d'avoir tous été décrits avec détail, serait longue à dresser. Nous recommandons plus particulièrement à l'attention des archéologues ceux de Mayence, Prague, Pesth, Linz, Vienne, Gratz, Agram, Laybach, Inspruck, Sigmaringen, Zurich, Berne, Bienne, Neuchâtel, Trente, Côme, Este, Milan (Musée Brera), Reggio d'Emilia, Bologne, Florence (Musée étrusque), Rome (Musée Kircher, et surtout le nouveau Musée Papa Giulio, installé sous l'habile direction du commandeur Barnabei).

Pour l'étude de la période proprement celtique, le Musée de Dublin fournit des points de comparaison d'un grand intérêt.

Les résultats auxquels conduit l'étude de ces musées peuvent, au premier abord, paraître en contradiction avec les textes historiques. Mais le désaccord entre ces deux ordres de documents n'est qu'apparent : il ne résiste pas à un examen approfondi. Mieux interprétés, les faits d'ordre divers que mettent en lumière l'archéologie et l'histoire se complètent et s'éclairent sans se contredire. La tâche essentielle qui incombe aujourd'hui à la science est d'établir comme un tableau de concordance entre les monuments et les textes. C'est à quoi nous avons donné nos soins.

II

Lorsqu'on parle du désaccord entre les monuments et les textes, il y a deux faits qu'il ne faut jamais perdre de vue. Le premier, c'est que la plupart des monuments sont de beaucoup antérieurs aux textes les plus anciens ; le second, c'est qu'aucun renseignement quelque peu détaillé ne nous a été transmis sur la Gaule, sur les Celtes et les Gaulois antérieurement à Polybe, qui mourut vers 123 avant J.-C. Posidonius, mort vers l'an 45, ne paraît pas avoir pénétré dans l'intérieur de la Gaule ; il ne connut directement que les contrées alpestres et méditerranéennes. Jules César a le premier parlé, en pleine connaissance de cause, de la Gaule septentrionale et de la Gaule centrale ; encore a-t-il souvent cherché, suivant une fâcheuse habitude des écrivains anciens, à mettre ses informations personnelles en accord avec les renseignements de seconde main qui avaient été recueillis avant lui par des auteurs grecs.

Polybe a nettement constaté l'ignorance où l'on était à son époque de tout ce qui touchait à l'intérieur de la Gaule [1].

« Presque tous, ou du moins la plupart des historiens qui ont essayé de dire les particularités et la situation des pays situés aux confins de l'univers [2], se sont étrangement trompés. Mais s'il est juste de ne pas laisser passer leurs erreurs, on doit du moins les réfuter avec la plus grande attention, et non pas en courant et à la légère. On doit, loin de prendre envers eux un ton de reproche et d'amère critique, les louer en redressant leurs fautes, et songer que ces mêmes écrivains, s'ils revenaient aujourd'hui, changeraient ou rectifieraient beaucoup de leurs assertions. Combien peu de Grecs, en définitive, dans les temps reculés, ont tenté d'explorer les contrées placées au bout du monde, faute d'y pouvoir

1. Polybe, III, 58-59 (trad. Bouchot, t. I, p. 232-233).
2. Aux yeux de Polybe, cette région comprend la Gaule (III, 38). Cf. Virg., Aen., VIII, 727 :

Extremique hominum Morini.

réussir! Les dangers sur mer étaient grands et nombreux, sur terre ils l'étaient encore davantage. Et si quelqu'un, par nécessité ou par goût, visitait les régions les plus lointaines, il n'avançait guère la question. D'abord, il était malaisé d'examiner tout de ses propres yeux dans des pays habités par des peuples barbares ou tout à fait déserts, et, surtout à cause de la différence de langage, de recueillir par la parole des détails sur ce qu'on voyait. Supposons même ces connaissances acquises, il fallait encore, et c'est là peut-être ce qui est le plus difficile à observer, que celui qui les possédait se tînt sur une sage réserve et sût, laissant le merveilleux, l'incroyable, aimer la vérité pour elle-même et ne rien dire qui ne fût d'accord avec elle. Si donc il était, je ne dirai pas seulement difficile, mais encore impossible, d'avoir autrefois sur tout cela des données suffisantes, il ne serait pas juste de reprocher aux historiens des omissions ou des erreurs : il faut bien plutôt leur savoir gré et nous étonner de leurs connaissances et des progrès qu'ils firent faire à la science. Aujourd'hui que la conquête de l'Asie par Alexandre et celle du reste du monde par les Romains ont fait que les mers et les continents sont presque tous ouverts à nos recherches... on doit nécessairement avoir des connaissances plus complètes sur ce qui était jadis ignoré. »

Dans un autre chapitre [1], Polybe est plus explicite encore en ce qui concerne la Gaule :

« L'Asie et l'Afrique... embrassent la partie méridionale de notre mer, de l'est à l'ouest. L'Europe, placée au nord, leur est opposée et court du levant au couchant. La partie la plus importante et la plus vaste de ce continent est au septentrion, comprise entre le Tanaïs et le Narbon, fleuve situé à peu de distance de Marseille et des bouches par où le Rhône se jette dans la mer de Sardaigne. On ne rencontre que des Celtes depuis le Narbon et les campagnes voisines jusqu'aux Pyrénées, dont la chaîne va de notre mer à la mer extérieure. Le reste de l'Europe, depuis les Pyrénées jusqu'au couchant et aux colonnes d'Hercule, est entouré par la Méditerranée et par l'Océan. Le pays que baigne la mer intérieure jusqu'au détroit s'appelle Ibérie, *mais ceux qui sont situés sur le grand Océan n'ont pas de dénomination commune, parce que la découverte en est toute récente* (écrit vers 150 av. J.-C.). Ces contrées sont habitées par des peuplades nombreuses et barbares, dont nous aurons plus tard à parler en détail...[2]. Personne ne saurait dire au juste si, à partir de l'endroit où l'Asie et l'Afrique se réunissent vers l'Éthiopie, les régions qui tendent au midi forment un continent ou sont entourées d'eau. De même *tout l'espace qui s'étend au nord du Narbon et du Tanaïs nous est complètement inconnu*. Peut-être d'actives recherches pourront-elles nous en apprendre

---

1. Polybe, III, 37-38 (trad. Bouchot, t. I, p. 211-212).
2. Malheureusement, les chapitres que Polybe annonce ici sont perdus.

quelque chose, mais quant à ceux qui parlent de ces régions ou en écrivent, *nous déclarons hautement qu'ils n'en savent pas plus que nous-mêmes et qu'ils ne font que débiter des fables.* »

On le voit : vers le milieu du IIe siècle avant notre ère, Polybe parle de la Gaule centrale et septentrionale comme l'on pouvait, au début du XIXe siècle ou plus tard encore, parler du centre de l'Afrique. L'ignorance fut plus lente à se dissiper que Polybe ne paraît l'avoir prévu. Dans son discours *Sur les provinces proconsulaires*, prononcé en l'an 56, Cicéron s'exprime ainsi [1] :

« Des contrées et des nations qu'aucune histoire, aucun récit, aucun bruit public ne nous avaient encore fait connaître, notre général (Jules César), nos troupes, nos armes les ont parcourues. Nous n'occupions auparavant qu'un sentier dans la Gaule : le reste était aux mains de nations ou ennemies de cet empire, ou peu sûres, *ou inconnues*, ou du moins féroces, barbares et belliqueuses ; il n'était personne qui ne désirât les voir vaincues et domptées..... Aujourd'hui enfin, nous venons d'obtenir que les limites de ces mêmes régions seraient celles de notre empire. »

Les « nations inconnues » dont parle Cicéron sont assurément les tribus gauloises du Belgium [2].

Ainsi réduite aux seuls textes autorisés, l'histoire ne pourrait guère commencer, pour la plus grande partie de la Gaule, avant la seconde moitié du Ier siècle avant l'ère chrétienne. L'archéologie peut et doit embrasser un horizon plus vaste ; les documents qu'elle met en œuvre sont bien plus anciens et disséminés sur un vaste domaine dont les confins, les limites méridionales du moins, sont éclairés par des textes remontant eux-mêmes à une plus haute antiquité. Ces textes permettent de grouper, de classer les monuments, et de conclure ainsi, sans faire une part excessive à l'hypothèse, du connu à l'inconnu.

Ceci suffit à nous indiquer par quels pays nous devons en-

---

1. Cicéron, *De provinc. consularibus*, ch. XIII.
2. Cf. la lettre de Cicéron à son frère Quintus, campé chez les Nerviens (*Epist.* CLXI) : « Où est situé le pays des Nerviens ? Je n'en sais absolument rien. »

gager notre enquête. Elle doit porter d'abord sur les régions où les textes les plus anciens attestent la présence des Celtes. Ils étaient certainement ailleurs encore à la même époque, mais l'histoire ne nous l'affirme pas d'une manière formelle. C'est pourquoi nous devons avant tout étudier les limites de la Celtique des historiens et passer en revue les textes qui la concernent antérieurement à la conquête de César [1].

III

Dans quelles contrées la présence des Celtes a-t-elle été signalée pour la première fois?

Aucune mention de la Celtique ou des Celtes ne nous est parvenue qui soit antérieure à la fin du vi⁰ siècle avant notre ère. Le plus ancien témoignage est celui d'Hécatée de Milet qui, dans sa *Description de la Terre*, mentionne non les Celtes, mais la Celtique (Κελτική), contrée voisine de la Ligurie : « Massalia, ville de la Ligystique près de la Celtique [2]. » Le territoire des Ligures s'étendait, à cette époque, le long de nos côtes, du Rhône au Var [3]; Monaco, suivant Hécatée, était sur leur territoire [4]. Tout ce qu'on peut conclure de là, c'est que, dans la région qui plus tard fut la Provence, la Celtique d'Hécatée ne s'étendait pas jusqu'à la mer; mais nous ne pouvons rien savoir sur l'extension de cette région vers le nord.

Le premier historien chez lequel se rencontre le terme de Κελτός est Hérodote. Ce nom figure deux fois dans ses écrits, une fois au livre II, ch. xxxiii, une autre fois au livre IV, ch. xlix.

---

1. Pour ce qui suit, voir A. Bertrand, *Archéologie celtique et gauloise*, 2ᵉ éd., p. 252. Il a paru indispensable de revenir ici sur le même sujet.
2. Μασσαλία πόλις τῆς Λιγυστικῆς κατὰ τὴν Κελτικήν (*Fragm. hist. græc.*, t. I, p. 2, fragm. 22).
3. Cf. *La Gaule avant les Gaulois*, 2ᵉ éd., p. 237.
4. Hécatée, *loc. cit.*, fragm. 23.

Hérodote, II, 33 :

« L'Istros (le Danube) est un fleuve dont les sources se trouvent chez les Celtes près de la ville de Pyrène. Il traverse l'Europe par le milieu. Les Celtes habitent en deçà des colonnes d'Hercule et ils sont voisins des Cynésiens (Κυνησίοισι), le dernier peuple de l'Europe du côté du couchant. L'Istros se jette dans le Pont-Euxin, à l'endroit où sont les Istriens, colons de Milet. »

Et plus loin, IV, 49 :

« L'Istros coule à travers toute l'Europe. Il prend sa source chez les Celtes, les derniers peuples de l'Europe du côté de l'occident après les Cynètes (Κύνητας), et après avoir traversé l'Europe entière il se jette dans la mer sur les côtes de la Scythie. »

Du premier de ces passages il faut rapprocher la phrase suivante des *Météorologiques* d'Aristote (I, 13)[1] :

« De Pyrène (c'est une montagne vers le couchant équinoxial dans la Celtique) descendent l'Istros et le Tartessos : ce dernier aboutit en dehors des colonnes [d'Hercule], l'Istros, après avoir traversé toute l'Europe, au Pont-Euxin. »

Il semble donc que pour Hérodote, comme pour Aristote, le Danube aurait pris sa source dans les Pyrénées, ce qui atteste, d'accord avec le texte de Polybe cité plus haut, le peu de connaissances qu'avaient les Grecs de la géographie de l'Europe occidentale. Toutefois, il faut observer qu'Hérodote parle d'une *ville* de Pyrène, et non d'une montagne de ce nom ; il est donc possible qu'il n'ait pas commis l'erreur où l'auteur des *Météorologiques* est certainement tombé.

En résumé, les passages cités d'Hérodote indiquent qu'il se figurait vaguement les Celtes comme habitant à l'ouest de l'Europe, sans qu'il soit possible d'en tirer une information quelconque sur l'étendue du domaine qu'ils occupaient au milieu du ve siècle.

Soixante ans environ après Hérodote, Platon nomme les Celtes au nombre des nations belliqueuses, à côté des Scythes

---

1. Aristote, éd. Didot, t. III, p. 569, 45.

et des Thraces, mais sans donner aucun renseignement sur leur pays.

« Les Scythes, les Perses, les Carthaginois, les Celtes, les Ibères, les Thraces, toutes nations belliqueuses, aiment le vin et en boivent avec excès [1]. »

Il est probable que Platon avait eu l'occasion de voir quelques troupes de Celtes mercenaires, recrutés vraisemblablement sur le Danube. Vers la même époque, pendant que Denys le Tyran faisait la guerre aux Locriens, des envoyés des Gaulois qui avaient brûlé Rome quelques mois auparavant, vinrent solliciter son alliance et son amitié. Denys enrôla les Gaulois et continua la guerre avec eux [2].

Xénophon, contemporain de Platon, parle également de ces bandes de Celtes et d'Ibères dont on achetait déjà le concours en Sicile, en Grèce et en Asie Mineure [3].

« Sur ces entrefaites arrivent aux Lacédémoniens les secours envoyés par Denys. C'étaient plus de vingt trirèmes, portant des Celtes, des Ibères et une cinquantaine de cavaliers... La troupe d'Archidamos ayant pris la fuite, une grande partie des fuyards furent tués, les uns par les cavaliers, les autres par les Celtes. »

Il s'agit sans doute des Celtes enrôlés par Denys le Tyran, dont les envoyés lui disaient, au témoignage de Justin [4] : « Notre nation est placée au milieu de vos ennemis ; nous pouvons vous être d'un grand secours, soit en les combattant de front, soit en les prenant à dos au moment du combat. » Ces Gaulois, restes de l'armée qui avait vaincu les Romains à l'Allia et pris le Capitole, étaient campés en Ombrie. Nous possédons, à cet égard, un renseignement précieux dans le *Périple* de Scylax de Caryande, dont la rédaction, s'appuyant sur un document plus ancien, se place vers 350 avant J.-C.

---

1. Platon, *De Legibus*, éd. Didot, t. II, p. 272 (trad. Cousin, t. VII, p. 36).
2. Justin (d'après Trogue Pompée), XX, 5.
3. Xénophon, *Hellenica*, VII, 1, 20 et 31 (éd. Didot, p. 467-469).
4. Justin, XX, 5.

Décrivant les côtes orientales de l'Italie, le géographe grec s'exprime ainsi [1] :

« Après les Tyrrhéniens vient la nation des Celtes, restes de l'invasion. Ils occupent une bande étroite de terrain jusqu'à Adria. Après les Celtes viennent les Vénètes chez lesquels coule l'Éridan. Puis on trouve les Istriens et le fleuve Ister [2]. »

Les Celtes « restes de l'invasion » sont un trait de lumière au sein de l'obscurité des faits relatifs aux Gaulois du ivᵉ siècle. Rapprochée de la phrase de Justin, ou plutôt de Trogue Pompée, qui nous montre les Celtes, peu de temps après l'incendie de Rome, campés dans l'Italie centrale sur les derrières des Romains, cette mention rapide prend une importance particulière.

Vers la même époque (350), l'historien Théopompe a l'occasion de parler des Celtes en racontant des événements qui se produisirent en Illyrie [3].

« Les Celtes, connaissant l'intempérance des Illyriens, firent dresser dans leur camp des tables couvertes de mets, dans lesquels ils répandirent une herbe vénéneuse qui produit un effet violent sur les entrailles. Grâce à ce stratagème, les uns furent surpris et tués par les Celtes, les autres se jetèrent dans les rivières voisines, parce qu'ils ne pouvaient supporter les coliques dont ils étaient atteints. »

Il est aussi question des Celtes établis sur l'Adriatique dans un passage de l'*Expédition d'Alexandre* d'Arrien, passage qui remonte certainement à un des historiens du conquérant macédonien qui écrivirent au ivᵉ siècle [4] :

« Là [chez les Gètes] des députés vinrent trouver Alexandre de la part des autres nations indépendantes qui habitent les bords de l'Istros et de

---

1. Scylax, *Periplus*, c. xviii, dans les *Geographi minores* de Didot, t. I, p. 25.
2. Μετὰ δὲ Τυρρηνούς εἰσι Κελτοὶ ἔθνος, ἀπολειφθέντες τῆς στρατείας, ἐπὶ στενῶν μέχρι Ἀδρίου... Μετὰ δὲ Κελτοὺς Ἐνετοί εἰσιν ἔθνος καὶ ποταμὸς Ἠριδανὸς ἐν αὐτοῖς. Μετὰ δὲ Ἐνετούς εἰσιν ἔθνος Ἴστροι καὶ ποταμὸς Ἴστρος.
3. Théopompe, fr. 41, dans les *Fragm. historic. graec.* de Didot, t. I, p. 284.
4. Arrien, *Exped. Alex.*, I, iv, 6 ; Cougny, *Extraits des auteurs grecs concernant la Gaule*, t. III, p. 360.

la part de Syrmos, roi des Triballes. Il en vint aussi *de chez les Celtes établis sur le golfe d'Ionie*[1]. Les Celtes sont de grande taille et ils ont d'eux-mêmes une haute opinion. Tous venaient, à ce qu'ils disaient, avec le désir d'obtenir l'amitié d'Alexandre. A tous Alexandre donna des gages et il en reçut d'eux. Puis il demanda aux Celtes ce qu'ils redoutaient le plus au monde, espérant bien que son grand nom avait pénétré dans le pays des Celtes et plus loin encore et qu'ils allaient lui dire que c'était lui qu'ils redoutaient le plus. Mais la réponse des Celtes fut tout autre qu'il ne l'espérait. Établis loin d'Alexandre, habitant des contrées d'un accès difficile et voyant Alexandre prêt à s'élancer vers d'autres régions, ils ne redoutaient rien, lui dirent-ils, que de voir le ciel tomber sur eux. Il les appela ses amis, puis les congédia, en ajoutant seulement que les Celtes étaient de grands hâbleurs. »

Il faut citer le passage où Strabon raconte la même entrevue : la concordance des deux narrations est telle qu'on en reconnaît aisément la source commune. Suivant Strabon, ce serait l'histoire d'Alexandre écrite par un de ses compagnons d'armes, Ptolémée fils de Lagus, qu'Arrien cite, à côté d'Aristobule, comme la principale autorité de son récit[2].

Strabon, VII, III, 8[3] :

« Durant la même expédition [au delà du Danube], Ptolémée fils de Lagus raconte qu'Alexandre reçut une députation des Celtes de l'Adriatique[4], chargée de conclure avec lui un pacte d'alliance et d'amitié. Il fit à ces barbares le plus cordial accueil, et, dans la chaleur du festin, se prit à leur demander ce qu'ils redoutaient le plus au monde, croyant bien qu'ils allaient prononcer son nom ; mais leur réponse fut qu'ils ne redoutaient rien que de voir le ciel tomber sur eux; que, du reste, ils attachaient le plus haut prix à l'amitié d'un homme tel que lui. »

La Porte du Theil, qui a publié, de concert avec Gail, une traduction de Strabon, fait suivre ce passage d'une note sur laquelle nous appelons l'attention : « C'étaient, dit-il, des Carnes ou des Japyges, qui, ayant suivi Sigovèse sous le règne de Tarquin l'Ancien, avaient ensuite fixé leur demeure près de l'Adriatique. » C'est ainsi que les erreurs se propagent sous le couvert de savants justement estimés. Où la Porte du Theil

---

1. Καὶ παρὰ Κελτῶν τῶν ἐπὶ Ἰονίῳ κόλπῳ ᾠκισμένων.
2. Arrien, *Exped. Alex.*, I, *praef.*
3. Traduction Tardieu, t. II, p. 24.
4. Οἱ περὶ τὸν Ἀδρίαν Κελτοί.

a-t-il vu que les Carnes et les Japyges avaient émigré de la rive gauche sur la rive droite du Rhin et s'étaient avancés jusqu'à l'Adriatique ? Cet érudit était si imbu de la tradition recueillie par Tite-Live qu'il introduit ailleurs, dans le texte même de Strabon, l'affirmation de l'origine transrhénane des Celtes du Danube [1].

IV

Arrêtons-nous un instant. Nous touchons à l'an 300. Tirons quelques conclusions de ce qui précède :

1° Constatons d'abord l'époque tardive à laquelle le nom de la Celtique et celui des Celtes se répandent dans le monde hellénique. Si, vers 500, la Celtique est nommée en passant par Hécatée, si Hérodote, vers 450, constate la présence des Celtes aux sources du Danube, nous ne les voyons entrer vraiment en scène qu'en 390 [2].

2° Les seules mentions précises des auteurs anciens antérieurs à l'an 300 nous montrent les Celtes établis aux sources du Danube, en Ombrie, sur le golfe Ionien, voisins des Illyriens avec lesquels ils entrent en lutte. Aucun historien, durant cette période, ne nous les montre occupant la rive gauche du Rhin. C'est là un fait bon à constater, bien qu'il n'y ait pas lieu d'en tirer des conclusions précises, vu l'ignorance où étaient

---

1. Strabon, VII, 1, 1 (trad. Tardieu, t. II, p. 2) : « L'Ister sert de limites septentrionales aux populations illyriennes et thraces qui, avec un certain nombre de tribus étrangères celtiques et autres (καὶ ὅσα τούτοις ἀναμέμικται τῶν Κελτικῶν), occupent tout le pays jusqu'à la Grèce. » La Porte du Theil traduit : « Avec tous ceux *qui sont venus de Gaule ou d'ailleurs* se mêler avec eux » (trad. de Strabon, t. III, p. 3).

2. Les expressions que Tite-Live met dans la bouche des Étrusques à propos du siège de Clusium, à une époque où leur domination s'étendait jusqu'aux Alpes : *Formas hominum invisitatas* (V, 35), *gentem invisitatam, novos accolas* (V, 17), ne peuvent laisser aucun doute sur la date récente des relations des peuples italiens eux-mêmes avec les Gaulois (*Galli*).

les anciens du cours de ce fleuve et des populations qui habitaient ses bords.

3° Du jour où ils font du bruit dans le monde, les Celtes apparaissent aux yeux des Grecs, puis aux yeux des Romains (avec la dénomination de *Galli*), sous l'aspect d'une race belliqueuse, pépinière de mercenaires, se substituant peu à peu, en cette qualité, aux Ibères et aux Ligures. Leur nom est bientôt entouré d'un tel éclat que, comme celui des Francs au moyen âge, à la suite des grandes expéditions des Croisades, il absorbe ou rejette dans l'ombre celui de toutes les autres nations de l'Occident[1]. Les premières tribus celtiques devaient être des tribus pastorales et agricoles, ayant traîné longtemps une existence ignorée et inoffensive : leur valeur guerrière et leur esprit d'entreprise se révélèrent tout à coup quand, à la suite de circonstances que nous entrevoyons à peine, quelques populations belliqueuses et turbulentes se dégagèrent de la masse paisible et établirent leur ascendant sur elle. C'est les armes à la main et par la terreur de leurs exploits que les Celtes se firent connaître du monde antique : on les voit prendre alors, dans la géographie d'Éphore, une place très considérable[2]. Éphore leur attribue, en effet, un domaine égal à celui des Scythes, des Indiens, des Éthiopiens, c'est-à-dire qu'il les présente comme les maîtres de l'Europe occidentale, dont le nord appartient aux Scythes :

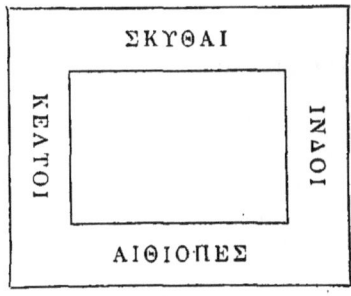

1. Cf. *La Gaule avant les Gaulois*, 2ᵉ éd., p. 236.
2. Éphore, élève d'Isocrate, écrivait vers l'an 330 avant J.-C.

Généralisation erronée contre laquelle Strabon ne s'est pas fait faute de protester (IV, iv, 6) [1] :

« Dans Éphore, l'étendue de la Celtique est singulièrement exagérée, car il résulte de ce que dit cet auteur que les Celtes auraient peuplé la plus grande partie de la contrée appelée aujourd'hui *Ibérie* et que leurs possessions s'y seraient étendues jusqu'à Gadira. »

Strabon aurait pu faire le même reproche à Aristote qui, dans l'*Histoire des animaux*, se sert du terme vague de *Celtique* sans le définir et l'applique à des régions que, très vraisemblablement, les Celtes n'ont jamais habitées [2] :

« En Illyrie, en Thrace, en Épire, les ânes sont petits. En Scythie et en Celtique, il n'y en a point, à cause de la rigueur du climat. »

Et ailleurs [3] :

« L'âne est un animal frileux ; aussi ne peut-il se reproduire dans les pays froids, comme chez les Scythes et leurs voisins, ni chez les Celtes qui habitent au-dessus des Ibères. »

Quelle est la région qu'Aristote qualifie de Celtique et où le froid serait trop rigoureux pour que l'âne y puisse vivre ? Tout ce qu'on peut conclure de là, c'est que pour Aristote, comme pour Éphore, le nord de l'Europe appartient d'une part aux Scythes, de l'autre aux Celtes. De la Germanie et des Germains, il n'est pas question [4].

C'est à la fin du ive siècle ou au début du iiie que se place le célèbre voyage du Marseillais Pythéas, qui côtoya l'Europe occidentale jusqu'aux bouches de l'Elbe [5] et visita les îles Britanniques. Malheureusement, nous ne connaissons guère

---

1. Traduction Tardieu, t. I, p. 330.
2. Aristote, *Hist. anim.*, VII, 28.
3. Aristote, *De gen. anim.*, II, 8.
4. Il est vrai que dans l'ouvrage pseudo-aristotélicien intitulé *De mirabilibus auscultationibus* (éd. Beckmann, chap. clxxxii), on lit que le Rhin arrose le pays des Germains et se couvre de glace pendant l'hiver. Mais ce passage, comme beaucoup d'autres du même livre, est très postérieur à Aristote et dérive peut-être de Posidonius.
5. Il paraît avoir pris ce fleuve, ou peut-être la Vistule, pour le Tanaïs (Polyb. *ap.* Strab., II, iv, 2).

de sa relation que ce qu'en ont cité les géographes anciens, presque toujours pour la mettre en suspicion. Polybe, et Strabon après lui, ont jugé Pythéas avec beaucoup de rigueur, l'accusant d'avoir débité des fables, et Polybe pousse si loin le mépris pour les informations recueillies par lui qu'il affirme ne rien savoir de certain sur les contrées de l'Europe occidentale [1]. Cette sévérité était certainement excessive et n'avait pas été partagée par les écrivains grecs antérieurs à Polybe, comme Ératosthène [2] et Timée [3]. Nous avons lieu de croire que Pythéas appelait *Celtique* l'occident et le nord de la Gaule. Strabon [4] dit, en effet, que, suivant Pythéas, le Cantium, c'est-à-dire le pays de Kent, est éloigné de quelques jours de navigation de la Celtique [5]. Timée, qui écrivait vers 270 avant J.-C., connaît sans doute par Pythéas les grands fleuves de la Gaule qui se jettent dans l'océan Atlantique. Plutarque rapporte [6] qu'il expliquait le phénomène du flux et du reflux par l'action des fleuves qui, descendant de la partie montagneuse de la Celtique, se jettent dans l'Océan [7]. Ainsi, dans l'état actuel de nos connaissances, Pythéas est le premier auteur qui, vers l'an 300, paraisse avoir compris sous le nom de *Celtique* le pays qui devait être la Gaule de César [8].

1. Polybe, III, 38.
2. Strabon, II, IV, 2.
3. Pline, XXXVII, II, 36.
4. Strabon, I, IV, 3.
5. Cf. Strabon, III, II, 11, passage suivant lequel Pythéas devait aussi appeler *Celtique* la partie de la Gaule que baigne l'Océan au nord de l'Espagne.
6. Plutarque, *De placitis philosoph.*, p. 901.
7. Timée, fragm. 36 (*Fragm. historic. graec.*, t. 1, p. 200) : Τίμαιος τοὺς ἐμβάλλοντας ποταμοὺς εἰς τὴν Ἀτλαντικὴν διὰ τῆς Κελτικῆς ὀρεινῆς αἰτιᾶται.
8. Parmi les noms de lieux qu'il a recueillis, il en est un, celui d'*Uxisama* (l'île d'Ouessant) (a), qui est très probablement celtique, et qui rappelle celui de la *Minerva Belisama* mentionné par des inscriptions gauloises (b) ; il faut sans doute y voir, avec M. Loth, un superlatif gaulois d'*uxama*, signifiant « la plus haute ou la plus proche du nord »(c), désignation qui conviendrait bien à l'île d'Ouessant.

(a). Strabon, I, IV, 5.
(b). *Corp. inscr. lat.*, t. XII, p. 162 ; Orelli, nos 1431, 1969. On a aussi émis l'hypothèse que *Belisama* serait le phénicien *Baalat Samaim*, « la reine des cieux » ; voir Ph. Berger, *Revue celtique*, t. IV, p. 286.
(c). Loth, *Revue celtique*, t. X, p. 352.

Si, comme l'a d'abord supposé M. Müllenhoff, les chapitres LXXXIV-XCVIII du traité *De mirabilibus auscultationibus* dérivent de Timée, on doit admettre que ce dernier historien a connu, vers 264, l'établissement des Gaulois sur les côtes aujourd'hui françaises de la Méditerranée, occupées, jusque vers la fin du IV⁰ siècle, par les Grecs, les Ibères et les Ligures [1].

A partir de la fin du IV⁰ siècle, époque où commencent à dominer les conceptions géographiques d'Éphore, il faut tenir grand compte de l'erreur qu'il a popularisée en étendant à l'excès le domaine des Celtes. Cette erreur a été signalée, dans l'antiquité même, par Diodore aussi bien que par Strabon [2].

« Il est bon de définir ici un point ignoré de beaucoup de personnes. On appelle *Celtes* les peuples qui habitent au-dessus de Marseille, dans l'intérieur du pays, près des Alpes et en deçà des monts Pyrénées. Ceux qui sont établis au-dessus de la Celtique et qui habitent, le long de l'Océan et la forêt Hercynienne, toutes les contrées qui s'étendent de là jusqu'à la Scythie, sont appelés Galates [3]. Cependant les Romains, comprenant tous ces peuples sous une dénomination commune, les appellent Galates indistinctement. »

On peut rapprocher ce passage des lignes suivantes de Strabon (IV, I, 14) :

« Voilà ce que j'avais à dire sur les habitants de la Narbonnaise. On les nommait autrefois Celtes et je présume même que les Grecs n'ont été portés à donner à tous les Galates le nom de Celtes qu'en raison de la célébrité de ces anciennes tribus. Le voisinage de Marseille peut y avoir aussi contribué. »

C'est là un excellent commentaire de la phrase d'Hécatée, écrivant cinq cents ans auparavant :

« Marseille, ville de la Ligystique, proche de la Celtique. »

Amédée Thierry, de nos jours, dans son *Histoire des Gaulois*, a très exactement résumé la doctrine de Strabon [4] :

« Strabon a grand soin de nous signaler comme un écueil dangereux

---

1. D'Arbois de Jubainville, *Revue celtique*, t. XIV, p. 85.
2. Diodore de Sicile, V, 32 (trad. Hœfer, t. II, p. 32).
3. Ainsi Diodore comprend sous cette désignation les peuples germaniques.
4. Am. Thierry, *Histoire des Gaulois*, t. I, p. 28.

en géographie et en histoire le double sens donné au mot *Celte* par les Grecs : 1° sens ethnographique local et déterminé ; 2° sens géographique indéterminé et conventionnel. Ethnographiquement, Strabon en limite l'application aux tribus gauloises établies au-dessus de Narbonne, à l'est des Cévennes, et il expose comment les Massaliotes, entrés, d'abord, en relation avec elles, parce qu'elles avoisinent Marseille, prirent leur nom pour nom générique de tous les Gaulois et propagèrent cette erreur parmi les Grecs. »

V

Un texte poétique du III° siècle dont ni Schoepflin, dans ses *Vindiciae celticae,* ni même Dom Bouquet, dans le grand recueil des *Historiens de la Gaule,* n'ont fait usage, mérite d'être ici l'objet d'un examen attentif. Il s'agit des *Argonautiques* d'Apollonius de Rhodes.

Rappelons qu'Apollonius composa son poème à Alexandrie sous Ptolémée Evergète, 240 ans avant J.-C. Le sujet qu'il traitait était très ancien et très populaire. Dès l'époque d'Homère, il avait exercé les rhapsodes ; Hésiode se montre également familier avec la légende argonautique. Des poèmes qui embrassaient l'ensemble de cette tradition, le plus célèbre était celui d'Épiménide de Crète, mais il y en avait d'autres encore. Les poètes lyriques, Mimnerme, Simonide, Pindare, Antimaque de Colophon, les tragiques, Eschyle, Sophocle, Euripide, ont puisé des inspirations dans ces récits ou en ont traité séparément des épisodes. Parmi les prosateurs, Hécatée de Milet paraît s'en être occupé longuement ; Phérécyde de Léros leur avait consacré deux livres de son histoire. Les historiens proprement dits, Hérodote, Timée, n'y attachèrent pas moins d'importance. Hérodote[1] nous dit que le voyage des Grecs en Colchide et l'enlèvement de Médée étaient des faits connus des Perses eux-mêmes. Strabon[2] en retrouvait la

---

1. Hérodote, I, 2.
2. Strabon, I, II, 10 et 39.

trace dans les traditions locales tant en Asie qu'en Italie et sur le Danube. Poète d'une époque savante, Apollonius devait surtout s'attacher aux traditions recueillies et mises en œuvre dans les siècles précédents : aussi son poème a-t-il pour nous la valeur d'un document sur des idées géographiques très anciennes, qui n'étaient plus celles des Grecs à l'époque de la domination des Ptolémées en Égypte. C'est de la *géographie rétrospective*.

Si Apollonius avait voulu faire parade de connaissances récentes, introduire dans son œuvre les noms de peuples nouvellement découverts, il aurait commis, aux yeux des juges lettrés de son temps, un choquant anachronisme. Mais il s'en est bien gardé. Les peuples dont le nom figure dans les *Argonautiques* appartiennent tous, sauf peut-être les Celtes, aux plus anciens souvenirs des Grecs, comme en fait foi la liste suivante, qui est suffisamment significative : les Pélasges, les Dactyles, les Bébryces, les Mariandyniens, les Chalybes, les Tibarènes, les Mossynèques, les Macrons, les Thynéens, les Mysiens, les Paphlagoniens, les Assyriens (Leucosyriens), les Sauromates, les Sintiens, les Sigynnes, les Sindes, les Nestiens, les Phéaciens, les Illyriens, les Hylléens, les Ligyens, les Tyrrhéniens et les Curètes.

Écoutons maintenant Apollonius. Les héros minyens, chassés par les exhalaisons infectes des marais voisins de l'Éridan (le Pô), entrent dans le lit du Rhône, dont les eaux se mêlent en grondant à celles du fleuve qu'ils quittent[1] :

« Le Rhône prend sa source aux extrémités de la terre, près des portes du couchant et du séjour de la nuit. Une de ses branches se jette dans l'Océan, l'autre dans la mer Ionienne [en se confondant avec l'Éridan] ; la troisième, enfin, se rend par sept bouches au fond du golfe de la mer de Sardaigne. Les Argonautes, remontant le fleuve, se trouvèrent *au milieu des lacs orageux qui s'étendent au loin dans le pays des Celtes*. Ils risquaient d'être entraînés dans l'Océan, d'où ils ne seraient jamais revenus, si Héra, descendant tout à coup du ciel, n'eût, du haut des monts Hercy-

---

1. Apollonius, *Argonautiques*, IV, 627.

niens¹, fait retentir l'air d'un cri qui les remplit d'épouvante, en même temps qu'elle repoussait le navire et lui faisait prendre le chemin par lequel ils devaient revenir dans leur patrie. A la faveur d'un nuage dont les enveloppa la déesse, ils purent traverser sans être aperçus *les nombreuses tribus des Celtes et des Ligyens* ², arriver à la mer et après être sortis du fleuve par l'embouchure du milieu, aborder heureusement aux îles Stoechades. »

Cette géographie singulière, qui combine le Pô avec le Rhône et le Rhin, qui se fait une idée si vague des lacs de la Haute-Italie, de la Suisse, de la vallée du Danube, n'est pas celle des contemporains d'Apollonius, des Alexandrins du III⁰ siècle, mais remonte à une époque beaucoup plus haute, voisine, tout au moins, de celle où écrivait Hécatée. Aussi le texte poétique que nous avons transcrit en dernier lieu est-il peut-être, vu la source d'où il dérive, le plus ancien document grec où il soit question des Ligures et des Celtes, localisés les uns dans la zone littorale, les autres dans la vallée du Rhône, sur les bords des lacs de la Suisse et de l'Italie. Il est, dès lors, très vraisemblable, sinon tout à fait certain, que dès la fin du vi⁰ siècle avant J.-C. ces peuples occupaient les régions où les place le poème d'Apollonius.

VI

Vers la fin du iv⁰ siècle avant notre ère, les contrées où les textes nous autorisent à placer les Celtes sont les suivantes :

1° De Rimini à Venise le long des côtes de l'Adriatique (Scylax);

2° En Istrie et aux environs du golfe Ionique (Théopompe, Ptolémée fils de Lagus);

---

1. La plus ancienne mention que nous possédions des monts Hercyniens, Ἀρκύνια ὄρη, se trouve dans les *Météorologiques* d'Aristote, I, 13.
2. Ἔθνεα μυρία Κελτῶν καὶ Λιγύων (IV, 644).

3º Sur la rive gauche du Rhône, du lac de Genève aux sources du Danube (Hérodote et Apollonius).

Sur une carte de l'Europe au commencement du IIIe siècle, construite suivant ces principes, nous devrions étendre la *teinte celtique* sur l'Allobrogie, conquise alors sur les Ligures, ainsi que le long des côtes de la Méditerranée, où les géographes nous signalent alors des *Celto-Ligyens* et des *Celtibères*; mais nous ne possédons, pour la même époque, aucune information sur le pays situé au nord des Cévennes.

Nous n'avons pas besoin de faire remarquer combien ce qui précède est en contradiction avec une opinion trop facilement acceptée, qui place dans le centre même de la Gaule, et non sur le Danube, ce qu'on pourrait appeler le « centre de rayonnement » des Celtes. Cette opinion se fonde sur un chapitre célèbre de Tite-Live, le XXXIVe du cinquième livre [1]. Pour donner à la discussion dont il doit être l'objet une base solide, nous en transcrirons ici la traduction [2]:

« Au sujet du passage des Gaulois en Italie, voici ce que l'on raconte. Sous le règne de Tarquin l'Ancien à Rome [614-576], la Celtique, une des trois parties de la Gaule, obéissait aux Bituriges, qui lui donnaient un roi. Ce roi était alors Ambigat, tout-puissant par son mérite, sa fortune et la fortune de sa province. Sous son règne, en effet, la Gaule avait pris un tel développement par la fertilité du sol et le nombre des habitants, que sa population trop nombreuse devenait difficile à maintenir. Le roi, déjà âgé, voulant décharger son royaume de cette multitude qui l'écrasait, témoigna le désir d'envoyer ses neveux Bellovèse et Sigovèse, hardis jeunes gens, chercher de nouvelles demeures dans les contrées que les dieux leur indiqueraient à l'aide des augures. Ils emmèneraient ce qu'ils voudraient de soldats, afin qu'aucune nation ne pût les repousser. Le sort assigna à Sigovèse les forêts Hercyniennes; les dieux, bien plus favorables à Bellovèse, lui montraient la route de l'Italie. Il emmène avec lui le trop-plein de ces provinces, des Bituriges, des Arvernes, des Sénons, des Éduens, des Ambarres, des Carnutes, des Aulerques. Parti avec une infanterie et une cavalerie nombreuses, il arrive chez les Tricastins. Là se dressaient les Alpes, qui lui semblèrent une barrière infranchissable... La hauteur de ces montagnes arrêtait les Gaulois comme un rempart; ils

---

1. Voir A. Bertrand, *Archéologie celtique et gauloise*, 2e éd., p. 406 et suiv.
2. Traduction Gaucher, t. I, p. 380.

cherchaient par quelle issue ils s'élanceraient, à travers ces roches perdues dans les cieux, vers un autre univers ; un pieux scrupule les retint encore. Ils apprirent que des étrangers, cherchant comme eux une patrie, avaient été attaqués par les Salyes ; c'étaient les Massiliens, venus par mer de Phocée. Les Gaulois virent là un présage de leur propre destinée ; ils les aidèrent à s'établir sûrement sur les rivages où ils avaient débarqué et qu'abritaient de vastes forêts. Eux, ils franchissent les Alpes par des gorges inaccessibles, traversent le pays des Taurins[1], battent les Toscans près du fleuve Tessin et s'établissent dans un canton qu'ils apprennent s'appeler terre des Insubres. Ce nom rappelait aux Éduens les Insubres de leur pays : ils virent là un heureux augure et fondèrent à cet endroit une ville appelée Mediolanum.

La précision de cette légende, qui aurait dû mettre en garde contre son authenticité, a fait illusion pendant longtemps aux plus sagaces. Mais depuis que les premiers doutes ont été formulés par le comte du Buat[2], nombre de graves historiens, Niebuhr, Zeuss, Jacques Grimm, MM. Mommsen et d'Arbois de Jubainville, se sont accordés pour refuser tout crédit à la tradition recueillie par Tite-Live.

Écoutons d'abord l'illustre Zeuss[3] :

« L'expédition des Celtes vers l'est eut lieu au commencement du IVe siècle avant J.-C. et c'est à cette époque que leur invasion en Italie est fixée par les renseignements que nous fournissent Polybe, Diodore, Appien, Dion Cassius et Justin. Tite-Live seul s'écarte des autres historiens d'une manière importante, en plaçant au temps de Tarquin l'Ancien le passage des Alpes par les Celtes. Niebuhr, dans son *Histoire romaine*, a prouvé que cette date est inadmissible. Cette date a été chez Tite-Live le résultat d'une addition fabuleuse à l'ancienne tradition qu'il reproduit. Ailleurs, cet historien se met lui-même en contradiction avec cette doctrine chronologique, puisque dans son récit des événements qui eurent lieu de 395 à l'an 387 avant J.-C., les Gaulois, arrivés en Italie, suivant cette doctrine chronologique, deux cents ans plus tôt, sont appelés par l'assemblée générale des Étrusques *gentem invisitatam, novos accolas* (V, 17) ; les habitants de Clusium voient en eux *formas hominum invisitatas et novum genus armorum* (V, 35) ; et pour exprimer la pensée des Romains, une formule analogue est reproduite : *invisitato atque inaudito hoste ab Oceano terrarumque ultimis oris bellum ciente* (V, 37). La fable, sur laquelle

---

1. Voir ce qui sera dit plus bas de ce passage, dont le texte est contesté.
2. Cf. *Archéol. celtique et gauloise*, 2e éd., p. 420.
3. Zeuss, *Die Deutschen und die Nachbarstaemme*, 1837, p. 165 ; passage traduit par M. d'Arbois de Jubainville (*Archéol. celt. et gaul.*, 2e éd., p. 407).

Tite-Live fonde sa thèse chronologique, raconte que les Phocéens, arrivant pour fonder Marseille et trouvant chez les Salyes un accueil hostile, obtinrent des Gaulois, alors en marche vers les Alpes, un secours contre les Salyes. Mais une tradition plus ancienne, qu'Athénée a reproduite d'après Aristote[1] et qui a été aussi conservée par Justin[2], nous apprend que les Phocéens, bien reçus par les habitants de la côte, furent seulement plus tard attaqués par les Salyes. »

Voici comment s'exprime M. Mommsen sur la même question, dans la dernière édition de son *Histoire romaine*[3] :

« Le lien établi (par Tite-Live) entre la migration de Bellovèse et la fondation de Marseille, qui fixe chronologiquement cette migration au milieu du II° siècle de Rome, n'appartient incontestablement pas à la tradition locale, qui ne donnait naturellement pas de dates, mais aux recherches postérieures des chronologistes : cette tradition ne mérite donc aucune créance. Des irruptions et des immigrations isolées peuvent avoir eu lieu de très bonne heure; mais la violente extension des Celtes dans l'Italie du nord ne saurait s'être produite avant l'époque de la décadence des Étrusques, c'est-à-dire avant la seconde moitié du III° siècle de Rome. »

Bien qu'Amédée Thierry ait composé son *Histoire des Gaulois* neuf ans après la publication du livre de Zeuss, il a cru devoir accepter sans réserves la légende de Tite-Live, et la popularité dont a joui depuis son ouvrage explique que cette tradition plus que suspecte se trouve encore dans tous les livres d'enseignement. Aussi nous semble-t-il nécessaire de résumer une fois de plus la question ; nous en rendons les données principales visibles sur une carte, qui fera mieux ressortir l'invraisemblance, pour ne pas dire l'absurdité, du récit de l'historien romain.

Quiconque accepte ce récit doit admettre, en conséquence, les conclusions suivantes, dont l'étrangeté n'a besoin que d'être signalée :

1° Que la Gaule, vers l'an 600 avant J.-C., était occupée par les mêmes populations qu'en l'an 50 avant J.-C., à cinq cent cin-

---

1. Aristote, éd. Didot, t. IV, p. 276.
2. Justin, XLIII, 3.
3. Mommsen, *Römische Geschichte*, 8° éd. (1888), t. I, p. 327.

quante ans d'intervalle, et cela dans un pays où de nombreuses tribus avaient sans cesse été en lutte les unes avec les autres. César nous dit qu'il y avait guerre entre elles *presque chaque*

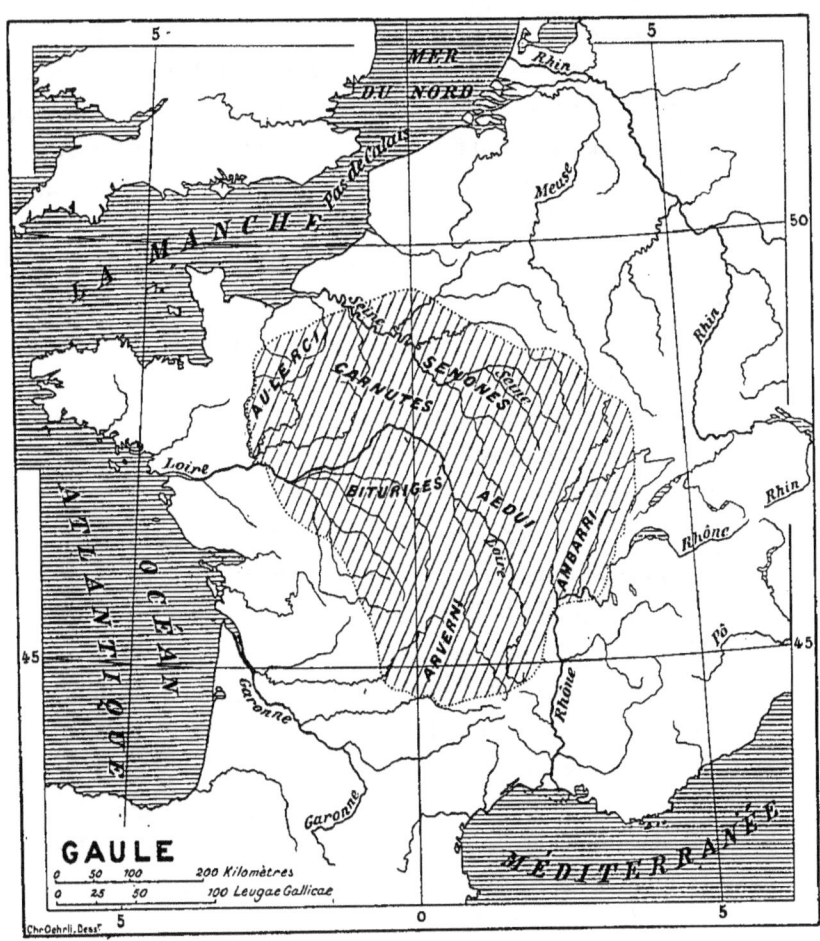

LA GAULE AU SIXIÈME SIÈCLE (d'après le récit de Tite-Live).

année[1]; le grand nombre des *oppida* et lieux fortifiés antérieurs à la conquête romaine prouve qu'il en avait été ainsi longtemps auparavant.

2° Que les six ou sept tribus de la Gaule centrale avaient

---

1. César, *Bell. Gall.*, VI, 15.

conservé pendant ces cinq cent cinquante ans les mêmes cantonnements, la même importance relative non seulement entre elles, mais à l'égard des autres groupes du nord, de l'ouest et de l'est. En effet, Tite-Live nous dit qu'elles constituaient la troisième partie de la Gaule (*Celtarum quae pars Galliae tertia est*), passage où il suit évidemment le début du livre de César : « La Gaule tout entière se divise en trois parties, habitées, la première par les Belges, la seconde par les Aquitains, la troisième par ceux qui s'appellent eux-mêmes *Celtae* et que nous appelons *Galli*. »

3° Que la Gaule, à cette époque reculée, et malgré la tendance au morcellement des populations d'origine celtique (organisées en *clans* jaloux de leur indépendance), était parvenue à l'état d'un empire centralisé, ayant un chef unique auquel obéissaient non seulement les Bituriges, ses sujets directs, mais les Ambarres, les Arvernes, les Carnutes, les Aulerques, les Sénons.

4° Que la population sous un seul règne avait augmenté dans de telles proportions que la terre ne pouvait plus nourrir ses habitants, malgré la fertilité du sol.

5° Qu'Ambigat jouissait d'une assez haute autorité pour pouvoir déterminer six cent mille hommes, soit environ cent cinquante mille familles, à abandonner leurs foyers pour aller chercher fortune dans des contrées inconnues, dont l'une au moins, comme l'a fait observer M. Mommsen, était occupée par la puissante nation des Étrusques; ceux-ci dominaient alors sur une grande partie de l'Italie du sud et du nord, dont ils ne furent expulsés qu'au commencement du IV° siècle par un soulèvement armé des populations combiné avec l'invasion celtique de 395.

6° Que Bellovèse et Sigovèse avaient pu s'entendre avec les chefs du pays où ils comptaient se fixer, à l'effet de trouver sur leur route des guides et des ravitaillements suffisants. Cette difficulté avait vivement frappé Fréret, qui, dans ses mémoires sur les Cimmériens, considérés par lui comme des Gaulois, est amené à supposer que, maîtres de la Bohême dès le vııı° siècle avant J.-C., ils avaient pu, par l'entremise des Helvètes, donner la main aux bandes de Sigovèse :

« Il faut supposer, dit cet illustre érudit, pour rendre vraisemblable l'expédition de Sigovèse, que des chefs cimmériens déjà établis en Bohême servaient de guides à Sigovèse, l'instruisant de la route que devait tenir sa colonie ainsi que des endroits où elle pouvait passer les rivières et traverser les montagnes avec moins de peine. Alors les Boïens et les Tectosages n'arriveront plus dans un pays désert et ennemi. Ils y trouveront des alliés qui auront préparé ce qui était nécessaire pour les faire subsister à leur arrivée et pour faciliter leur établissement. Ce n'est là, je l'avoue, qu'une pure conjecture, mais le fait du passage et de l'établissement d'une colonie sortie du cœur de la Gaule dans l'extrémité orientale de la Germanie étant reçu de toute antiquité et prouvé par des témoignages formels (?) de César, de Strabon, de Tacite, de Plutarque, etc. [1], quoique nous en ignorions le détail, il est permis à un critique de proposer des conjectures sur les moyens qui peuvent rendre le fait probable. »

Fréret ne paraît pas avoir songé que les Boïens pouvaient bien exister en Bohême au vı° siècle sans qu'ils y fussent nécessairement venus de la Gaule. Il n'y a pas moins un grand fond de vérité dans son opinion. Il n'est guère douteux, en effet, que bien avant le vı° siècle, des Celtes (nous ne disons pas des *Gaulois*) aient occupé non seulement la vallée du haut Danube, mais une grande partie des vallées des Alpes, se trouvant, par suite, en contact avec les Étrusques. Tite-Live, sans se douter des contradictions qu'il accumule dans cette partie de son œuvre, par suite de la divergence des sources qu'il consulte, constate clairement cet état de choses au chapitre xxxııı du livre V :

« Pour moi, dit-il, je ne contesterai pas qu'Aruns ou tout autre Clusien amena les Gaulois devant Clusium ; mais un fait certain, c'est que ceux qui assiégèrent cette ville n'étaient pas les premiers qui eussent passé les Alpes. En effet, deux cents ans avant le siège et avant la prise de Rome, les Gaulois avaient passé en Italie ; et longtemps avant les Clusiens, d'autres Étrusques, qui habitaient entre les Apennins et les Alpes, avaient eu souvent à combattre contre des armées gauloises. »

1. Fréret aurait bien fait de citer ces « témoignages formels » ; ils n'existent pas.

7° Que la majorité des tribus (*nationes*) émigrées, tant en Germanie qu'en Cisalpine, auraient perdu dans leur pays d'adoption sinon leur personnalité, du moins leur nom, que les tribus mères conservaient au contraire soigneusement. Sur sept *nationes* ayant, au dire de Tite-Live, suivi Bellovèse au delà des Alpes, six en effet, et les plus célèbres, étaient inconnues de Polybe au commencement du II° siècle, à savoir : les Bituriges, les Arvernes, les Carnutes, les Aulerques, les Éduens, les Ambarres. Le nom des *Senones* surnage seul, tandis que d'un autre côté les tribus qui jouent un rôle en Germanie avant la conquête romaine, les Ardyes, les Agones, les Boii[1], les Japydes, les Taurisci, les Scordisci, les Carni, les Norici ont, s'ils y avaient jamais séjourné, disparu de la Gaule sans y laisser aucun souvenir, à l'époque où écrivaient César, Diodore et Strabon. Les Tectosages seuls figurent encore des deux côtés du Rhin.

Une observation de M. d'Arbois de Jubainville mérite aussi d'être prise en grande considération. La plupart des éditions de Tite-Live font passer les émigrants de Bellovèse *per saltus Taurinos*, débouchant ainsi dans les plaines dont Turin est le centre. Or, dans les dernières éditions critiques, les mots *per saltus Taurinos*, qui manquent aux meilleurs manuscrits, ont disparu, pour être remplacés par une leçon qui indique une direction bien différente. La voie suivie par les Gaulois aurait été celle des *Alpes Juliennes*, conduisant du Noricum à Aquilée et de là en Vénétie. Sur cette voie, tracée sur la carte de Peutinger, décrite dans l'Itinéraire d'Antonin, se trouvait Noreia, capitale des Taurisci, que Sempronius Asellio, à la fin du II° siècle avant notre ère, plaçait non en Germanie, mais en Gaule. La confusion entre *Taurisci* et *Taurini* était facile. D'autre part, Posidonius nous apprend que les Taurisci étaient des Celtes[2].

---

[1]. A l'époque où César entrait en Gaule, les Boii étaient cantonnés sur la rive droite du Rhin, donnant la main aux Helvètes.

[2]. *Fragmenta historic. graec.*, t. III, p. 285.

La limite de la Gaule, en l'an 113 avant notre ère, époque où écrivait Sempronius Asellio, n'était donc pas celle qu'indique César. Nous avons le droit de supposer qu'elle était autre au IV° siècle, sans parler, à plus forte raison, du VI°.

Concluons. L'invasion du IV° siècle est seule historique. Les Gaulois (Galates) étaient alors, pour les Étrusques comme pour les Romains, des hommes nouveaux (*inusitato atque inaudito hoste ab Oceano terrarumque ultimis oris bellum ciente*, V, 37). Aucun texte incontesté ne nous donne le droit de porter une quelconque des *nationes* mentionnées par César sur une carte de la Gaule au VI° siècle. Nous maintenons donc en blanc, pour cette époque, la Celtique de César[1].

VII

Avec Polybe (205-123 av. J.-C.), nous arrivons sur un terrain plus solide. Ce ne sont plus des indications vagues ou fragmentaires, mais des renseignements précis, abondants, recueillis par un observateur digne de toute confiance, par le plus grand historien de l'antiquité après Thucydide. Malheureusement, pour Polybe encore, l'intérieur de la Gaule, de notre Gaule, est une *terra incognita*. Mais ce qu'il nous dit des Celtes avec lesquels il a été en contact en Italie n'en est pas moins du plus grand intérêt pour nous. Les chapitres XIV et XV du second livre de son *Histoire* ne sauraient être médités avec trop de soin.

De cette étude il ressort clairement, à nos yeux :

1° Que les Celtes de la Haute-Italie n'y sont point venus de notre Gaule, de la Gaule de César, mais de la vallée du Da-

---

[1]. Le silence d'historiens aussi graves que Polybe, César, Strabon, Plutarque, au sujet de la traditon recueillie par Tite-Live, suffirait, en dehors des considérations qui précèdent, à justifier notre réserve. Voir *La Gaule avant les Gaulois*, 2° éd., p. 252 *bis*.

nube, et, plus particulièrement, des contrées qui touchent au versant septentrional des Alpes Juliennes, du Noricum.

2° Que ces populations se divisaient primitivement en *Celtes cisalpins* et *Celtes transalpins*, c'est-à-dire en Celtes du midi et Celtes du nord des Alpes. Au III° siècle, ces derniers étaient déjà désignés plus particulièrement par Polybe sous le nom de Galates.

3° Que les Celtes cisalpins qui, dès une époque reculée, bien avant le IV° siècle, peuplaient les grandes plaines de la Lombardie actuelle, des Alpes aux rives du Pô, étaient, en majorité, une population agricole et sédentaire, vivant dans la plus grande abondance et dans un état de civilisation sans aucun doute très supérieur à celui que l'on peut entrevoir en Gaule à la même époque.

4° Que les Galates, au contraire, les Transalpins, bien que frères des premiers, montagnards encore à demi nomades, pasteurs et guerriers en majorité, toujours prêts à courir les hasards d'une expédition, armés, dès le IV° siècle, de l'épée de fer, du javelot à pointe de fer et du bouclier, vivaient sous le régime d'une sorte d'aristocratie militaire, aussi fière que besogneuse, comme il en existait encore, il y a moins d'un demi-siècle, dans le Caucase.

L'histoire nous montre les Galates descendant tout à coup des Alpes en 395, pour marcher à la conquête des contrées où dominaient alors les Étrusques. Mais ils devaient être, ainsi que les Cisalpins, constitués en corps de nation bien avant cette époque et l'expédition qui aboutit, en 390, à la prise de Rome n'était sans doute pas la première[1].

Abordons le récit de Polybe dont tous les termes sont à méditer. Nous sommes en 223 avant J.-C. Les Romains se sont décidés à attaquer les Celtes cisalpins. Avant d'engager la lutte contre Annibal, ils veulent se débarrasser de ces ennemis toujours menaçants. Polybe croit devoir nous en faire le tableau[2].

---

1. Cf. Tite-Live, V, 33, et plus haut, p. 25.
2. Polybe, II, xiv (traduction Bouchot, t. I, p. 115).

« Peut-être n'est-il pas inutile de retracer ici l'histoire de ce peuple, et tout en la faisant succincte, de remonter jusqu'au moment où les Celtes s'emparèrent du pays qu'ils occupent. Je crois que ces détails, non seulement méritent d'être connus et souvent répétés, mais qu'ils sont même indispensables, si l'on veut voir sur quels hommes et sur quels pays Annibal s'appuya pour oser entreprendre de renverser l'empire de Rome.

« Commençons par dire quelle est la nature de la Gaule cisalpine et sa position par rapport au reste de l'Italie; car on se fera une idée plus juste des événements principaux dont elle fut le théâtre en connaissant au préalable la topographie locale ou générale de ces provinces... Le long de la chaîne des Alpes, que l'on peut regarder comme la base du triangle, règnent de grandes plaines qui, situées à l'extrémité de l'Italie, en occupent tout le nord ; plaines qui, par leur immensité et leur richesse, l'emportent sur toutes celles que nous connaissons en Europe. La configuration générale de ces plaines présente elle-même la forme d'un triangle... [xv]. Les expressions manquent pour dire la fertilité de ce pays. L'abondance du blé y est telle que de nos jours on a vu plus d'une fois le médimne sicilien de froment ne valoir que quatre oboles ; celui d'orge, deux, et le métrète de vin ne pas coûter plus qu'une mesure d'orge[1]. Le millet et le panic y poussent à foison ; un seul fait peut donner une idée de la quantité des glands que fournissent les chênes répandus de loin en loin dans la plaine. On tue en Italie beaucoup de porcs, soit pour la vie ordinaire, soit pour la subsistance des camps, et c'est de ces campagnes que viennent la plupart de ces animaux. Enfin, voici une preuve concluante du bon marché et de l'abondance des vivres en ces contrées. Les voyageurs qui s'arrêtent dans les hôtelleries ne conviennent pas du prix de chaque objet séparément, mais ils demandent combien on prend par tête ; le plus souvent, l'hôte s'engage à fournir tout ce qui est nécessaire pour un quart d'obole (4 centimes) et il est rare que le prix soit dépassé. Parlerai-je de l'immense population du pays, de la grandeur, de la beauté physique des habitants et de leur audace guerrière ? La suite même des événements nous fera connaître ces détails. »

A cette époque, c'est-à-dire au IIe siècle avant J.-C., les populations de la Cisalpine, bien que fournissant au besoin de vaillants soldats, menaient donc une vie sédentaire et agricole. Les familles qui semaient et récoltaient le blé, l'orge, le millet, le panic, qui cultivaient la vigne, qui élevaient des porcs et vraisemblablement les salaient, n'appartenaient certainement pas aux tribus guerrières qui, suivant le même Polybe (chap. XVI) « vivaient dispersées dans des villages sans

---

1. 52 litres de froment valant 0fr,60 ; 52 litres d'orge valant 0fr,30 ; 39 litres de vin valant 0fr,30.

murailles, ignoraient absolument les mille choses qui font le bien-être de la vie, ne connaissaient d'autre lit que le gazon, ne mangeaient que de la chair, avaient pour toute richesse de l'or et des troupeaux, c'est-à-dire les seules choses qu'elles pussent en tout temps emporter avec elles et déplacer à leur gré, enfin attachaient le plus grand prix à ce qu'elles appelaient *confréries* [le campagnonnage celtique], parce que le plus puissant et le plus redoutable à leurs yeux est celui qui voit autour de sa personne le plus d'hommes prêts à lui rendre hommage et à obéir à ses ordres. »

Reprenons la suite du chapitre xv.

« Sur les deux versants des Alpes, dont l'un descend vers le Rhône [1] et l'autre vers les plaines que j'ai décrites plus haut, de nombreux habitants couvrent les vallons et les collines. Les Transalpins occupent la partie qui regarde le Rhône et le nord. Les Taurisques, les Agones (?) et quelques autres peuplades barbares habitent du côté des plaines [2]. Ce terme particulier de Transalpins ne tient pas à une différence de race, mais à leur position géographique. Le mot *trans*, en latin, signifiant « au delà », les Romains appellent *transalpins* les Galates au delà des Alpes [3]. Quant au sommet de ces montagnes, il est inhabité à cause de la roideur des pentes et des neiges éternelles qui y séjournent. »

La lecture des passages de Polybe que nous venons de transcrire ne peut laisser aucun doute sur la coexistence, au midi des Alpes, de deux groupes juxtaposés ou peut-être superposés de populations celtiques, l'un pastoral et guerrier, d'établissement relativement récent dans ces belles plaines, l'autre éminemment agricole et sédentaire, ayant occupé plus anciennement le même pays, — l'un représentant la conquête armée, l'autre une occupation de date reculée dont les circonstances nous échappent [4].

1. Il s'agit de la partie du Rhône qui coule de l'est à l'ouest.
2. Il est inexact, comme semble l'indiquer ce texte de Polybe, que les Taurisques aient habité le versant méridional des Alpes.
3. Γαλάται Τρανσάλπινοι προσαγορευόμενοι.
4. M. Bertrand a cru remarquer, en 1875, que Polybe qualifie presque constamment de *Galates* les Celtes du premier groupe, tandis qu'il réserve l'appellation de Celtes, Κελτοί, à ceux du second. Voir l'analyse de son mémoire dans l'*Archéologie celtique et gauloise*, 2ᵉ éd., p. 415, et le mémoire lui-même dans la *Revue archéologique*, 1876, t. I, p. 1-24, 73-98, 153-161.

Si nous connaissons avec certitude la date de l'invasion des Galates en Cisalpine (commencement du IV° siècle), danger toujours suspendu, depuis cette époque, sur la tête non seulement des Romains et des Étrusques, mais des Celtes cisalpins, nous n'avons aucun renseignement sur les incursions qu'ils avaient pu faire antérieurement. Mais la situation de demi-hostilité existant après l'invasion de 400 entre Cisalpins et Transalpins ne nous échappe pas et nous donne, pour ainsi dire, la note des relations antérieures.

Polybe, II, chapitre XVIII :

« Bientôt [après la prise de Rome] les Celtes se trouvèrent engagés dans des guerres civiles et plus d'une fois les populations renfermées dans les Alpes, se coalisant entre elles, les attaquèrent, attirées par leur richesse qu'elles comparaient à leur misère. »

Et plus loin, chapitre XIX :

« (Les Celtes cisalpins) étaient restés trente ans fidèles à la trêve conclue avec les Romains, mais les Transalpins ayant alors remué, selon leur habitude[1], les Cisalpins, qui craignaient d'avoir à soutenir une lourde guerre, après avoir détourné de leurs têtes, à force de présents et en invoquant leur consanguinité[2], les fureurs des peuplades soulevées, les excitèrent contre les Romains et prirent part à leur expédition. »

Nous voyons ici clairement marquée la dualité des populations celtiques, populations d'humeur et de mœurs différentes, quelquefois unies par la nécessité, souvent opposées d'intérêt, mais n'oubliant jamais le lien commun d'origine qui les rattachait.

Le chapitre XVII de Polybe complète nos informations sur les relations des Étrusques avec les Celtes, antérieurement à la fin du V° siècle :

« Les Tyrrhéniens étaient autrefois maîtres de ces plaines, à l'époque où ils régnaient également sur les plaines voisines de Nola et de Capoue, connues sous le nom de *champs Phlégréens*. Ceux qui veulent se faire une idée vraie de ce qu'a été la puissance des Tyrrhéniens ne doivent pas, en

---

1. Τοῦτο γὰρ συνηθὲς ἔστι Γαλάταις.
2. Τὴν συγγενείαν.

effet, se les représenter comme occupant seulement le pays qu'ils habitent de nos jours, mais encore les plaines dont nous venons de décrire la richesse. *Les Celtes étaient leurs voisins immédiats et, comme tels, mêlés à eux.* Séduits par la beauté du pays, ils l'envahirent sous un léger prétexte avec une nombreuse armée, chassèrent les Tyrrhéniens de la vallée du Pô et s'y établirent. »

Il faut bien s'entendre sur le caractère de ces conquêtes antiques. La domination des Étrusques était une occupation du pays surveillé par les douze cités où les Tyrrhéniens concentraient leurs forces, le fond de la population restant le même avant comme après l'*occupation étrangère*. Que l'on songe à ce qu'a été l'*occupation* de l'Algérie et de la Tunisie par les Turcs, à ce qu'elle est encore sous notre domination ou notre protectorat, et l'on aura une idée assez juste de ce qu'était la Cisalpine sous la *domination* des Étrusques, de ce qu'elle fut ensuite sous la *domination* des Galates. La Grèce n'a-t-elle pas été pendant plus de dix siècles sous la *domination* des musulmans sans que le Grec ait disparu du pays? Seulement, en Cisalpine, après la conquête galate, sujets et maîtres appartenaient à la même race et parlaient sinon la même langue, du moins des dialectes voisins.

Denys d'Halicarnasse, dont l'érudition historique était très grande, nous présente les faits sous le même aspect[1] :

« Cumes, ville grecque, fut attaquée par les Tyrrhéniens qui étaient alors établis sur le golfe Ionique, mais qui depuis en ont été chassés par les Celtes. »

Si Tite-Live, qui devait parfaitement connaître ce fait, a pu dire que les Gaulois de 391 étaient des *inconnus* pour les Étrusques, c'est évidemment que l'auteur suivi par lui dans ce passage avait une claire conscience de la différence qui existait entre les Celtes cisalpins et les Galates transalpins. On pouvait être familier avec les premiers sans avoir encore aucune connaissance des seconds.

Ce que l'on pourrait appeler « la Celtique de Polybe » s'é-

---

1. Denys, *Antiq. Rom.*, I, 55.

tend donc des rives du Pô aux sources du Danube à travers les Alpes, conformément au témoignage des géographes antérieurs. Toutefois l'on trouve déjà dans Polybe la trace de l'occupation définitive de la Gaule méridionale par les Celtes; c'est la première constatation historique de la domination des Celtes sur cette partie de la Gaule césarienne.

Polybe, III, chapitre XXXVII :

« On ne rencontre plus que des Celtes à partir des Pyrénées et du Narbon. »

Polybe, qui avoue lui-même son ignorance du centre et du nord de la Gaule, indique seulement, dans ce passage, qu'il y avait des Celtes entre les Cévennes et les Pyrénées. Il faut remarquer qu'il ne dit plus rien des Ibères et des Ligures ; dès cette époque, ils avaient été éclipsés par les Celtes ou *celtisés*. Ce sont des Celtes que, suivant Polybe, Annibal rencontrait déjà dans les vallées des Pyrénées :

« XL. Annibal s'occupait de franchir les Pyrénées, malgré les craintes que les Celtes, retranchés dans leurs montagnes, lui inspiraient, quand les Romains, déjà instruits par leurs ambassadeurs, résolurent d'envoyer avec des légions P. Cornelius en Espagne... XLI. Publius longea la Ligurie et en cinq jours se rendit de Pise à Marseille. Il mouilla près de la première embouchure du Rhône et débarqua ses troupes. Bien qu'il eût entendu dire qu'Annibal avait déjà franchi les Pyrénées, il s'imagina que l'ennemi était encore loin à cause des difficultés des chemins et du grand nombre de *tribus celtiques* qu'il leur fallait traverser. Mais Annibal avait gagné les uns, forcé les autres, et il arriva tout à coup sur les bords du Rhône... XLII. Dès son arrivée sur les rives du fleuve, Annibal se mit en devoir de le franchir à la hauteur où il n'a encore qu'un seul lit... XLIII. Le fleuve traversé, il livra batailles aux Celtes qui, troublés par cette attaque imprévue, furent bientôt réduits à fuir. »

Telle est la première attestation historique de la substitution des Celtes aux Ibères et aux Ligures comme race dominante sur nos frontières méridionales.

En résumé, aucune mention des Celtes ni de la Celtique antérieurement au VIe siècle. A la fin du VIe siècle, mention par Hécatée d'une Celtique avoisinant Marseille, sur les frontières de la Ligurie. Au milieu du Ve siècle, Hérodote nous montre les Celtes dans la vallée du haut-Danube, dont les sources sont en pays celtique. Au IV⁣ᵉ siècle, les Celtes paraisssent, en outre, sur les bords du golfe Ionique et dans une partie de la vallée du Pô. Ils sont voisins des Illyriens d'un côté, des Étrusques de l'autre, et se trouvent souvent en guerre avec ces peuples. Au III⁣ᵉ siècle, à l'époque des guerres puniques, nous les voyons maîtres des vallées des Alpes comme de celles des Pyrénées, dominant sur tout le pays qui, au sud des Cévennes, sépare les Pyrénées du Rhône. Sur nos côtes, de Marseille à Monaco, se rencontrent, sous le nom de *Celto-ligyens*, des Ligures soumis aux Celtes et réduits à une condition misérable[1], tandis que les populations entre le Rhône et les Pyrénées sont encores désignées sous le nom de *Celtibères* ou « Ibères mêlés aux Celtes. »

Les Celtes mentionnés à cette époque dans d'autres contrées y paraissent seulement à titre de mercenaires.

Un texte de Polybe, déjà cité plus haut, indique clairement que la Gaule occidentale n'était pas, à sa connaissance du moins, peuplée par les Celtes[2] :

« Le reste de l'Europe, depuis les Pyrénées jusqu'au couchant et aux colonnes d'Hercule, est entouré par la Méditerranée et par l'Océan. Le pays que baigne la mer intérieure jusqu'au détroit s'appelle Ibérie, *mais ceux qui sont situés sur le grand Océan n'ont pas de dénomination commune*, parce que la découverte en est toute récente. Ils sont habités par des peuplades nombreuses et barbares (κατοικεῖται δὲ πᾶν ὑπὸ βαρβάρων ἐθνῶν καὶ πολυανθρώπων). »

De ce que Polybe ne connaissait pas l'existence des Celtes dans la Gaule occidentale, on ne doit pas, il est vrai, conclure qu'il n'y en avait point, ou qu'ils n'y étaient pas encore parvenus, dans leur migration — d'ailleurs tout hypothétique — d'Orient en Occident. Il ne faut pas perdre de vue que nos informateurs,

---

1. Diodore, V, 39 : « Les Ligures passent la nuit au milieu des champs, rarement sous de chétives cabanes, le plus souvent dans le creux des rochers ou dans des cavernes naturelles capables de les abriter. Ils conservent en cela, comme en beaucoup d'autres choses, l'ancienne rudesse de leurs mœurs (τὸν ἀρχαῖον καὶ ἀκατάσκευον βίον). »
2. Polybe, III, xxxvii, 10.

les écrivains grecs, demeurant au sud-est de la Celtique, la marche chronologique de leurs informations a dû se produire de l'est au nord-ouest, de sorte que l'on risque de céder à une illusion d'optique en attribuant une marche parallèle aux tribus celtiques. Nous avons déjà vu que Pythéas, vers l'an 300 avant J.-C., rencontra des Celtes sur la côte occidentale de la Gaule, fait dont Polybe, très mal disposé envers le voyageur marseillais, ne croit devoir tenir aucun compte. Mais bien avant Pythéas, au vIII° ou au IX° siècle avant notre ère, les côtes de la Gaule occidentale paraissent avoir été peuplées par des hommes parlant une langue celtique. Aucun texte, à la vérité, ne nous l'apprend, mais il est peut-être légitime d'en demander la preuve à la linguistique. L'un de nous, en effet, a récemment essayé de démontrer[1] que le nom grec de l'étain, κασσίτερος, était celtique et qu'il dérivait du nom des îles Cassitérides (îles Britanniques), comme celui du cuivre de l'île de Chypre et celui du bronze de Brundisium en Italie[2]. Or, nous savons par Hérodote que l'étain employé dans le monde grec provenait de l'Europe occidentale et le mot κασσίτερος se trouve déjà dans Homère. L'auteur des *Mirabiles auscultationes* qualifie l'étain de celtique, τὸν κασσίτερον τὸν κελτικόν[3]. Il en résulterait que, dès le IX° siècle avant J.-C, le sud-ouest de la Bretagne insulaire et le nord-ouest de la Gaule, pays entre lesquels se faisait le commerce de l'étain, étaient déjà celtiques. C'est la plus ancienne et presque la seule indication que nous possédions sur le rameau septentrional des Celtes, resté longtemps inconnu aux historiens[4]. Quant au centre de la Gaule à la même époque, notre ignorance à ce sujet est égale à celle de Polybe.

---

1. S. Reinach, *L'Anthropologie*, 1892, p. 275-281; *Babylonian and Oriental Record*, 1892, p. 129-139.
2. Cf. *La Gaule avant les Gaulois*, 2° éd., p. 301.
3. Aristote, *Mirab. auscult.*, L, p. 834, A, 6.
4. On peut en rapprocher le texte d'Aviénus, qui nous montre les Celtes chassant les Ligures de ce qui est aujourd'hui la Belgique, à une époque sans doute antérieure au v° siècle. Cf. *La Gaule avant les Gaulois*, 2° édit., p. 240.

VIII

Nous savons maintenant quelles sont les contrées où la présence des *Celtes de l'histoire*, selon l'heureuse expression du Dr Broca[1], est le plus anciennement constatée par les textes. Des Celtes eux-mêmes, si nous nous bornons aux témoignages des historiens de ces temps reculés, nous savons fort peu de chose. Divisés en deux groupes, que nous appelons Celtes et Galates (ces derniers identiques aux *Galli* des Romains), ils se montrent tous à nous, dès le début, avec les mêmes caractères physiques : une haute stature, la peau blanche, les yeux bleus, des cheveux blonds tirant sur le roux[2]. Tels étaient certainement, du moins en majorité, les Gaulois qui ont pris Rome, saccagé Delphes, conquis une partie de l'Asie Mineure. Ce type, Roget de Belloguet a eu raison de le représenter comme le type classique traditionnel des Celtes et des Gaulois. Les anciens sont unanimes à cet égard; le même thème est répété par tous sans variations sensibles. On le retrouve, à partir de Polybe[3], chez Strabon, Diodore, Arrien, Plutarque, Pausanias, Appien parmi les Grecs[4], chez César, Virgile, Tite-Live, Florus, Silius, Ammien Marcellin parmi les Latins[5], c'est-à-dire depuis le commencement du IIe siècle avant notre ère, date du premier texte original que nous possédions, jusqu'au milieu du IVe siècle après J.-C., par conséquent pendant une période non interrompue de six siècles environ. Ce portrait indéfiniment recopié était déjà celui que

---

1. Voir Broca, *Mém. de la Soc. d'anthropologie*, t. I, p. 379, et *Revue d'anthropologie*, t. II, p. 577.
2. Moins roux cependant que les Germains, suivant Manilius, *Astronomiques*, IV, 713; Suétone, *Caligula*, XLVII.
3. Polybe, II, xv.
4. Strabon, IV, iv, 2; Diodore, V, 28; Arrien, *Exp. Alex.* I. 4; Plutarque, *Marius*, XXVI; Pausanias, X, 20; Appien, *De reb. gallicis*, II, vii, 8.
5. César, *Bell. gall.*, II, 30; *Bell. afric.*, 40; Virgile, *Aen.*, VIII, 662; Tite-Live, V, 44; VII, 12; XXII, 2; XXXVIII, 17; Florus, II, 4; Silius, *Puniques*, XV, 715; Ammien, XV, 11.

faisait des Celtes, vers l'an 300 avant notre ère, un des compagnons d'Alexandre, Ptolémée fils de Lagus[1].

Dans l'art grec, le type des Gaulois fut fixé par les artistes de Pergame qui furent chargés de perpétuer le souvenir des victoires d'Attale Ier (241-197) et d'Eumène II (197-159) sur les Galates d'Asie Mineure[2]. Nous possédons deux séries de sculptures qui dérivent de ces œuvres d'art, popularisées par de nombreuses copies et imitations. A la première appartiennent le Gaulois mourant du Capitole, faussement appelé *Gladiateur*, et le Gaulois se tuant après avoir tué sa femme, groupe de la villa Ludovisi où l'on reconnaissait autrefois Arria et Paetus. Ce sont des statues de grandes dimensions qui ont probablement fait partie d'un ensemble disposé à la manière d'un fronton. Les originaux, en bronze, avaient sans doute été dressés, à l'époque d'Attale Ier, sur l'acropole de Pergame. La seconde série comprend des répliques en marbre découvertes à Rome, d'après des statues en bronze plus petites que nature qu'Attale Ier avait exposées sur l'acropole d'Athènes. Ces statues constituaient quatre groupes : une Gigantomachie, la bataille des Athéniens contre les Amazones, la bataille de Marathon et la défaite des Gaulois par Attale. Les trois figures des Gaulois qui se sont conservées presque intactes sont à Venise (un vieillard et un jeune homme mort), et au Musée du Louvre (un jeune homme blessé); on peut en voir des moulages au Musée de Saint-Germain. Dans toutes ces œuvres, le type des Gaulois paraît identique : ce sont des hommes de taille élevée, fortement musclés, avec une chevelure abondante et inculte, un profil énergique et presque brutal qui s'éloigne très sensiblement de l'idéal grec. Ainsi fixé par des artistes éminents, dont les œuvres furent bientôt populaires, le type plastique des Gaulois fut reproduit avec une fidélité remarquable jusqu'aux derniers temps de l'empire romain; on le retrouve notamment sur l'arc d'Orange et sur le grand

---

1. Comparez Strabon, VII, III, 8 et Arrien, *Exp. Alex.*, I, 4.
2. Voir S. Reinach, *Les Gaulois dans l'art antique et le sarcophage de la vigne Ammendola*, Paris, Leroux, 1889.

sarcophage de la vigne Ammendola, aujourd'hui au Musée du Capitole, dont les motifs sont certainement empruntés à des œuvres d'art contemporaines des rois de Pergame. Bien plus, ce type des Gaulois devint, à l'époque romaine, celui des Barbares en général, Germains, Marcomans et Daces. « L'art romain n'a rien innové dans la représentation des peuples celtiques. Il s'en est tenu à la *vulgate* fixée à l'époque alexandrine, sorte de tradition iconographique qui se perpétua jusqu'aux derniers jours de l'empire. De même que l'on continua à copier et à « contaminer » les bas-reliefs et les peintures de la Grèce qui représentaient des batailles d'Amazones et d'autres épisodes mythologiques, de même les nombreuses œuvres d'art du IIIe siècle, relatives aux défaites des Galates d'Asie Mineure, furent comme l'album où les artistes postérieurs cherchèrent des motifs toutes les fois que le sujet à traiter le comportait : c'est ainsi que les Galates devinrent les Barbares par excellence, que leur type fut prêté à tous les autres Barbares et que le reflet des trophées de Pergame embellit encore, trois siècles après Eumène, les monuments des victoires impériales sur les Germains, les Daces et les Marcomans[1]. »

Il y a donc, sur le type physique des Gaulois, parfait accord entre les monuments et les textes; les uns et les autres dérivent d'une tradition qui a été fixée de bonne heure et qui s'est maintenue sans altération jusqu'à la fin.

Roget de Belloguet, que la question du type gaulois a préoccupé pendant plus de vingt ans, après avoir longtemps hésité entre différentes hypothèses, a résumé dans un sens analogue l'opinion à laquelle il s'était arrêté[2] :

« Nous avons reconnu que les Celtes ou Gaulois appartenaient tous, sans distinction entre les Belges et les Gaulois proprement dits, à un même type et par conséquent à une seule et même race, d'un caractère tout septentrional, c'est-à-dire blonde, de haute stature et d'un tempérament lym-

---

1. S. Reinach, *Les Gaulois dans l'art antique*, p. 76.
2. *Ethnogénie gauloise*, t. II, *Types gaulois*, p. 308.

phatique qui supportait difficilement les chaleurs du midi. »

Roget de Belloguet ajoute que « dans les œuvres d'art arrivées jusqu'à nous, ce type est principalement caractérisé par la longueur de la tête en opposition avec un autre type à tête ronde. » Cette dernière proposition est, pour le moins, trop absolue, car le Gaulois mourant du capitale et le Gaulois du groupe dit d'Arria et Paetus sont nettement brachycéphales. Nous ignorons, du reste, si les artistes grecs se sont jamais préoccupés d'indiquer avec exactitude le développement antéro-postérieur du crâne, particularité dont les auteurs anciens n'ont pas davantage tenu compte. L'exploration des sépultures et l'étude des squelettes peut seule nous renseigner à cet égard : c'est un travail qui se poursuit, mais que rend difficile, en bien des contrées et pour une longue période, la prévalence du rite de la crémation.

Si l'on doit, avec Roget de Belloguet, admettre l'unité du type physique dont l'apparition coïncide avec les grands événements auxquels le nom des Gaulois est attaché, en Italie, en Grèce et en Asie Mineure, durant les quatre derniers siècles avant notre ère, on s'exposerait à de graves erreurs en voulant attribuer ce type aux populations du reste de la Celtique d'Éphore, celles de l'Espagne, de la Gaule centrale, de la Grande-Bretagne, de l'Irlande, de la Germanie. A côté du type des grands dolichocéphales, il y a, en effet, celui des petits brachycéphales bruns, qu'on ne peut faire dériver de premier en alléguant des « influences de milieu » et qui accusent une provenance ethnique toute différente. Il faut même se bien garder de considérer comme appartenant au « type classique » les nombreuses tribus celtiques de la Gaule méridionale qu'Annibal, en 218, rencontre sur son chemin des Pyrénées aux Alpes. Polybe, il est vrai, qualifie expressément ces populations de *celtiques*[1]. La conquête du sud de la Gaule par les Celtes était alors un fait accompli, probablement même depuis longtemps ; mais une conquête n'entraîne pas,

---

1. Polybe, III, xxxvii, 40.

comme conséquence nécessaire, la substitution d'une population à une autre. Des textes très précis témoignent de la fusion, en ces contrées, des Celtes et des Ibères, des Celtes et des Ligures (Ligyens). Dans le centre et dans le nord de la Gaule, une fusion analogue dut se produire ; nous ignorons seulement le nom de la race ou des peuples parmi lesquels les Celtes conquérants vinrent s'établir. La couche primitive, ou, du moins, la couche *pré-celtique*, continua à former le fond de la population sous l'hégémonie des Celtes, après l'asservissement plus ou moins complet des indigènes[1]. Le nom des Celtes conquérants ne prévalut que peu à peu ; mais, une fois qu'il se fut introduit dans l'usage, on oublia les éléments non celtiques dont une grande partie de la population de la Gaule se composait.

IX

L'anthropologie paraît confirmer, par ses recherches les plus récentes, les conclusions auxquelles nous sommes arrivés. Le beau travail du Dr Collignon sur l'indice céphalique des populations actuelles de la France[2] nous montre des Pyrénées aux Alpes, au-dessous des Cévennes, une série de métis provenant du mélange de souches très diverses. Les dolichocéphales bruns, à petite taille, distincts des dolichocéphales blonds à haute stature de nos départements de l'est et du nord-est aussi bien que des petits brachycéphales bruns du centre et du nord-ouest, sont une preuve de ce mélange de races où les Celtes, les Ibères et les Ligures ont été les principaux éléments en contact. Cette dualité du type physique dans la France actuelle est un des indices les plus frappants de la conquête celtique et de la persistance du fonds plus ancien qu'elle n'a pas, ou qu'elle a très inégalement entamé. Roget de Bel-

---

1. *Plebs paene servorum habetur loco* (César, *Bell. gall.*, VI, 13).
2. Voir *La Gaule avant les Gaulois*, 2ᵉ éd., p. 323.

loguet paraît avoir vu très clair sur cette question [1]; les §§ 5 et 6 de ses conclusions sont très explicites :

« Nous concluons que deux types d'une constitution physique aussi différente [que les grands blonds et les petits bruns], ne pouvant être sortis d'une même souche, il est faux que les hommes à tête ronde qu'on a nommés abusivement les Galls aient jamais fait partie, ethnologiquement parlant, de la famille celtique, représentée par ceux auxquels on a donné le nom erroné de Kimrys [2].

« Que le même type gaulois [des grands dolichocéphales blonds], dont la dégénération se montre déjà en Gaule au temps de César, ayant été presque entièrement absorbé par la race brune dans la plus grande partie du pays et n'existant plus dans certaines provinces du continent ou des îles Britanniques qu'à un degré d'abâtardissement plus ou moins prononcé, *il en résulte que les Celtes ne formèrent jamais en Gaule qu'une minorité* dans la population de toutes ces contrées; qu'ils n'en furent, par conséquent, pas les premiers habitants, mais, comme l'indiquent leurs propres traditions conformes à plusieurs données historiques, des conquérants dont la race finit par se perdre, sauf quelques exceptions locales, dans la masse beaucoup plus nombreuse des vaincus. »

Ces vues, toutes nouvelles à l'époque où elles furent exposées, font le plus grand honneur à la sagacité de Roget de Belloguet. Ce n'est pas sans raison que l'Académie des inscriptions et belles-lettres, sur un rapport fortement motivé d'Alfred Maury, lui décerna en 1869 le grand prix Gobert.

Après plus d'un demi-siècle de recherches assidues, d'études des textes et de profondes méditations, Roget de Belloguet en était arrivé, en dehors des données archéologiques dont on méconnaissait alors l'importance, à des conclusions voisines de celles que l'archéologie nous suggère. Il y a donc quelque vraisemblance pour que nous soyons dans la bonne voie. Non seulement les Celtes n'ont jamais formé la majorité de la population de la Gaule, mais ils y étaient, dans une certaine mesure, des tard-venus. Sur la rive gauche du Rhin, ils nous paraissent toujours mêlés à des populations plus anciennes. Quand ils se détachent sur ce fond encore impossible à

---

1. Roget de Belloguet, *Ethnogénie gauloise*, t. II, p. 309.
2. Cette protestation énergique, et d'ailleurs parfaitement justifiée, vise les doctrines d'Amédée Thierry.

analyser, en Allobrogie, en Belgique, c'est à titre de Galates et à une époque assez voisine de la conquête romaine.

Une autre conclusion paraît se dégager de l'étude comparée des textes et des documents archéologiques.

Jusqu'à une époque voisine de la conquête romaine, la civilisation celtique, dans la Gaule propre, nous reste à peu près inconnue. En revanche, plusieurs siècles auparavant, nous constatons l'existence de civilisations développées dans la plupart des vallées des Alpes, en particulier celles des Alpes Noriques, dans la Cisalpine cispadane et transpadane, dans une partie de l'Ombrie. Ces civilisations peuvent être, croyons-nous, rapportées aux Celtes de l'est et du sud-est. Nous les y trouvons dans les conditions sociales les plus diverses, ici dominant en maîtres (sur le Danube), là soumis pendant plusieurs siècles à une domination étrangère (celles des Étrusques), ailleurs organisés en clans armés vivant de mercenariat et de rapines, ayant laissé partout dans le sol des traces profondes de leur séjour.

Passons donc les Alpes. Nous remonterons ensuite vers le Danube.

CHAPITRE II

LA GAULE CISALPINE

I

En Italie, au pied des Alpes, dans les plaines magnifiques où, suivant l'expression de Polybe, vivait « une immense population, à la taille élevée, à l'audace guerrière », nous sommes — le grand historien nous le dit — en plein pays *celtique*. De l'ensemble de son récit ressort très nettement qu'à ses yeux, au iiie siècle dont il raconte les événements, nous sommes là uniquement en présence de Celtes, Κελτοί, à une exception près relative aux Vénètes. Pour Polybe, les belles et riches populations des plaines septentrionales de la péninsule étaient, nominalement du moins, celtiques, au même titre que les populations des vallées du versant nord des Alpes.

Ces populations, qu'Annibal soulevait contre Rome deux cent vingt ans avant notre ère, étaient-elles de nouvelles venues dans le pays? Devons-nous y voir les successeurs des bandes armées qui, d'après le même Polybe, descendues inopinément des Alpes vers l'an 400, avaient enlevé aux Étrusques ces belles et fertiles contrées?

Reprenons le récit de Polybe[1]. L'historien grec ne tranche pas la question; il ne la soulève même pas, mais il nous dit deux choses à retenir :

1° Que les Tyrrhéniens (fait attesté par bien d'autres témoignages) avaient, avant l'invasion gauloise du commencement du ive siècle, dominé le pays pendant environ trois cents ans;

---

1. Polybe, II, xvii.

2° Qu'à la même époque leur domination s'étendait dans l'Italie du sud sur les contrées voisines de Capoue et de Nola, où, suivant leurs usages, ils avaient fondé douze cités, comme ils l'avaient fait dans l'Étrurie centrale, leur premier établissement. La même organisation avait été établie par eux dans la Cisalpine[1]. Or, aucune invasion ne chassa les Étrusques de la Campanie. Ils en furent expulsés par un soulèvement de la population rurale. Leur système même d'occupation, fondé sur la possession de quelques villes, laissant la campagne aux mains des anciens colons, montre assez que le résultat de leurs conquêtes n'était pas un déplacement de populations, mais seulement la substitution d'une domination à une autre. Les Étrusques, en Campanie et en Cisalpine, s'étaient emparés de contrées particulièrement riches. Ils les avaient exploitées en excellents administrateurs, se gardant bien de tuer la poule aux œufs d'or. Quand ils évacuèrent les territoires de Capoue et de Nola, on ne voit pas qu'aucune perturbation, en dehors de ce changement de régime, se soit produite chez les Samnites. Leur disparition de la Cisalpine, si les causes de la ruine de leur pouvoir furent différentes, n'amena pas plus de changement dans la composition de la population indigène. Cette population, les Gaulois non plus ne l'exterminèrent ni ne l'expulsèrent. Elle resta ce qu'elle était sous la domination étrusque, ayant seulement changé de maîtres. L'archéologie démontre cette permanence mieux encore que tout raisonnement.

Nous nous croyons en droit d'affirmer que les tribus sédentaires et agricoles, dont Polybe nous fait un si séduisant tableau, occupaient la contrée depuis plus de six cents ans au moment où il écrivait. Ce chiffre de six cents ans est un minimum. Les Étrusques avaient soumis ces régions sept cents ans avant notre ère; nous devons supposer, puisqu'elles attireraient alors les convoitises de leurs puissants voisins, qu'elles étaient déjà mises en culture depuis plusieurs siècles. On ne

---

1. Tite Live, V, xxxiii.

se trompera guère en plaçant vers l'an 1000 avant J.-C. l'arrivée des tribus qui les exploitaient dans l'Italie du nord.

Quelles étaient ces populations? Dire qu'elles portaient déjà le nom commun de Celtes serait assurément aller trop loin. Nous n'avons pas le droit d'affirmer qu'au xe-viiie siècle le nom des Celtes fût déjà celui d'un groupe prépondérant, encore moins qu'il eût déjà pénétré au sud des Alpes. Il est vraisemblable que les tribus celtiques ne se distinguaient encore, en ces temps reculés, que par leur nom particulier, celui du clan auquel elles appartenaient. Mais il ressort du récit de Polybe qu'elles étaient apparentées de très près aux tribus qui devaient plus tard porter le nom de Celtes; elles en avaient le costume et les mœurs et, presque aussi certainement, bien que nous manquions de témoignages à cet égard, la langue. Quand les Galates, le second ban des Celtes du nord, apparaissent, ils reconnaissent en eux des frères.

Nous disons que les populations de la Cisalpine soumises aux Étrusques avaient déjà, bien avant la conquête gauloise, le costume, les mœurs, probablement la langue des Celtes de Polybe. Cette vraisemblance, que l'archéologie nous fait entrevoir, peut s'autoriser de la distinction qu'établit Polybe entre les Celtes de son temps, les alliés d'Annibal, et leurs voisins orientaux les Vénètes. Les Vénètes n'avaient point été soumis à la domination des Étrusques; ils étaient restés ce qu'ils étaient à l'origine et l'on sait que leurs établissements sur les bords de l'Adriatique remontaient à une époque très reculée. En chassant les Étrusques de la vallée du Pô, les Gaulois les laissèrent également libres. Or, ces Vénètes, qui étaient une des plus anciennes populations de la Cisalpine, ne se distinguaient des Celtes que par le langage; ils en avaient, suivant Polybe, le costume et les mœurs[1]. On ne peut supposer que les Vénètes aient emprunté ce costume et ces mœurs à des ennemis dont ils ne parlaient pas la langue. Après la prise de Rome, c'est une menace d'invasion des Vénètes sur le terrritoire celtique qui

1. Polybe, II, xvii.

décide les Gaulois à rebrousser chemin[1]. Ces coutumes, ces mœurs, ce costume étaient donc primitifs ou du moins très anciens en Cisalpine, et non pas d'importation récente.

Il y a plus. De l'aveu de Polybe, à l'époque où les Étrusques dominaient sur les deux rives du Pô et de l'Adige, les Celtes étaient déjà leurs voisins, c'est-à-dire occupaient déjà les vallées alpestres du versant méridional, sinon une partie des plaines de la Lombardie actuelle.

« Les Celtes, dit Polybe, par leur proximité, avaient de fréquents rapports avec les Étrusques[2]. » Le grec est plus expressif encore que la traduction : οἷς [Τυρρηνοῖς] ἐπιμιγνύμενοι κατὰ τὴν παράθεσιν, mêlés aux Étrusques par le fait de la juxtaposition (des territoires). « Les Celtes, attirés par les ressources qu'offrait le pays, l'envahirent tout à coup sous un léger prétexte avec une nombreuse armée. »

Nous voilà bien loin de la manière de voir de Tite-Live, pour qui les Gaulois envahisseurs arrivent des extrémités de la terre habitée et sont, pour les Étrusques, non seulement des étrangers, mais des inconnus à l'aspect effrayant. L'un de nous conjecturait déjà en 1883[3] que les populations du versant septentrional des Alpes, les Transalpins, apparaissant tout à coup en armes sous le nom de Galates, étaient les frères montagnards, plus rudes et plus belliqueux, des vieux habitants de la plaine. Cette invasion subite, sous un prétexte futile, aboutissant à l'expulsion des Tyrrhéniens des campagnes qu'arrose le Pô, ou plutôt des cités où ils se trouvaient cantonnés, isolés au milieu des populations rurales, ressemble bien plus au soulèvement d'une race opprimée appelant à son secours des frères de même race, d'humeur plus guerrière, qu'à la conquête brutale d'une race sur une autre. Le fait que les Vénètes, qui parlaient une autre langue que les Gaulois, restèrent en dehors de ce mouvement, est un nouvel argument à l'appui de la thèse que nous proposons.

1. Polybe, XI, xviii.
2. Polybe, II, xvii.
3. Cours de M. Bertrand à l'École du Louvre.

Après l'expulsion des Étrusques, la domination passe à des clans celtes ou galates. Les Laens, les Lébéciens, les Cénomans s'établissent sur le territoire libéré, sans rencontrer, à ce qu'il semble, aucune résistance de la part des populations non étrusques. Dans leurs expéditions sur Clusium et sur Rome, comme dans les campagnes suivantes, ils n'ont aucun besoin de se prémunir contre le mauvais vouloir des vaincus. L'hostilité des seuls Vénètes les inquiète, parce que les Vénètes, en effet, ne sont pas des Celtes.

Sous quel aspect Polybe nous représente-t-il les envahisseurs gaulois du IV° siècle? Il nous les montre campés plutôt que fortement établis en Cisalpine ; ils semblent n'avoir pas encore pris racine dans le pays.

« Ils vivent dispersés dans des villages sans murailles[1]. Les mille choses qui font le bien-être de la vie leur sont inconnues. Ils n'ont d'autre lit que le foin ou la paille, ne mangent que de la chair, mènent, en un mot, la vie la plus simple. Étrangers à tout ce qui n'est pas la guerre ou le pâturage, toute science leur est inconnue. Leur richesse consiste seulement en or et en troupeaux, les seules choses qu'ils puissent, en toute circonstance, emporter avec eux et déplacer à leur gré. »

Peut-on dire plus expressément qu'ils n'étaient que campés en Cisalpine, à peu près comme les Francs en Gaule au début de la conquête? Polybe ne les distingue-t-il pas ainsi expressément du fond de la population qui sème le blé, cultive la vigne, élève des porcs pour l'exportation et vit de cette vie plantureuse qui fait l'admiration de l'historien? Les documents archéologiques nous montrent de plus que ces vieilles populations, qui avaient été pendant plusieurs siècles à l'école des Étrusques, n'étaient pas étrangères aux délicatesses de l'art.

En présence de ces faits, faut-il s'étonner que ces bandes armées dont le séjour intermittent dans ce pays a duré deux cents ans à peine, y aient laissé si peu de traces matérielles de leur passage, ou plutôt de leur domination? Ces observations s'appliquent aussi bien à la Cispadane qu'à la Transpadane, aux Cénomans et aux Sénons qu'aux Boiens.

---

1. Polybe, II, XVII.

M. Édouard Brizio, le savant professeur d'archéologie de Bologne, dans un récent travail sur les tombes et nécropoles gauloises dans le Bolonais, arrive à des conclusions analogues aux nôtres. Nous traduisons :

« Les textes historiques attestent qu'après avoir mis au pillage l'Italie centrale et s'être trouvés en lutte avec les principaux peuples établis alors dans la péninsule, Ombriens, Étrusques, Romains, Campaniens, Grecs, après avoir remporté des victoires éclatantes et éprouvé de terribles revers, les Gaulois, toujours nomades, toujours vagabonds, toujours batailleurs, commencèrent à se mettre à la solde des Carthaginois, des Samnites et des Étrusques contre lesquels ils avaient d'abord combattu. Ils errèrent longtemps à travers l'Italie sans trouver une demeure fixe. Le *Périple* dit de Scylax, remanié entre 338 et 335 avant J.-C., assigne aux Gaulois, restes de la grande expédition celtique, la seule partie du littoral comprise entre Spina et Adria, zone étroite qui semble correspondre à la *Silva litana*, mentionnée par des écrivains postérieurs et près de laquelle les Gaulois infligèrent et subirent de grandes défaites. Il est certain qu'en 209 encore avant J.-C., ils n'avaient pu obtenir des Étrusques un territoire propre, *non tam quia imminui agrum, quam quia accolas sibi quisque adjungere tam efferatae gentis homines horrebat* (Tite-Live, X, 10). »

Si nous n'avions pour nous guider que les traces matérielles laissées en Cisalpine par les *Gaulois de l'histoire*, la conclusion logique serait qu'il n'y a point eu de conquête gauloise en Italie, point de conquête sérieuse, du moins, comme celle de la Gaule par les Romains et plus tard par les Francs. « Avant 1878, écrivait en 1886 le professeur Castelfranco[1], on ne connaissait aucune sépulture gauloise en Italie; on les déclarait introuvables. » Mais si les Gaulois de l'invasion historique sont difficiles à saisir, faut-il avouer notre impuissance à retrouver les traces des Celtes dans la péninsule? Cet aveu, qui serait humiliant pour l'archéologie, ne s'impose heureusement pas à la science.

Les nécropoles *pré-galatiques* sont très nombreuses dans toute l'étendue de la Cisalpine (Cispadane et Transpadane). Plusieurs de ces nécropoles remontent aux environs de l'an 1000. Il s'agit de savoir si la plupart ne sont pas celtiques. A part les sépultures étrusques à chambres, *tombe a*

---

[1]. Pompeo Castelfranco, *Liguri-Galli e Galli-Romani*, Parme, 1886.

camere, sur le caractère desquelles il n'y a pas de doute possible, on peut dire que toutes les autres nécropoles restent indéterminées, en présence du grand nombre et de la diversité des désignations que l'on a proposées pour elles. Ces mêmes sépultures primitives sont attribuées par les uns aux Étrusques, aussi bien que les *tombe a camere*, par d'autres aux Pélasges, ou aux Italiotes, ou aux Ombriens, ou encore aux Ligures ou aux Illyriens, par quelques archéologues enfin aux Celtes, chaque opinion ayant ou ayant eu pour répondants des savants de grand mérite, qui ont étudié les antiquités sur le terrain même.

Quelques-unes de ces nécropoles, comme nous l'avons dit, sont celtiques aux yeux mêmes des archéologues italiens [1]. C'est de cette série que nous devons parler d'abord.

II

LA TOMBE DE SESTO-CALENDE

En 1867, le professeur Bernardino Biondelli présenta à l'Institut lombard un mémoire intitulé : *Di una tomba gallo-italica scoperta a Sesto-Calende sul Ticino* [2]. Ce titre est parfaitement justifié, avec la seule réserve que *celto-italica* eût été à nos

---

[1]. Depuis cinq ou six ans, de grands efforts ont été faits pour découvrir des nécropoles gauloises en Italie. M. Castelfranco croit en reconnaître dans trente-quatre localités de la Transpadane, mais presque toutes sont insignifiantes. M. Brizio a donné une liste des nécropoles gauloises dans le Bolonais; leur nombre approche de la centaine, mais là encore nous sommes loin de trouver, sur ces maîtres momentanés du pays, les renseignements que nous en pourrions espérer. Cf. Castelfranco, *Liguri-Galli e Galli-Romani*, dans le *Bulletino di Paletnologia italiana* de 1886; E. Brizio, *Tombe e necropoli galliche della provincia di Bologna*, extrait des *Atti e Memorie della R. Deputazione di Storia Patria per le Provincie di Romagna*, 3ᵉ série, vol. V, fasc. III-IV.

[2]. Milan, 1867; in-4º avec planches.

yeux plus correct, la tombe dont il s'agit étant la tombe d'un chef celte, que nous sommes autorisés à considérer comme à peu près contemporain de la fondation de Rome, c'est-à-dire du viii siècle avant notre ère, sinon plus ancien encore.

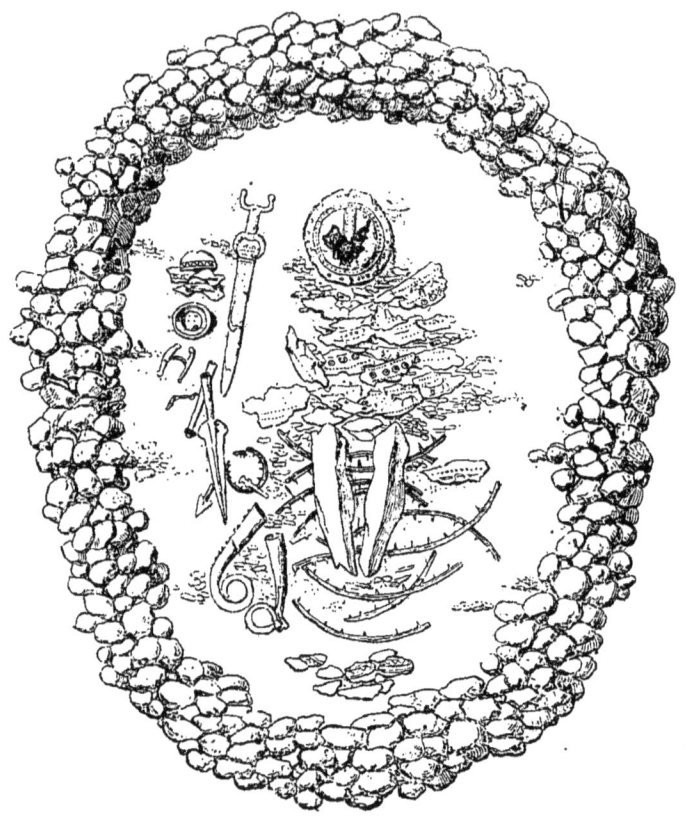

Fig. 2. — Tombe de Sesto-Calende.

Cette sépulture était située, dans une position dominante, à Sesto-Calende, à l'extrémité méridionale du lac Majeur, au point d'où s'échappe le Tessin. Biondelli en donne une description détaillée et une vue d'ensemble très précieuse que nous reproduisons (fig. 2)[1].

Bien que « sous tumulus », cette sépulture ne ressemble pas

---

1. Cf. *Revue archéologique*, 1867, II, pl. XX.

aux sépultures pré-celtiques de la Gaule, encore moins aux tombes proprement étrusques, *tombe a camere*. On ne peut en rapprocher davantage les tombes pré-étrusques à puits (*a pozzo*) ou les tombes dites *a fossa*. Les points de comparaison doivent être cherchés ailleurs, dans les Alpes (nécropoles de Sigmaringen près des sources du Danube) et surtout à Hallstatt dans le Noricum. La figure suivante, reproduisant, d'après Ramsauer, la tombe 607-608 de Hallstatt (coupe et élévation), mettra cette analogie en évidence. Malgré des différences de détail, nous nous trouvons bien en présence d'un même système de sépulture, d'une même tradition (fig. 3)[1].

On connaît à Hallstatt deux séries de tombes, les unes à inhumation, les autres à incinération. Celle de Sesto-Calende se rattache à la seconde série ; nous devons insister sur ce point.

Il y a longtemps déjà que l'un de nous, d'accord avec le comte Giancarlo Conestabile[2], a fait ressortir la haute importance historique que présente, chez les populations primitives, la diversité des rites funéraires[3]. Le mélange des rites dans une même nécropole accuse la fusion ou la juxtaposition de groupes hétérogènes ; c'est toujours la conséquence d'événements graves ayant profondément modifié la constitution politique ou religieuse des tribus[4]. En fait, les pre-

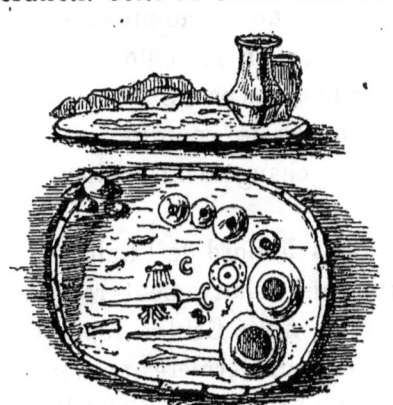

Fig. 3. — Tombe de Hallstatt.

---

1. Sacken, *Das Grabfeld von Hallstatt*, pl. III, 1.
2. *Revue archéologique*, 1874, II, p. 253 et 320.
3. Al. Bertrand, *Revue archéologique*, 1874, II, p. 157 ; cf. *Archéologie celtique et gauloise*, 2ᵉ éd., p. 385.
4. M. F. von Duhn a vivement insisté sur cette manière de voir (*Bonner Studien*, 1890, p. 21 ; *Bull. di Paletnol. italiana*, t. XVI, 1890, p. 108) ; elle a été systématiquement méconnue par M. Helbig, suivi en cela trop docilement par M. Jules Martha (*L'Art étrusque*, p. 45).

miers groupes *italo-umbro-celtes* dont les représentants se montrent au pied des Alpes, dans les vallées du Pô et du Danube, à l'aurore de l'histoire (x{e} ou xiie siècle av. J.-C.), incinèrent tous sans exception, tandis que l'on trouve l'inhumation chez les Ligures, les Étrusques et les Celtes du second ban ou Galates. C'est là un des principaux motifs qui nous portent à considérer le chef incinéré à Sesto-Calende comme un *Celte*, et non comme un *Galate*, un Ligure ou un Étrusque.

Il est aujourd'hui démontré que, dans la Cisalpine et en Étrurie, les nécropoles qui ne restent pas jusqu'à la fin exclusivement à incinération ne commencent à recevoir des corps inhumés qu'à une époque relativement récente : à Este, au ive siècle seulement, à la Certosa (Bologne), au ve, en Étrurie, au vi{e} ou au viie au plus tôt, tandis que la série des sépultures à ustion remonte aux ixe, x{e} et xie siècles, peut-être plus haut encore. Sur ce point, qui est acquis à la science, il n'y a pas de contestation possible. Nous croyons que ces divers changements coïncident avec l'arrivée de nouveau-venus.

Dans le nord de l'Italie, en particulier, les inhumations, qui sont relativement rares, apparaissent seulement après l'invasion des Gaulois rapportée par les historiens, postérieurement aux dernières années du ive siècle.

Au sud de Sesto-Calende, sur les deux rives du Tessin, s'étend une vaste nécropole couvrant plus de 35 kilomètres carrés et comprenant entre autres localités les villages modernes de Sesto-Calende, Somma, Vergiate, Casteletto-Ticino, Borgo-Ticino et Golasecca; ce dernier a donné son nom à l'ensemble. Ces sépultures, devenues célèbres dans l'archéologie, ont été explorées en grand nombre depuis 1824. Bien que n'appartenant pas toutes à la même époque et pouvant être classées en plusieurs séries, elles ont ce caractère commun d'être toutes à incinération : *pas une seule* tombe à inhumation n'a été découverte parmi elles. Le premier qui les ait étudiées scientifiquement, le professeur G.-B. Giani, s'imagina qu'elles marquaient l'emplacement de la bataille gagnée par Annibal sur Scipion [1]. Aujourd'hui, l'on sait que les tombes les plus récentes de ce groupe sont antérieures d'au moins quatre ou cinq siècles à cet événement ; elles ont fourni à l'archéologie italique un de ses points de repère principaux, le *type de Golasecca*. Or, des nécropoles de ce type ont été signalées en assez grand nombre dans la province de Côme, à Breccia, Civiglio, Malgesso, Merlotitt, Moncucco, Montorfano, Robarello, San-Fermo et Villa Nessi (valle de Vico). Elles forment comme un monde à part, distinct à la fois du monde étrusque et du monde romain. Nous aurons l'occasion d'y revenir, sous la conduite du professeur P. Castelfranco [2]. Mais reprenons d'abord l'examen de la tombe de Sesto-Calende.

Cette tombe consistait en une simple fosse de forme ovale, profonde d'environ 2 mètres, au fond de laquelle avaient été déposés sur la terre nue, probablement soigneusement battue (comme à Hallstatt), l'urne cinéraire, ainsi que les offrandes et les objets ayant appartenu au mort. Sur ce dépôt avaient été entassés en nombre considérable de ces gros galets que le fleuve dépose sur ses rives. Ces galets, amoncelés sans ordre, constituaient un véritable tumulus, ou plutôt un *galgal*, suivant l'expression biblique adoptée par les archéologues. Sans défense contre l'infiltration des eaux, tous les objets, écrasés d'ailleurs par le poids des pierres, étaient dans un état de destruction avancée : il fallut tout le soin et toute la patience de Biondelli pour les reconstituer partiellement. Voici la liste des objets dont il a pu constater la présence :

Une urne cinéraire en terre ;
Trois vases accessoires en terre ;
Un casque de bronze ;
Une épée de fer avec poignée de bronze à antennes et fourreau de bronze ;
Une pointe de lance et une pointe de flèche en fer ;
Deux jambières ou cnémides de bronze ;

1. Gio.-Batt. Giani, *Battaglia del Ticino tra Annibale e Scipione*, Milan, 1824. Ce livre est encore précieux à cause des planches et de la description des tombes.
2. Castelfranco, *Deux périodes du premier âge du fer dans la nécropole de Golasecca* (*Revue archéol.*, 1877, II, p. 73-90).

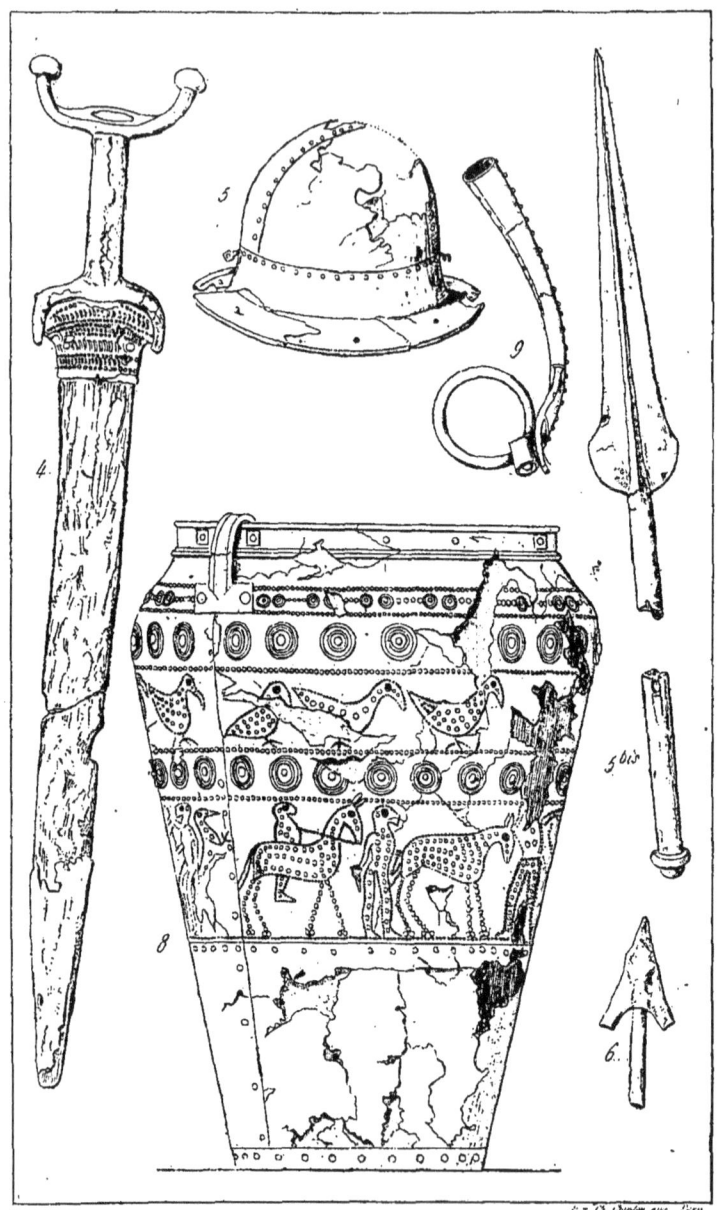

Fig. 4. — Objets métalliques trouvés dans la tombe de Sesto-Calende[1].

1. *Revue archéologique*, 1867, II, pl. XXI. L'urne en terre, gravée à la pl. XX du même recueil (n° 2), a été incorrectement reproduite, comme l'a reconnu le professeur Castelfranco.

Les débris d'un char à deux roues;
Deux mors de bride;
Un grand vase en feuille de bronze, orné au repoussé de grossières figures en relief.

L'examen de ces divers objets présente un grand intérêt pour nos études.

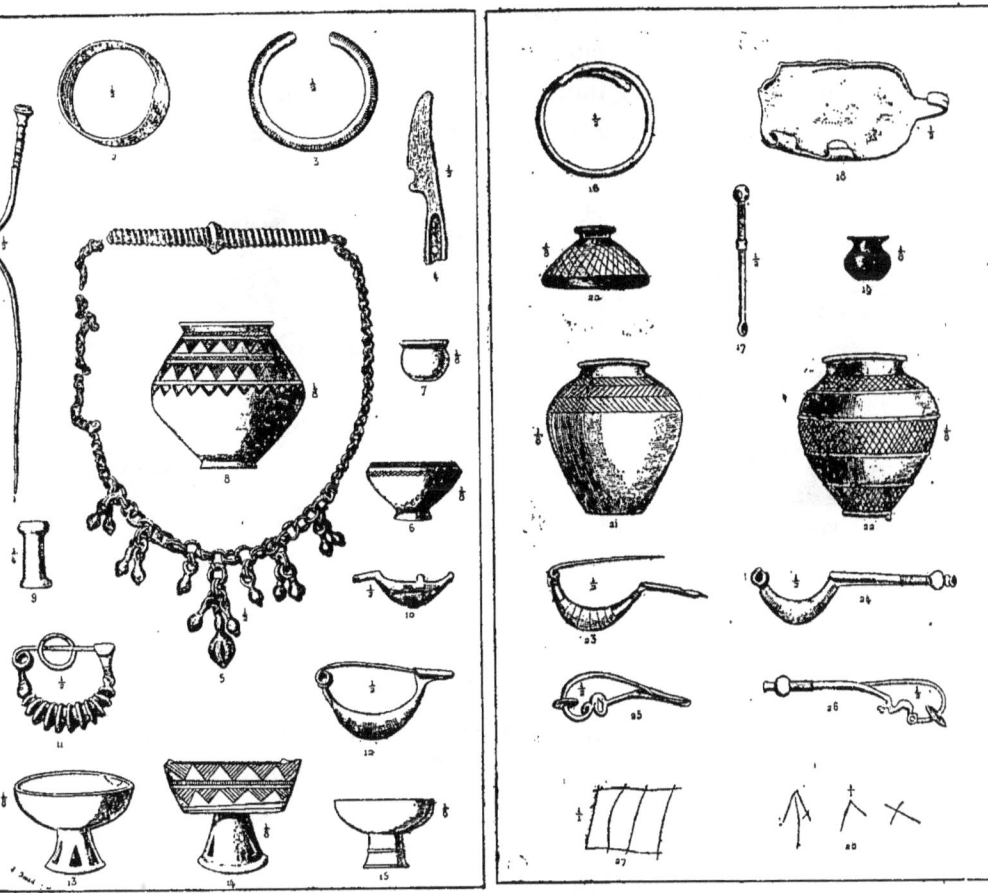

Fig. 5. — (1re période). Fig. 6. — (2e période).
Mobilier des tombes de Golasecca, d'après M. P. Castelfranco[1].

1° *L'urne cinéraire* (voir notre fig. 4, n° 8).

Dans les cimetières à incinération, l'objet le plus caractéristique est l'urne destinée à recevoir les cendres du mort. La

1. *Revue archéologique*, 1877, II, pl. XV, XVI.

forme en était certainement consacrée par la tradition religieuse et n'était pas abandonnée au caprice des familles. L'urne de Sesto-Calende est l'un de ces récipients typiques ; elle reparaît avec quelques variantes dans les nombreuses nécropoles qui, des rives du Tessin, s'échelonnent sans interruption sur une étendue de plus de 100 milles romains jusqu'auprès de Vérone, en touchant Milan au sud, couvrant ainsi presque tout entière la contrée que les anciens attribuaient aux Insubres. « Les Gaulois de Sigovèse, dit Tite-

Fig. 7.　　　　　　　Fig. 8.　　　　　　　Fig. 9.
Vase de Golasecca[1].　Vase de Castello nella　Vase de Moncucco[3].
　　　　　　　　　　　Valtravaglia[2].

Live, franchissent les Alpes par des gorges inaccessibles, battent les Toscans près du fleuve Tessin et s'établissent dans un canton qu'ils entendent appeler terre des Insubres (*agrum Insubrium*). Ce nom rappelait aux Éduens les Insubres de leur pays ; ils virent là un heureux augure et fondèrent à cet endroit une ville qu'ils appelèrent Mediolanum [4]. »

Dans ce vaste ensemble de sépultures homogènes, est-il possible de méconnaître les nécropoles de tribus étroitement

---

1. Giani, *Battaglia*, pl. VII, 4.
2. *Rivista di Como*, fasc. xxi, pl. I, n° 23.
3. *Rivista di Como*, fasc. vii-viii, pl. III, n° 10. Cf. les cinéraires de Golasecca (Giani, *op. laud.*, pl. VII, fig. 4; Castelfranco, *Revue archéol.*, 1877, II, pl. XV, fig. 8), Villa Nessi et Moncucco (Garovaglio, *Riv. di Como*, fasc. ii, 1872, pl. VI, 2; fasc. x, 1876, pl. III, 10, 11), Castello Valtravaglia (Longhi, *ibid.*, fasc. xxi, 1882, pl. I, 11, 23, 31), etc.
4. Tite-Live, V, 34.

apparentées entre elles? Telles sont, de l'ouest à l'est, les nécropoles dont nous avons déjà cité quelques-unes, de Castelletto-Ticino, Borgo-Ticino, Merlotitt, Golasecca, Coarezza, Vergiate, Sesona, Soma, Malgesso, Robarello, S. Ambrogio Olona près du lac de Varèse; puis, aux environs de Côme, Moncucco, valle di Vico (Villa Nessi), Breccia, Civiglio, Montorfano; un peu plus à l'est, au-dessus de Lecco, Esino, Casargo, Introbbio, Rovio et, en revenant sur Milan, Castellazo

Fig. 10. — Vase de Villa Nessi [1].

Fig. 11. — Vase de Malgesso [2].

della Rogarea, Monza, Legnano et Gallarate. On pourrait ajouter bien des noms à cette liste de nécropoles dont la contemporanéité et la parenté ont été établies par M. Castelfranco, notamment pour celles de Villa Nessi, de Malgesso, de Robarello, de Rovio, de Merlotitt, de Comabbio et de Bismantova (fig. 12) dans le Parmesan. Beaucoup d'autres archéologues italiens, Barelli, Garovaglio, A. Longhi, Regazzoni sont arrivés au même résultat. A leurs yeux, ces sépultures, dont l'ensemble constitue un immense champ funéraire de même caractère, sont, comme l'était la

Fig. 12. — Tombe de Bismantova [3].

---

1. *Rivista di Como*, fasc. II, pl VI, 2.
2. *Rivista di Como*, fasc. II, pl. VI, 3.
3. *Bull. di Paletnologia italiana*, 1875, 1, pl. II, 6.

tombe de Sesto-Calende pour Biondelli, *gauloises*, *celto-gauloises* ou *italico-gauloises* [1].

Fig. 13. — Tombe de Golasecca [2].

Toutes sont antérieures aux invasions galatiques du IVe siècle. L'homogénéité de ces nécropoles ne se manifeste pas seu-

Fig. 14. — Tombe de Moncucco [3].

Fig. 15. Tombe de Robarello [4].

lement par celle des formes céramiques, urnes cinéraires et

---

1. On trouvera les travaux de ces archéologues dans la *Rivista archeologica della provincia di Como*, 1872-1882, recueil auquel nous aurons l'occasion de faire beaucoup d'emprunts.
2. Au Musée de Saint-Germain. Fouilles de M. Abel Maître.
3. *Rivista di Como*, fasc. VII-VIII, pl. III, 16.
4. *Rivista di Como*, fasc. II, pl. IX, 1.

urnes acccessoires, mais encore par l'extrême analogie, sinon l'identité, du mobilier funéraire métallique, présentant sans cesse les mêmes objets avec la même technique. Les figures que nous publions mettent cette vérité en pleine lumière.

« Les tombes de la nécropole de Golasecca, dit M. Castelfranco[1], sont diversement construites et les objets qu'elles renferment varient souvent en forme et en nombre. *Toutes ont cependant quelques caractères communs*, qui portent à les attribuer à un même peuple. En effet, chacune d'elles renferme, en général, *une urne cinéraire unique*, couverte d'une espèce d'écuelle à lèvre rentrante abouchée, et cette urne contient : 1° les os incinérés du défunt; 2° presque toujours un petit vase accessoire, que l'abbé

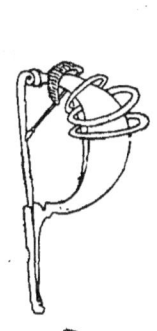  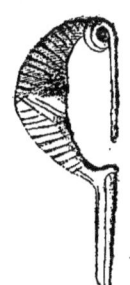

Fig. 16. Fig. 17. Fig. 18.
Fibule en barque Fibule en barque Fibule en sangsue
Castello nella Valtravaglia)[2]. (Golasecca)[3]. (Vetulonia)[4].

Giani appelle *lacrymatoire*; 3° très souvent, bien que plus rarement que le petit vase, des fibules et autres menus objets de bronze, de fer, d'ambre, de verre... Outre l'urne cinéraire couverte d'une coupe et les menus objets, il arrive fréquemment que d'autres vases de formes variées sont rangés autour de l'urne : ce sont des coupes, des écuelles, de petites urnes, etc... Un autre caractère commun à toutes les tombes de Golasecca est qu'aucune des poteries de cette nécropole n'a été faite au tour; on les a façonnées d'abord à la main et on a lissé ensuite avec l'ébauchoir... Ici, comme à Villanova, nous remarquons quatre formes diverses de tombes : 1° tombes simples consistant en un simple trou, dans lequel on a déposé l'urne; 2° tombes formées de rangées de cailloux dressés régu-

1. *Revue archéol.*, 1877, II, p. 75.
2. *Rivista di Como*, fasc. XXI, pl. II, 28.
3. Giani, *Battaglia del Ticino*, pl. V, 3.
4. Falchi, *Vetulonia*, pl. V, 2. Nous empruntons cet exemple typique à une localité éloignée de Golasecca. Dans l'usage courant, les désignations *a navicella* et *a sanguisuga* sont synonymes.

lièrement autour de l'urne, placée également dans un sol composé de cailloux ; 3° tombes formées d'un fond de cailloux, tandis que les parois latérales et le couvercle sont des dalles grossières... ; 4° tombes de simples dalles brutes ; ce sont, en général, des tombes quadrilatères, mais elles peuvent avoir aussi cinq, six, sept et même huit côtés très irréguliers. »

2° *Fibules.*

Dans le mobilier funéraire métallique, nous choisissons les fibules, qui en sont la partie la plus caractéristique. Les fibules de la série que l'on peut qualifier d'*insubre* présentent trois types, qui persistent avec peu de variantes durant un laps de temps qui paraît considérable. Ce sont :

1° La fibule en barque (*a navicella*), aussi appelée en sang-

Fig. 19.
Fibule serpentiforme
(Castello nella Valtravaglia)[1].

Fig. 20.
Fibule serpentiforme
(Oppeano)[2].

Fig. 21.
Fibule serpentiforme
(Grandate)[3].

sue (*a sanguisuga*) lorsque le renflement de la panse est très marqué (fig. 16-18) ;

2° La fibule serpentiforme dite *a drago* (fig. 19-21) ;

3° La fibule à côtes profondes ou crénelée (fig. 24).

Le professeur Castelfranco qui, à la suite d'une étude approfondie de ces cimetières, a cru pouvoir y distinguer deux périodes, déclare avoir retrouvé dans la deuxième série toutes

---

1. *Rivista di Como*, fasc. XXI, pl. II, 30.
2. *Bull. Paletnologia italiana*, t. IV, pl. VI, 3.
3. *Rivista di Como*, fasc. XXVII, pl. I, 2.

les fibules de la première, moins la fibule à côtes, mais mêlées à de nouveaux types. Nous avons donc toujours affaire aux mêmes populations, fidèles à d'anciens usages, malgré la

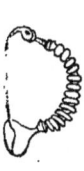
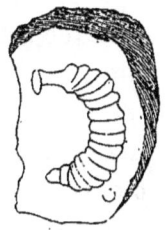

Fig. 22.
Fibule crénelée (Castello nella Valtravaglia)[1].

Fig. 23.
Moule de fibule crénelée (Castello nella Valtravaglia)[2].

Fig. 24.
Fibule crénelée (Oppeano)[3].

marche du temps et du progrès qui se manifeste par une fabrication plus habile de la poterie, l'introduction de nouvelles

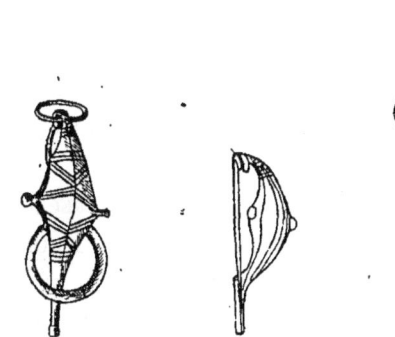

Fig. 25.   Fig. 26.    Fig. 27. 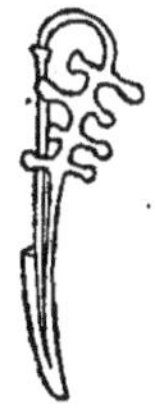   Fig. 28.

Fig. 25, 26, 27 (Robarello, Castello nella Valtravaglia, Moncucco); fig. 28 (Castello nella Valtravaglia). Fibules en barques avec petites saillies latérales et fibule dite *à bâtonnets transversaux*[4].

formes de fibules et surtout l'apparition d'un grand nombre d'objets en fer.

---

1. *Rivista di Como*, fasc. xxi, pl. II, 34.
2. *Ibid.*, fasc. xvii, pl. V, 29.
3. *Bull. Paletnologia italiana*, t. IV, pl. VI.
4. *Rivista di Como*, fasc. ii, pl. VII, 4; fasc. xxi, pl. II, 42; fasc. vii-viii, pl. I *a*, 3; fasc. xxi, pl. II, 33.

A quel ensemble ethnique rattacherons-nous le groupe de populations dont nous avons là les nécropoles sous les yeux ?

Quelques tentatives ont été faites pour y voir des Ligures. M. Pigorini avait d'abord soutenu cette thèse, mis il l'a depuis abandonnée. La principale objection, c'est que les Ligures inhumaient; il faut ajouter, ce qui est très important, qu'aucun cimetière analogue ne s'est rencontré dans la Ligurie historique. Les Ligures paraissent d'ailleurs s'être montrés fort rebelles à la civilisation et celle que nous constatons dans les nécropoles insubres est déjà supérieure à celle qu'il est permis de leur attribuer.

Cette dernière objection vaudrait, *a fortiori*, contre ceux qui seraient tentés de faire intervenir ici les Pélasges. D'ailleurs, à l'époque de ces nécropoles, s'il peut encore être question d'un fond de population pélasgique, la civilisation des Pélasges n'existe déjà plus — si elle a jamais existé au nord des Apennins en dehors de quelques stations maritimes.

Personne, d'autre part, ne peut songer à attribuer les cimetières insubres aux Étrusques. Les Étrusques de la belle époque inhumaient et les nécropoles préétrusques à incinération de l'Étrurie centrale n'ont avec la nécropole de Golasecca que de lointains rapports, dont MM. Helbig et Jules Martha ont exagéré l'importance. Une ligne de démarcation très nette existe entre ces nécropoles primitives des contrées subapennines et les véritables nécropoles étrusques; MM. Brizio et von Duhn, après M. Conestabile, l'ont suffisamment démontré pour qu'il soit inutile d'y insister à notre tour.

Force est donc — l'archéologie, d'ailleurs, nous y invitant — de nous tourner du côté des vallées alpestres, Alpes orientales et occidentales (Rhétiques et Juliennes), qui, par plusieurs passages très anciennement fréquentés, communiquaient avec l'Insubrie. C'est de ce côté que nous avons chance de rencontrer les frères de nos clans insubriens.

Mais ici le problème se complique et il faut éviter, dès l'abord, un malentendu. Si nous tenons compte des seules données archéologiques, l'unité de civilisation de ces contrées alpestres et subalpines, vers le vııı[e] siècle avant notre ère ou au delà, n'est ni contestée ni contestable. Les liens archéologiques rattachant ces vallées aux plaines insubres ont été signalés depuis longtemps. Mais s'il y avait unité de civilisation, la même unité existait-elle au point de vue ethnique ? Toutes ces populations formaient-elles une même famille sortie d'un même tronc ?

Un nombre infini de petits groupes, de clans, s'étaient établis sous des noms divers dans cet enchevêtrement de vallées alpestres si propres à l'isolement des tribus. Sans nous arrêter à cette diversité de noms, qui ne pourraient presque rien nous apprendre, constatons que deux désignations ethniques restées familières aux historiens, planent, pour ainsi dire, au-dessus de ces noms particuliers : celles des *Galates* et des *Rhètes*. Les Galates, nous le savons, étaient des Celtes, mais les Rhètes, d'après le témoignage d'écrivains relativement récents il est vrai, auraient été des Étrusques. Toute une école soutient encore cette thèse en Italie. Il s'agit de savoir si nous devons rattacher nos Insubres aux Rhètes ou aux Celtes, à moins que sous ces noms différents de Celtes et de Rhètes, on ne veuille voir un fond de population identique, mais encore innomé.

III

LES RHÈTES

Les Rhètes sont-ils des Étrusques ? Quelle importance doit-on attacher aux arguments par lesquels on a voulu établir cette thèse ?

La thèse étrusque s'appuie en premier lieu sur la découverte, en pays rhétique, d'inscriptions étrusques sur pierres tombales et sur bronzes votifs [1]. Assurément, il faut y voir la trace d'une influence étrusque ; mais en quelle mesure et remontant à quelle époque? Ces inscriptions peuvent ne pas démontrer plus clairement l'origine ethnique des Rhètes que les inscriptions romaines de la Gaule ne nous obligent à considérer les Gaulois comme originaires du Latium. Est-il d'ailleurs bien certain que ces inscriptions en caractères étrusques soient en langue étrusque ?

Si nous examinons l'ensemble des antiquités rhétiques, abstraction faite des inscriptions, cet ensemble ne présente que

Fig. 29. — Coupe de la nécropole rhétique de Vadena [2].

de très lointains rapports avec les antiquités étrusques proprement dites, celles des *camere* à inhumation. Elles se rapprochent, au contraire, si évidemment de nos antiquités insubres que M. G. de Mortillet pouvait écrire dès 1866 [3] :

« Les tombes de Vadena (en pleine Rhétie) ont tout à fait le même cachet que celles de Golasecca (rives du Tessin). *Elles appartiennent évidemment à une même civilisation, à une même population.* Dans les unes comme dans les autres, on brûlait les morts ; les cendres étaient enfouies dans de grands vases en terre avec les bijoux et les objets usuels du

---

1. Giovanelli, *Dei Rezi e d'una iscrizione rezio-etrusca*; Conestabile, *Di alcune scoperte nell' agro trentino* (dans les *Annali dell' Instituto*, t. XIII, p. 74); G. Oberziner, *I Reti in relazione cogli antichi abitatori d'Italia*, Roma, 1883; P. Orsi, *Il sepolcreto italico di Vadena*, Rovereto, 1883; Pauli, *Inschr. nordetrusk Alphabets*, Leipzig, 1885.
2. Orsi, *Vadena*, pl. 1, n° 1. Au fond, montagnes de porphyre ; au-dessous, terre charbonneuse ; plus bas, urnes cinéraires avec couvercles de porphyre.
3. G. de Mortillet, *Le signe de la croix avant le christianisme*, p. 138-143.

défunt, objets et bijoux qui portent les traces du feu. Les ossuaires étaient couverts, comme à Golasecca, de vases en forme de coupe servant de couvercles et accompagnés d'autres vases plus petits que l'ossuaire, souvent arrondis au fond avec un petit repoussé pour base. L'ornementation de tous ces vases est des plus simples et seulement formée de lignes diversement combinées. Ces différents objets, urnes et mobilier funéraire, étaient disposés sous terre entre de grosses pierres qui les abritaient et constituaient le tombeau. *On voit qu'en tout ce qui est essentiel, il y a similitude parfaite.* »

Nous reviendrons sur les rapports étroits existant entre les antiquités rhétiques et les antiquités insubriennes. Débarrassons-nous d'abord des arguments tirés des témoignages de l'histoire.

Y a-t-il contradiction entre les faits archéologiques et les témoignages de l'histoire ? Nous ne le pensons pas.

Le texte historique le plus affirmatif est celui de Tite-Live [1] :

« Avant l'établissement de la puissance romaine, les Toscans avaient une domination très étendue sur la mer et sur le continent [2]. Les noms seuls des deux mers qui baignent la péninsule de l'Italie suffiraient pour attester leur ancienne puissance ; car l'une s'appelle la mer de Toscane, du nom commun à tous les peuples de cette confédération, et l'autre, la mer Adriatique, du nom d'Adria, colonie des Toscans. Les Grecs donnent également à ces deux mers les noms de Tyrrhénienne et d'Adriatique. Les portions du continent qui s'étendent vers ces deux mers étaient chacune dans la dépendance de douze cités. Les premiers établissements se firent en deçà de l'Apennin, vers la mer inférieure ; par la suite, les douze métropoles formèrent au delà de l'Apennin autant de colonies qui occupèrent tous les pays au delà du Pô jusqu'aux Alpes, si l'on excepte seulement le canton des Vénètes, vers l'enfoncement du golfe. *Toutes les nations alpines ont incontestablement aussi la même origine, surtout les Rhètes qui, depuis, ont pris le caractère sauvage des lieux qu'ils habitent, en sorte qu'ils n'ont retenu des Toscans, dont ils sortent, que le langage, et non encore sans altération* [3]. »

Nous sommes en présence de faits positifs. Réduits à ce qu'ils présentent de certain, ils peuvent s'énoncer ainsi :

---

1. Tite-Live, V, 33 (traduction de Dureau de La Malle).
2. *Tuscorum ante romanum imperium late terra marique opes patuere.*
3. *Alpinis quoque ea gentibus haud dubie origo est, maxime Rhaetis : quos loca ipsa efferarunt, ne quid ex antiquo, praeter sonum linguae, nec eum incorruptum, retinerent.*

1° Les Étrusques, antérieurement à la conquête de la Cisalpine par les Romains (mais sans aucune indication de date inférieure), ont dominé sur toute l'Italie supérieure d'une mer à l'autre, aussi bien sur les plaines de la Lombardie actuelle, à l'exclusion de la Vénétie, que sur l'Étrurie proprement dite.

2° Les contrées cisapennines (au sud des Apennins) furent d'abord occupées par eux ; douze cités métropoles y furent fondées. Plus tard, autant de colonies furent établies en Cisalpine, une par cité (c'est le mode d'occupation des Étrusques, qu'ils appliquèrent également en Campanie).

3° Leur domination s'étendit jusque sur les populations alpestres du versant méridional et particulièrement sur les Rhètes.

4° Au temps de Tite-Live, ces populations alpestres présentaient un caractère de barbarie qui contrastait avec l'état de civilisation des Étrusques proprement dits et même des habitants de la plaine subalpine. Les Rhètes n'avaient conservé de la domination étrusque que l'usage de la langue, mais très altérée, qui devait consister en une espèce de patois.

Rappelons que ce patois, sur lequel vint, pour ainsi dire, se greffer le latin, a donné naissance à une famille particulière des langues romanes, que l'on appelle le *rhéto-roman*.

D'autres textes viennent limiter la portée de ces faits et les réduire à leur juste valeur.

Trogue Pompée (connu par son abréviateur Justin)[1] vient de parler des Gaulois qui ont incendié Rome, *qui ante menses Romam incenderant*, et dont les députés sont venus offrir à Denys le Tyran, alors en guerre avec les Crotoniates, une alliance qu'il accepte.

« Ces bandes gauloises, écrit Justin, étaient descendues en Italie, chassées de chez elles par des discordes civiles et de continuelles révolutions. Elles y venaient chercher des terres et, après avoir expulsé les Toscans, y avaient fondé les villes de Milan, de Côme, de Brixia, de Vérone, de Bergame, de Trente [chez les Rhètes] et de Vicence. Quant aux Toscans, les terres de leurs aïeux leur ayant été enlevées, ils s'étaient retirés dans

1. Justin, XX, 5.

les Alpes sous la conduite de leur chef Rhætus dont ils ont pris le nom. *Telle est l'origine des tribus rhétiques¹.* »

Ces événements se passent au commencement du IVᵉ siècle avant notre ère. Refoulés par les Gaulois dans les vallées du Tyrol, un certain nombre d'Étrusques s'y organisent sous la conduite d'un chef dont ils prennent le nom. Pline l'Ancien ne dit pas autre chose : « On regarde les Rhètes comme issus des Étrusques expulsés par les Gaulois et conduits par leur chef Rhætus. » *Rhaetos Tuscorum prolem arbitrantur a Gallis pulsos, duce Rhaeto* ².

Strabon ne parle pas de l'origine des Rhètes, mais il nous les montre s'étendant dans les Alpes de façon à toucher aux Helvètes et aux Boïens d'un côté, aux Insubres de l'autre ³. Au nombre des tribus rhétiques il cite les *Lepontii* et les *Camuni*. Or, au rapport de Caton, les Camunes étaient des Euganéens (groupe bien distinct de celui des Étrusques) et les Lépontiens étaient des Celtes Taurisques.

« Sur le versant des Alpes qui regarde l'Italie sont les nations euganéennes jouissant du droit latin et dont Caton énumère cent trente-quatre cités parmi lesquelles sont les *Triumpilini*, puis les *Camuni* et plusieurs autres semblables... Le même Caton pense que les Lépontiens et les Salasses appartenaient à la nation taurisque⁴. »

Caton était, en pareille matière, une grande autorité. Or, Strabon déclare ailleurs⁵ que les Taurisques sont d'origine celtique, comme les Scordisques et les Boïens. Les populations qualifiées de rhétiques occupaient donc, sous Auguste, une grande partie des Alpes. Le comte Giovanelli faisait remarquer, dès 1844, combien cette grande extension des Rhètes et leur puissance militaire (on sait la peine qu'eu. Auguste à les réduire) s'accorde mal avec la théorie qui en

---

1. *Ex nomine ducis [Rhàeti] gentes Rhaetorum [Tusci] condiderunt.*
2. Pline, *Hist. Nat.*, III, 24.
3. Strabon, IV, III, 3; IV, VI, 6; IV, VI, 8; VII, I, 5. Les Boïens du temps de César sont voisins des Helvètes, *Bell. Gall.*, I, 25.
4. Pline, *Hist. Nat.*, III, 24 (éd. Littré).
5. Strabon, VII, II, 2.

fait les descendants de fugitifs étrusques. Un groupe de Rhétiens étrusques a pu dominer, un jour, les populations de ces agrestes vallées par la supériorité relative de sa civilisation, donner son nom à l'ensemble du pays, puis, noyé dans ce milieu barbare, perdre bientôt sa personnalité et n'avoir laissé, de sa domination, qu'un nom géographique et les débris d'un patois. Que reste-t-il des Lombards en Lombardie, des Angles en Angleterre, des Francs eux-mêmes en France? Concluons donc que le vieux fond des populations rhétiques n'est pas étrusque; les textes ne sont pas, sur ce point, en désaccord avec l'archéologie.

Loin de nous pousser à rattacher les populations rhétiques aux Étrusques [1], la logique veut bien plutôt que nous les rattachions aux Celtes. L'archéologie nous y invite, et le nombre considérable de tribus celtiques ayant, au témoignage de l'histoire, occupé les Alpes de l'est à l'ouest, fortifie encore cette opinion. Ce n'est sans doute pas sans motif que Strabon mêle le nom des Rhètes à celui des Celtes noriques, lorsqu'il nous dit: « Quant aux Rhètes et aux Noriques, ils atteignent la crête même des Alpes et redescendent du côté de l'Italie, les premiers jusque dans le voisinage des Insubres (Celtes), les seconds jusqu'aux frontières des Carni (Celtes également) et au territoire d'Aquilée [2]. » A quel groupe, d'ailleurs, s'ils ne sont pas étrusques, rattacher les clans rhétiens, sinon à celui des Celtes?

Notre manière de voir est celle qu'exposait, dès 1837, l'illustre fondateur des études celtiques, Gaspard Zeuss [3] :

« La région moyenne des Alpes, à l'est des Helvètes et des peuples de la vallée supérieure du Rhône, était habitée par les Rhètes et les Vindéliciens... Ces deux peuples sont d'origine celtique. Il est vrai que le nom de *Raeti* ne se trouve pas ailleurs parmi les Celtes; mais comme dans la plupart des noms rhétiques on reconnaît une dérivation celtique, leur origine ne peut pas être différente. Les noms de lieu rhétiques, *Tarvesede*

---

1. Le lien qu'on a voulu établir entre les Rhètes et les Rasénas étrusques repose sur une simple consonance d'ailleurs très imparfaite.
2. Strabon, VII, ɪ, 5.
3. Zeuss, *Die Deutschen und ihre Nachbarstaemme*, Munich, 1837, p. 218.

(à rapprocher de *Tarv-enna* et de *Metio-sedum*), *Curia* (à rapprocher de *Tricorii*, *Curiosolites*), *Magia* (à rapprocher du suffixe *magus*, de *Magontiacum*), *Matreja* (cf. *Medio-matricum, Noreja, Celeja*), les noms cités par Ptolémée Βραγόδουρον, Ἐκτόδουρον, Ἐβόδουρον, Δρουσόμαγος, Ταξγαίτιον (cf. *Tasgetius* dans César), puis *Cambodunum, Brigantium, Brixentes,* Οὐένωνες, Οὐέννιοι — tous ces noms ne peuvent être que celtiques. Le nom de peuple *Vindelici* dérive de la racine *VIND* que l'on retrouve dans *Vindobona, Vindomagus, Vindonissa...* Les noms vindéliciens *Artobriga, Bojodurum, Parrodunum, Consuanetes* (à rapprocher de *Condrusi, Suanetes, Convictolitanes*), *Licus, Licates* (cf. Ἀμβί-λικοι), ne laissent subsister aucun doute sur leur descendance. A cela s'ajoute un témoignage ancien qui a sa valeur. Zosime, qui qualifie Carnuntum de ville celtique (II, 10 : ἐν Καρνούτῳ πόλει Κελτικῇ), appelle les troupes du Norique et de Rhétie, qui comprenait alors la Vindélicie, *légions celtiques,* Κελτικὰ τάγματα (I, 52). Que ces peuples étendus au loin n'aient été que *celtisés* à une époque postérieure par les Celtes, cela n'est pas du tout croyable, d'autant moins qu'en leur qualité de populations libres et adonnées au brigandage elles vivaient dans un état d'hostilité avec leurs voisins et que les Romains, lorsqu'ils les soumirent, trouvèrent déjà chez elles des noms celtiques[1]. »

Deux archéologues autorisés, MM. Giovanni Amennone Oberziner et Paolo Orsi, se sont récemment occupés des Rhètes. Or, l'un et l'autre, après un examen approfondi, concluent contre la thèse qui voit dans les Rhètes des Étrusques. L'un et l'autre y reconnaissent un groupe à part, se rattachant à la grande migration dite *aryenne*, à laquelle les populations néolithiques durent, entre autres avantages, la connaissance des métaux et dont les Celtes faisaient partie.

Les Rhètes, à leurs yeux, appartiennent au *premier âge du fer* italien. Ils sont les frères en civilisation de nos tribus insubriennes, ainsi que de l'ensemble des tribus qualifiées d'*antico-italiques* par Conestabile. M. Orsi donne aux nouveau-venus, successeurs, selon lui, des néolithiques Ibéro-Ligures, le nom général d'*Umbro-italici*, repoussant celui de *Proto-etrusci* qu'a proposé M. Helbig. « Tous ceux, dit-il, qui sont familiers avec les récentes découvertes archéologiques, sont obligés de reconnaître que l'industrie, l'art, la culture générale (*civiltà*) du

---

1. Zeuss considère comme celtiques toutes les populations des Alpes méridionales, à l'exception des Euganéens qui seraient étrusques, et des Lépontiens qui seraient peut-être Ligures (*op. laud.*, p. 234).

premier âge du fer présentent, à l'exception des palafittes, une remarquable unité, avec les seules variétés locales que le temps apporte en toute chose à ce qui dure. A l'ensemble de ces populations on peut appliquer le nom d'*Umbro-italico*. » Cette thèse est, en somme, identique à celle que soutient M. Oberziner. Disons plus : c'est au fond, si l'on n'attache pas une importance exagérée aux mots, la thèse de M. Helbig.

En quoi consiste, en effet, la thèse de M. Helbig[1] ? Au-dessous de la civilisation *étrusco-hellénique*, c'est-à-dire au-dessous de la belle civilisation étrusque, existe, en Italie, une couche antérieure uniforme, ou ne présentant, du moins, que des variétés qui n'en rompent pas l'unité ; cette unité caractérise aussi bien les populations que leur état de culture. Toutes mériteraient l'appellation d'*Italici* ou d'*Antico-italici*, des Alpes au bord du Tibre, sans excepter celles des vallées rhétiques, de la future Étrurie et même de la Sabine. Les Vénètes et les Ligures — quelques-uns ajoutent les Euganéens — devraient seuls en être exclus. C'est à ce fond commun qu'appartiennent les *Umbri* et les Proto-Étrusques. Les Étrusques de l'histoire ne sont autre chose, suivant M. Helbig, que des *Italici* orientalisés.

Telle est la doctrine séduisante qui domine actuellement en Italie. Un explorateur de mérite, au zèle duquel sont dues les fouilles de Vétulonia, déclare que ces vérités sont aujourd'hui si bien établies qu'on ne peut rien ajouter à leur démonstration ; il suffit de constater qu'elle est faite.

« Désormais, écrit M. Falchi[2], il est avéré que toutes les nécropoles primitives (pré-étrusques), tant de l'Italie centrale que de la Circumpadane, sont liées entre elles par les rapports les plus étroits de rites, de mobilier funéraire, de coutumes; cette communauté s'affirmant par l'usage uniforme de l'incinération, par la forme à peu près identique des ossuaires, recouverts d'une mince écuelle renversée, placés dans la terre vierge ou dans une cavité préparée *ad hoc*. Dans l'urne ou à côté d'elle sont déposés les objets ayant appartenu au mort et qui, dans toutes les

---

1. Voir surtout son grand article dans les *Annali dell' Instituto*, 1884, p. 108-188.
2. Isid. Falchi, *Vetulonia e la sua necropoli antichissima*, Florence, 1892, p. 240.

nécropoles, sont, à peu de chose près, les mêmes. Ces remarques s'appliquent aussi bien aux sépultures primitives de Golasecca, d'Este, de Villanova, de la Certosa, de Corneto-Tarquinia, qu'à celles de Vetulonia. »

Le terme d'*Italici* est bien vague. Il équivaut à cette périphrase non moins vague : « populations aryennes ayant les premières occupé le nord de l'Italie. » Mais ces mêmes populations, l'archéologie les montre également aux sources du Danube, dans les vallées de l'Inn, de la Save, de la Drave et jusqu'aux pieds des Pyrénées. Or, si les populations du nord de l'Italie peuvent être qualifiées d'*italiques* ou de proto-étrusques en majorité (Helbig), personne ne songera assurément à appliquer la même désignation aux tribus de même origine, ou du moins de même civilisation, établies au nord et à l'ouest des Alpes, qu'il est, au contraire, fort naturel de qualifier de *celtiques*. Le nom d'*Illyriens* conviendrait aussi aux populations situées plus à l'est ; d'ailleurs, une tradition ancienne nous représente Celtus, Illyrius et Galas comme trois frères[1].

Pour nous, notre conviction est qu'il faut rattacher la majorité des tribus alpestres, y compris les Rhètes, comme aussi les Insubres, aux *Umbri*, ces frères aînés des Celtes — *Umbri, veteres Galli*[2].

Fréret, dont le coup d'œil était si pénétrant, nous a précédés dans la voie de ces conjectures[3] :

« Des Illyriens d'une part[4], des Ibères[5] de l'autre, commençaient à se fortifier en différentes contrées de l'Italie, lorsqu'ils furent troublés dans leurs possessions par de nouveaux hôtes qui vinrent en grand nombre s'en emparer les armes à la main. Ce sont les nations celtiques qui pénétrèrent en Italie par les gorges du Tyrol et du Trentin. Le nom d'*Ombri*,

---

1. « Polyphème, dit-on, eut de Galatée trois fils, Celtus, Illyrius et Galas, lesquels, partis de Sicile, devinrent les chefs des peuples qui s'appelèrent ensuite Celtes, Illyriens et Galates. » (Appien, *De reb. illyricis*, II ; éd. Didot, p. 271.)

2. *Gallorum veterum propaginem Umbros esse M. Antonius refert.* (Solin, ad. Mommsen, p. 37, 9.) Ce renseignement a été copié par Servius, *ad Aen.*, XII, 753. Cf. plus loin, p. 72, note 4.

3. Fréret, *Œuvres complètes*, 1796, t. IV, p. 201 et suiv.

4. Fréret entend par Illyriens les *Liburni*, les *Siculi* et les *Veneti*.

5. Il s'agit des Ibères qui passèrent par l'Italie pour aller s'établir en Sicile et en Corse.

sous lequel Pline[1] et d'autres écrivains[2] les ont désignés, était, dans leur langue, une épithète honorable qui signifiait *noble, vaillant*, et dont le singulier *Ambra* est encore usité dans la langue irlandaise[3]. Pline donne une très grande étendue au pays occupé par les *Ombri*. Selon cet auteur, ils avaient été les maîtres de l'Étrurie avant l'arrivée des Pélasges ou Grecs et des Toscans (Étrusques); ils occupaient pour lors tous les pays qui sont des deux côtés du Pô, au nord et au sud. Ariminium (Rimini) et Ravenne sont deux de leurs colonies. L'Ombrie du milieu, située entre le Picenum et l'Étrurie, portait le nom des anciens Celtes et les habitants de cette contrée les reconnaissaient pour leurs ancêtres[4]. Pline ajoute qu'ils furent chassés par les Toscans (Étrusques) et que ceux-ci le furent à leur tour par les Gaulois qui, longtemps après, envahirent l'Italie vers 600 avant l'ère chrétienne. D'où il résulte : 1° que les *Ombri* avaient été maîtres de tout ce qui, dans la suite, appartint aux Gaulois; 2° que l'invasion de ces derniers était moins une usurpation que la conquête d'un pays possédé dans l'origine par des peuples de leur nation que les Toscans en avaient dépouillés. La partie de ces *Ombri* qui était fixée au nord du Pô s'y maintint et garda toujours son ancien nom. Les écrivains romains les nomment *Insubres*, mais Polybe les appelle *Isombri*, et ce nom purement gaulois signifie « les *Ombri* inférieurs ». Ces Insubres occupaient le Milanais et les contrées voisines. »

Pline, ainsi que le dit Fréret, est loin d'être le seul à attester l'antiquité et la puissance des tribus ombriennes en Italie, antérieurement à la domination des Étrusques. Non seulement Hérodote fait aborder les Lydiens de Tyrrhenus en Ombrie, mais Denys d'Halicarnasse revient plusieurs fois sur le caractère de grande antiquité des Ombriens, dont il fait même les prédécesseurs des Pélasges.

1. Pline, *Hist. Nat.*, III, 14.
2. Cf. plus loin, p. 73.
3. Amédée Thierry s'est emparé de cette hypothèse de Fréret et, selon son habitude, l'a poétiquement développée (*Histoire des Gaulois*, 5ᵉ éd., t. I, p. 123).
4. Fréret, comme la plupart des modernes, attribue le texte cité par Solin (*Gallorum veterum propaginem Umbros esse*) à Bocchus, écrivain plusieurs fois nommé par Pline et qu'on a cru avoir été un des affranchis de Sylla. Mais le texte de Solin, tel qu'il a été établi par M. Mommsen, rapporte cette citation à M. Antonius, c'est-à-dire, suivant M. Mommsen, à M. Antonius Gnipho, auteur né en Gaule qui vivait vers l'an 100 avant J.-C. (cf. Teuffel, *Geschichte der röm. Literatur*, 5ᵉ éd., t. I, p. 267). Personne ne méconnaîtra l'autorité de cette assertion, émanant d'un savant gaulois très considéré. Quand Suétone nous dit qu'Antonius Gnipho était né en Gaule, *in Gallia natus*, il entend évidemment par là la Cisalpine, c'est-à-dire la Haute-Italie.

Nous réunissons ici les principaux textes relatifs aux Ombriens :

Hérodote, I, 94. Les Lydiens bannis de leur pays vont d'abord à Smyrne, puis, après avoir côtoyé différents pays, ils abordent en *Ombrie*, où ils bâtissent des villes.

Hérodote, IV, 49. Le Carpis (Drave?) et l'Alpis (Inn?) sortent du pays au-dessus des *Ombriques*, coulent vers le nord et se jettent dans l'Ister.

Philiste de Syracuse, frag. 2 (*F. H. G.*, I, p. 184). Quatre-vingts ans avant la guerre de Troie, les Ligures, sous la conduite de Siculus, abordent en Sicile. Siculus était fils d'Italus et ses sujets reçurent de lui le nom de Sicèles; les Ligures avaient été chassés de leurs terres par les *Ombriens* et les Pélasges.

Théopompe, frag. 142 (*F. H. G.*, I, p. 302). La nation des *Ombriens*, habitant auprès de la mer Adriatique, mène une vie efféminée comme les Lydiens ; la fertilité de leur territoire leur a donné la richesse.

Scylax, *Périple*, 16 (*G. G. M.*, I, p. 24). Après les Samnites vient le peuple des *Ombriens*, où est la ville d'Ancône. Cette nation honore Diomède, dont elle a reçu des bienfaits, et possède un temple qui lui est dédié. La navigation le long des côtes d'Ombrie prend deux jours et une nuit. Après le peuple ombrien viennent les Tyrrhéniens.

Scymnus, *Orbis descriptio*, v. 366 (*G. G. M.*, I, p. 211). Après les Messapiens [et les Samnites] viennent les Ombriens, qui passent pour mener une vie efféminée, semblable à celle des Lydiens (cf. plus haut le fragment de Théopompe, que le pseudo-Scymnus suit et cite en ce passage).

Les deux passages attribués à Aristote où il est question des Ombriens (*Meteor.*, II, III, 42; *De mir. ausc.*, 80) n'ont pas de rapport avec l'histoire de ce peuple.

Lycophoron, *Cassandra*, v. 1352 sq. « Puis les éperviers, quittant le Tmole et Cimpsos et les flots du Pactole qui roulent de l'or... s'élancèrent vers Agylla en Ausonie, engageant une guerre farouche contre les Ligustins. Ils prirent Pise et ils soumirent toute la terre voisine des *Ombriens* et les hauteurs escarpées des Alpes. » Les *éperviers* (κίρκοι) sont Tyrrhenus et Lydus, les fils du roi lydien Atys.

Le scoliaste de Lycophoron, commentant le vers 1360, écrit : Ὄμβροι, γένος Γαλατῶν. Ce texte (qui remonte peut-être à Timée) doit être rapproché de celui de M. Antonius Gnipho (Ier siècle av. J.-C.) : « *Gallorum veterem propaginem Umbros* » (cité par Solin, éd. Mommsen, p. 37, 9).

Strabon, V, I, 10 (trad. Tardieu, t. I, p. 358) : « Parlons maintenant de ces populations qui occupent en deçà du Pô l'espèce d'enceinte semi-circulaire que forment, en se rejoignant vers Genua et Sabata, les monts Apennins et la chaîne des Alpes. Autrefois les Boïens, les Ligyens, les Sénons et les Gésates s'en partageaient la meilleure partie ; il n'en reste plus aujourd'hui, par suite de l'expulsion des Boïens et de l'extermination des Gésates et des Sénons, que les tribus d'origine ligystique et les colonies romaines. Ajoutons que dans ces colonies on trouve aussi mêlé à l'élément romain un fond de population *ombrique*, parfois même tyrrhénienne. Il y avait, en effet, avant que les Romains eussent commencé à étendre leur puissance, une sorte de lutte établie entre les deux nations ombrienne et tyrrhénienne à qui exercerait la prépondérance en Italie, et, comme elles n'étaient séparées que par le Tibre, il leur était facile de franchir cette barrière pour s'attaquer réciproquement. Arrivait-il aussi que l'une des deux nations entreprît une expédition contre un pays voisin, l'autre aussitôt, pour ne point demeurer en reste, envahissait le même pays : c'est ainsi qu'à la suite d'une expédition des Tyrrhéniens contre les populations barbares de la vallée du Padus, expédition d'abord heureuse, mais qui, par la mollesse des vainqueurs, avait bientôt abouti à une retraite honteuse, on avait vu les Ombriens attaquer à leur tour les peuples qui venaient de chasser leurs rivaux. Puis, des contestations s'étant élevées entre les deux nations au sujet des pays qu'elles avaient conquis tour à tour, chacune y avait envoyé, de son côté, un certain nombre de colonies ; mais les Ombriens, qui étaient moins loin, en avaient naturellement fondé davantage. Or, ce sont ces colonies que les Romains ont reprises ; seulement, comme, en les augmentant de nouveaux habitants, ils ont généralement conservé ce qui restait des anciennes races qui les avaient précédées dans le pays, on peut, même aujourd'hui que tous les peuples de la Cisalpine portent le nom de Romains, distinguer encore ceux qui sont d'origine ombrienne ou tyrrhénienne, tout comme on y distingue les Hénètes, les Ligyens et les Insubres. » — V, 7 : « Ravenne passe pour avoir été fondée par les Thessaliens, mais il paraît que ces Thessaliens ne purent tenir aux agressions et aux outrages des Tyrrhènes ; ils admirent alors dans leurs murs les Ombriens, dont les descendants occupent la ville aujourd'hui encore, et s'empressèrent de regagner leur patrie. »

Denys d'Halicarnasse, *Antiq. Rom.*, I, 10 : « Quelques historiens disent que les Aborigènes étaient des colons des Ligyens, peuple voisin des Ombriens (ὁμορούντων Ὀμβρικοῖς). » — I, 13 : « Je crois que les Œnotriens, outre les autres cantons d'Italie entièrement déserts ou mal peuplés, s'emparèrent d'une partie de l'Ombrie... Qu'on ne croie pas trop légèrement que les Aborigènes étaient ligyens, ombriens ou de quelque autre nation barbare. » — I, 16 : « Ce fut dans le canton de Réate que les Aborigènes établirent d'abord leurs demeures, après en avoir chassé les Ombriens. » — « I, 18 : « Pour ceux des Pélasges qui s'étaient avancés au milieu des terres, ils traversèrent les montagnes de l'Italie et arrivèrent au pays des Ombriens, voisins des Aborigènes. Ces Ombriens occupaient, alors, plusieurs contrées de l'Italie. *C'était une nation des plus grandes et des plus anciennes* (καὶ ἦν τοῦτο τὸ ἔθνος ἐν τοῖς πάνυ μέγα τε καὶ ἀρχαῖον). » — I, 20 : « Les Pélasges persuadèrent aux Aborigènes de s'unir à eux contre les Ombriens et avec ce secours ils s'emparèrent de Crotone. » — I, 26 : « Vers la deuxième génération avant la guerre de Troie, les Pélasges commencèrent à être dans une mauvaise situation (κακοῦσθαι). Ils subsistèrent, cependant, encore après l'embrasement de cette ville, mais réduits à un très petit nombre. Toutes leurs villes avaient été détruites excepté Crotone, la célèbre ville des Ombriens (ἔξω Κρότωνος τῆς ἐν Ὀμβριχοῖς πόλεως ἀξιολόγου). » — I, 27 : « Tyrrhenus et les Lydiens abordèrent aux côtes occidentales de l'Italie habitées par les Ombriens, où ils établirent leurs demeures et fondèrent des villes qui subsistent encore aujourd'hui. » — I, 29 : « Il fut un temps où les Latins, les Ombriens, les Ausones et plusieurs autres peuples étaient appelés Tyrrhéniens par les Hellènes. » — I, 89 : « On a lieu de s'étonner que Rome ne soit pas devenue entièrement barbare, après avoir reçu des Opiques, des Marses, des Samnites, des Tyrrhéniens, des Bruttiens et plusieurs milliers d'Ombriens et de Ligyens. » — II, 49 : « Zénodore de Trézène, qui a écrit une histoire des Ombriens, dit que ces peuples habitèrent d'abord le pays de Réate, mais qu'ayant été chassés par les Pélasges, ils vinrent s'établir dans celui où ils demeurent présentement et que, changeant de nom en même temps que de pays, ils prirent le nom de Sabins au lieu de celui d'Ombriens. » — VII, 3 : « En la LXIV° Olympiade (524), Miltiade étant archonte d'Athènes, les Tyrrhéniens, qui avaient habité autour du golfe d'Ionie d'où ils furent, dans la suite, chassés par les Celtes, entreprirent avec le concours des Ombriens, des Dauniens et de quelques autres barbares de détruire Cumes, ville grecque fondée dans le pays des Opiques par les Érétriens et les Chalcidiens. Ils marchèrent contre elle avec cinq cent mille hommes d'infanterie (?) et dix mille chevaux. » — VII, 72 : « Quelques savants considèrent les jeux et les danses satyriques, ces vieilles institutions, comme dues à l'influence des Ligyens et des Ombriens. Ces usages ne sont d'invention ni ligyenne ni ombrienne, ils viennent des Hellènes. »

Florus, I, 17 : « Les Ombriens, le plus ancien peuple de l'Italie. »

Pline l'Ancien, III, 8 : « Les Ombriens ont autrefois été chassés d'Étrurie par les Pélasges, ceux-ci par les Lydiens appelés Tyrrhéniens. » — III, 9 : « Cette terre (la Campanie) a été occupée par les Osques, par les Grecs, par les Ombriens, par les Étrusques, par les Campaniens. » — III, 19 : « Ici se range la sixième région, comprenant l'Ombrie et le territoire gaulois autour d'Ariminum. A Ancône commence la côte dite de la Gaule *Togata*. Les Sicules et les Liburnes ont habité une grande partie de cette contrée, particulièrement les districts de Palma, de Pretutia et d'Adria. Ils furent chassés par les Ombriens, ceux-ci par les Étrusques, les Étrusques par les Gaulois. Les Ombriens sont regardés comme la nation la plus ancienne de l'Italie et l'on va jusqu'à croire qu'ils ont été appelés ainsi par les Grecs, comme ayant survécu à des pluies qui inondèrent le globe terrestre[1]. On lit dans les histoires que trois cents de leurs villes furent soumises par les Étrusques... Caton a rapporté qu'Améria [ville ombrienne] fut fondée 964 ans avant la guerre de Persée » [c'est-à-dire en 1133 av. J.-C.]. — III, 20 : [Dans la huitième région ou Émilie] « sont Ravenne, ville des Sabins, et Butrium, ville des Ombriens[2]. »

1. Cf. Servius, *ad Aen.*, XII, 753; Isidore de Séville, IX, II, 87.
2. En résumé, nous voyons par ces textes : 1° que les Ombriens sont une des plus anciennes ou même la plus ancienne nation de l'Italie (Denys, Florus, Pline); 2° qu'ils ont chassé les Ligures (Philiste), les Sicules et les

Si Pline fait chasser les Ombriens d'Étrurie par les Pélasges et si Denys les en fait déloger par les Tyrrhéniens, il y a toute apparence que les Pélasges du premier sont identiques aux Tyrrhéniens du second. Si Zénodore les fait chasser de Réate par les Pélasges et Denys par les Aborigènes, c'est encore que les Pélasges de Zénodore sont identiques aux Aborigènes de Denys. En présence de pareilles divergences, on voit le peu d'importance qu'il faut attribuer aux désignations ethniques dont se sont servis les auteurs anciens. Tout ce que l'on croit entrevoir, c'est que les Ombriens succèdent en Italie à une population ligure et s'y trouvent aux prises avec les Tyrrhéniens, qui finissent par l'emporter sur eux. A l'époque proprement historique, ils sont refoulés dans les cantons montagneux de l'Apennin et passent, comme les Ligures, pour des montagnards : leur plus forte levée, en 225, ne dépasse pas le chiffre de vingt mille hommes[1]. Ce sont les derniers restes d'un peuple autrefois très puissant, dont la domination ancienne sur la Toscane est attestée non seulement par l'histoire, mais par la toponymie : on y trouve, en effet, une rivière du nom d'*Umbro*, un *tractus Umbriae*, et l'ancien nom de Clusium, *Camars*, reparaît dans celui de la tribu montagnarde des *Camertes*[2].

Nous possédons, de la langue des Ombriens, un document d'une importance capitale pour la philologie : c'est la série des tables de bronze qui, découvertes en 1444 à Gubbio (Iguvium), portent un rituel très détaillé écrit en partie dans l'alphabet latin, en majeure partie dans un alphabet d'origine étrusque.

Liburnes (Pline) ; 3° qu'ils ont été, à leur tour, chassés par les Pélasges d'Étrurie (Pline), du pays de Réate (Zénodore), par les Aborigènes du canton de Réate (Denys), par les Aborigènes et les Pélasges de Crotone (Denys), par les Étrusques-Tyrrhéniens d'Étrurie (Hérodote, Denys), de Campanie (Strabon), de la côte adriatique (Pline) ; 4° qu'ils ont longtemps lutté avec les Tyrrhéniens pour la prépondérance en Italie (Strabon) ; 5° qu'ils sont distincts des Ligures et des Insubres (Strabon) ; 6° qu'on leur a attribué une origine celtique (Marc Antoine Gnipho).

1. Voir Nissen, *Italische Landeskunde*, t. I, p. 505, d'après Polybe, II, xxiv, 7 ; Silius, VIII, 449.

2. *Ibid.*, p. 506, d'après Pline, III, 8 ; Liv. X, 25 ; Polybe, II, xix, 5.

La linguistique a établi que la langue de ces tables appartient à la même famille que l'osque et le latin. Mais ces inscriptions ne sont pas antérieures à l'an 200 avant J.-C., alors que la période de la puissance ombrienne, celle qui nous a occupés dans les pages précédentes, est de sept ou huit siècles plus ancienne. Il n'est donc pas légitime de vouloir tirer de là une conclusion pour cette époque reculée. C'est d'ailleurs ce que nous dit M. Bréal, le savant éditeur et traducteur des Tables Eugubines[1] : « Nous nous garderons de mêler la question d'ethnologie avec la question de linguistique : l'expérience prouve trop souvent que les renseignements de l'une et l'autre science ne sont pas d'accord. Les Ombriens, quoique de race celtique, ont pu, comme leurs frères de la Gaule, renoncer à leur idiome pour adopter un dialecte italique ; ou bien encore, on peut considérer les frères Attidiens (la confrérie de laquelle dépendait le temple d'Iguvium) comme une confrérie italiote établie au milieu d'une population de langue et d'origine différentes. Bornant donc nos observations à l'idiome des Tables Eugubines, nous dirons que ni pour la phonétique, ni pour la grammaire, il ne rappelle les idiomes celtiques. »

On sait aujourd'hui que le latin et le celtique sont des langues sœurs, plus proches parentes entre elles qu'elles ne le sont du grec ou du sanscrit. Cette parenté s'explique par l'hypothèse d'une période dite *italo-celte*, où les tribus qui devaient devenir les Italiotes et les Celtes étaient encore réunies. Quand il s'agit de l'époque la plus ancienne de l'histoire ombrienne, il est permis de transporter dans l'ethnographie le terme linguistique d'*Italo-Celtes*. Les Italo-Celtes furent le premier ban de populations qui introduisirent une langue aryenne en Italie ; et les témoignages historiques semblent prouver que ces Italo-Celtes furent les Ombriens. Nous ne prétendons pas autre chose.

Les archéologues italiens les plus autorisés, MM. Ed. Brizio, P. Orsi, Oberziner — nous ne parlons que de ceux qui ont

---

1. Bréal, *Les Tables Eugubines*, 1875, p. XXVII.

étudié particulièrement la question — sont d'accord pour reconnaître le rôle prépondérant que les Ombriens ont joué, non seulement dans l'Italie du nord, mais dans l'Italie centrale, aux époques primitives.

Pour M. Brizio [1], la civilisation pré-étrusque de la Cisalpine, qualifiée par les archéologues de *villanovienne* (du nom de la nécropole de Villanova), est d'origine ombrienne. « Les données archéologiques, d'accord avec les témoignages de l'histoire, signalent en Cisalpine (Cispadane et Transpadane) la présence de deux groupes différents. L'histoire nous donne leurs noms : ce sont les *Umbri* d'un côté, les *Étrusques* de l'autre. Les Umbri ont précédé de beaucoup les Étrusques. »

M. Paolo Orsi divise en trois périodes l'histoire de la Cisalpine [2] :

1° Période *umbro-italique* (civilisation de Villanova) ;

2° Période *étrusque* (civilisation de la Certosa) ;

3° Période *galatique* (invasion du IV° siècle av. J.-C.).

Pour M. Oberziner, les Umbri se rencontrent également à l'origine, mais, sous l'influence des idées de M. Helbig, il les présente comme étroitement apparentés aux Proto-Étrusques. « Les Étrusques, dit-il, sont un peuple apparenté aux Ombriens, *un popolo imparentato coll' Umbri*. »

Le moment n'est pas venu de discuter cette question de détail. Contentons-nous de constater l'importance accordée par les trois archéologues italiens au groupe ombrien, que M. Helbig seul paraît méconnaître.

En résumé, de l'ensemble de leurs écrits, où les données de l'histoire sont habilement rapprochées des documents archéologiques, ressort cette opinion commune que, sur un fond de civilisation primitive, — à peu près uniforme des Alpes aux Apennins et, par delà l'Apennin, jusqu'à la Sabine, — deux grands groupes ethniques se détachèrent de très bonne heure, les Ombriens et les Étrusques. Les Rhètes ne doivent pas être

---

1. Brizio, *La provenienza degli Etrusci*, dans la *Nuova Antologia*, 1892, p. 137.
2. Orsi, *Un sepolcreto di Vadena*, p. 121.

retranchés de cet ensemble dont les Vénètes, probablement illyriens, sont seuls exclus. Nous avons dit qu'à nos yeux les Rhètes, comme la majorité des autres populations alpestres, rentraient non dans le groupe étrusque, mais dans le groupe celto-ombrien.

Lorsqu'on rattache aux Celtes primitifs le peuple des Rhètes, ou qu'on affirme leur parenté avec les Ombriens, il faut bien s'entendre sur le sens du mot de « Celtes ». D'abord, rien ne prouve qu'antérieurement au VIIIe siècle les Celtes eussent conquis la Gaule de César. En second lieu, le nom collectif de la race n'existait peut-être pas à cette époque. La race celtique, comme celle des Thraces, aime à se morceler en un grand nombre de clans portant chacun un nom particulier. Où était, au VIIIe siècle, le clan qui devait illustrer le nom de *Celtae*? Une des nombreuses tribus qui s'échelonnaient le long du Danube, des Alpes aux Balkans, pouvait déjà porter ce nom, mais il était encore obscur. Le fait signalé par les archéologues italiens, sur lequel ils insistent depuis quelques années avec tant de raison, à savoir l'uniformité de la civilisation primitive en Italie, des Alpes aux Apennins, des Apennins à la Campanie, embrassant les contrées où, dès l'aube de l'histoire, se détachent des groupes aussi distincts, politiquement, que les Insubres, les Euganéens, les Ombriens, les Étrusques, les Sabins, — cette uniformité se retrouve, non moins accentuée, des Alpes aux Balkans.

Si M. Helbig se croit le droit de donner à l'ensemble de ces populations primitives de l'Italie le nom de *Proto-Étrusques*, Conestabile celui d'*Antico-Italici*, ne nous est-il pas permis d'appeler *Proto-Celtes* le groupe septentrional, *danubio-alpestre*? La civilisation primitive de ce groupe, par son homogénéité, par l'analogie de ses caractères principaux, forme le pendant des civilisations *proto-ombrienne*, *proto-étrusque* du versant méridional des Alpes. Si, sur le Danube, nous ne trouvons pas, au début, les Celtes proprement dits, nous y reconnaissons du moins la matière dont les Celtes sont pétris.

Il n'est pas inutile de rappeler ici combien les groupes

danubio-alpestres et italiques diffèrent des tribus pré-celtiques de la Gaule césarienne. En Gaule, nous avons reconnu [1] une civilisation néolithique et mégalithique très développée, dénotant une organisation sociale très puissante, très résistante, ayant traversé le premier âge des métaux presque sans se transformer et conservé ses caractères jusqu'au delà du vi^e siècle. Sur le Danube, dans les Alpes et en Italie, la civilisation mégalithique fait complètement défaut ; en revanche, nous trouvons une civilisation du premier âge du fer, civilisation très intense, très caractérisée, qui remonte au xiie ou au xiiie siècle avant notre ère, faisant suite à une très courte période où le cuivre et le bronze étaient seuls connus. Cette civilisation, en outre, a de bonne heure subi le contact et l'influence de l'Orient, alors que la Gaule, hormis quelques points du littoral, n'a jamais connu cette influence.

Après cette longue digression, revenons aux incinérés de Golasecca, que nous rattachons, sous les réserves précédemment indiquées, à la grande famille des tribus celtiques.

IV

GOLASECCA

Il est aujourd'hui généralement admis que les monuments mégalithiques ne sont pas, à proprement parler, des monuments celtiques. Nous ne devons donc pas nous attendre à les rencontrer chez les *Proto-Celtes*. Mais à ces monuments se rattachent les cercles les enceintes de pierres limitatives de sépultures, que nous rencontrons à Golasecca. Nous les retrouvons avec le même caractère au sud-ouest et au nord-ouest de

---

[1]. Voir *La Gaule avant les Gaulois*.

la France, au pied des Pyrénées et en Armorique, comme aussi au centre du pays, dans le Morvan. Ce premier point de rapprochement entre certaines tribus de notre Gaule et de la Cisalpine est à signaler.

M. Castelfranco s'exprime comme il suit au sujet de ces enceintes[1] :

Fig. 30. — Cromlechs de Golasecca.

« MM. Giani, Biondelli et de Mortillet s'en sont déjà occupés... Biondelli y vit des monuments sépulcraux celtiques, assurant que les Celtes seuls eurent la coutume de ceindre de cette façon les tombes de leurs morts. M. de Mortillet jugea ces enceintes bien postérieures aux tombes, attribuant ces dernières au premier âge du fer et ne se prononçant pas au sujet des premières. Pour ma part, j'ai relevé les traces de quatre de ces enceintes sur la rive droite du Tessin, et de quarante-trois sur la rive gauche..... La plupart de ces enceintes sont circulaires ; quelques-unes sont rectangulaires. Au centre des enceintes circulaires et dans le voisinage, on trouve de nombreuses tombes presque toujours groupées, quelquefois isolées. Pour moi, les enceintes sont contemporaines des tombes les plus anciennes. »

1. Castelfranco, *Revue archéol.*, 1877, II, p. 75.

M. Castelfranco disait déjà en 1874 au Congrès de Stockholm[1] :

« Un fait qui n'est pas douteux, c'est qu'il m'est toujours arrivé de trouver une tombe, explorée ou non, au centre des cercles, et lorsque j'ai trouvé cette tombe encore inexplorée, j'y ai rencontré le même genre de poteries que dans les autres sépultures du plateau : ces cromlechs ne sont donc pas postérieurs aux sépultures, comme l'a cru M. de Mortillet[2]. »

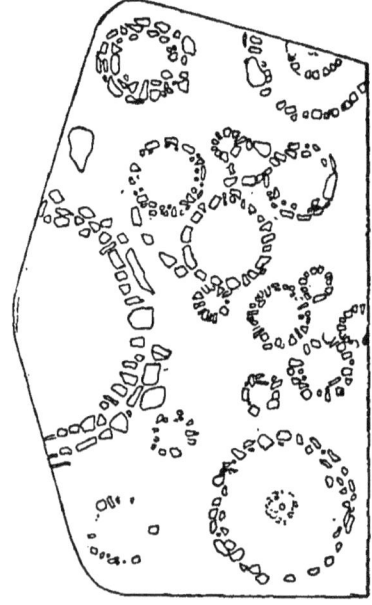

Fig. 31 — Cercles de pierres de Garin (Haute-Garonne).

M. Castelfranco croit toutefois devoir mentionner l'opinion d'un autre savant italien, M. Garovaglio :

« M. Garovaglio suppose que les enceintes pourraient être *celtiques*, mais beaucoup plus anciennes que les tombes *gauloises* pratiquées au centre et autour des cercles. Les populations auxquelles on doit ces sépultures pourraient très bien, selon lui, avoir choisi ces enceintes vénérées et déjà anciennes pour y enterrer leurs morts sur un terrain sacré et consacré par la tradition. »

Celtiques ou non, comme nous venons de le dire, ces enceintes se retrouvent avec les mêmes caractères en Gaule.

A Garin d'abord (Haute-Garonne), dans des conditions presque identiques à celles que nous avons reconnues à Golasecca[3]. Les cercles de pierres entourent des tombes à incinération, contenant des vases funéraires recouverts de pierres plates, moins élégants que ceux de la Haute-Italie, mais non sans rapports avec eux.

D'autres cercles de pierres de même apparence, entourant

---

1. *Congrès de Stockholm*, p. 392.
2. Cf. Mortillet, *Revue archéol.*, 1866, I, p. 51.
3. Alfred Ramé, *Revue des Sociétés savantes*, 1875, II, p. 461, et dessins au Musée de Saint-Germain.

des sépultures à urnes cinéraires, avec objets de bronze et bracelets de fer, ont été signalés dans la même contrée près de Saint-Gaudens. Ces enceintes, enfouies aujourd'hui pour la plupart dans le sable sur les bords de la Garonne, ont été dégagées par le très regretté Sacaze, mort avant d'avoir publié ses observations[1].

À Avezac-Prat, dans les Hautes-Pyrénées, MM. Piette et

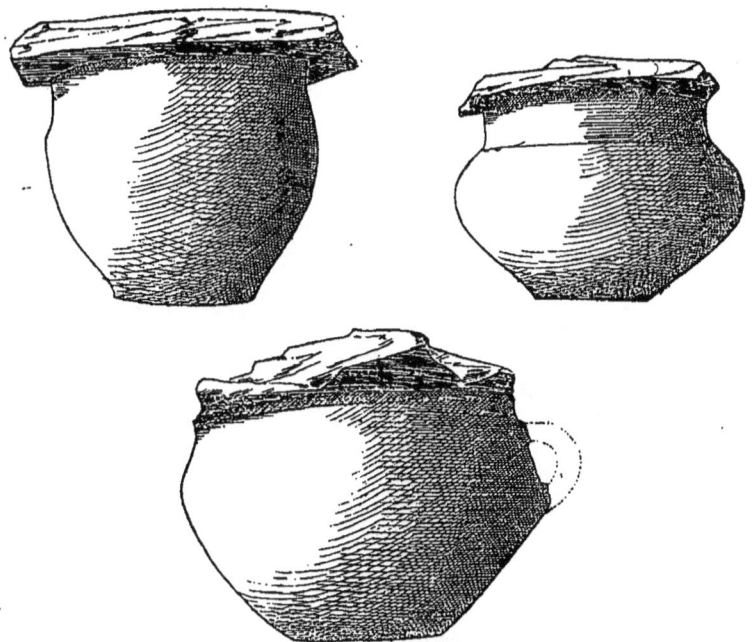

Fig. 32. — Urnes de Garin, avec couvercles de pierre.

Sacaze ont exploré des tumulus à incinération du premier âge du fer. « Si quelques tumulus, sur la partie de la colline qui s'étend à l'ouest, écrivent les auteurs des fouilles, ne contiennent que du bronze, leurs voisins, qui font partie du même alignement, renferment du fer, et tout fait supposer que les âges ne sont pas différents. Les cromlechs qui les entourent, le menhir qui les signale sont dus aux traditions qu'ont léguées à l'âge du fer les âges précédents[2]. »

1. *Matériaux*, t. XIV, p. 515.
2. *Matériaux*, t. XIV, p. 515.

A l'autre extrémité de la Gaule, dans la commune de Saint-Just (landes de Cojou, en Ille-et-Vilaine), existent d'autres enceintes que M. A. Ramé, l'explorateur de la nécropole de Garin, a décrites dans la *Revue archéologique*[1]. Ces enceintes appartiennent à une nécropole analogue aux précédentes : cercles et carrés de pierres s'y retrouvent avec un caractère funéraire très prononcé.

« Le groupe de la Grée-de-Cojou[2] est un des groupes les plus intéressants de monuments celtiques qu'il soit possible d'étudier; non pas qu'il faille chercher dans la Grée-de-Cojou l'aspect imposant que présentent certaines parties des alignements de Carnac et d'Erdeven. L'intérêt des

Fig. 33. — Cercles de pierres à Saint-Gaudens (Haute-Garonne).

pierres de Saint-Just ne gît pas dans leur volume ; rarement leur taille excède un mètre ; elle s'arrête, en général, à des dimensions beaucoup moindres, et souvent elle est réduite aux proportions d'un modeste pavé. De là, sans doute, le peu de renom qu'a eu jusqu'à présent, dans le monde savant, la lande de Saint-Just. Mais si l'intérêt de la disposition doit passer avant celui de la masse, les pierres de Cojou peuvent prendre place à côté des plus vantées. »

Nous n'avons malheureusement aucun renseignement sur le contenu des sépultures, qui avaient toutes été violées.

M. de Saulcy, dès 1861, avait dessiné à Brully (commune de Saint-Romain, Côte-d'Or) des cercles et allées de pierres

1. *Revue archéol.*, 1864, I, p. 81-93.
2. Le mot *grée*, dans la Haute-Bretagne, désigne un terrain aride où la roche affleure le sol et le perce par endroits.

dépendant d'une nécropole gauloise que nous devons au moins mentionner ici[1].

Nous pensons que ces nécropoles, qui se distinguent des nécropoles mégalithiques proprement dites, sont *proto-celtiques*; leur présence, tant en Gaule que dans l'Italie du nord, ne pourrait être, dans une autre hypothèse, expliquée d'une manière satisfaisante.

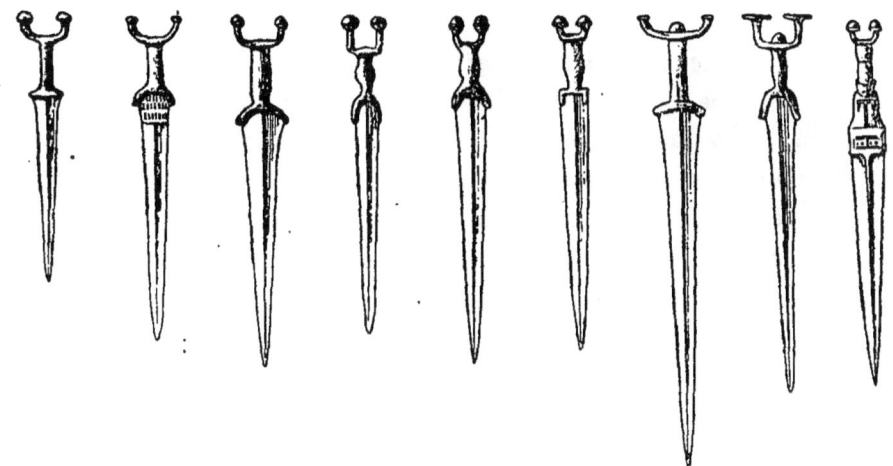

Fig. 34. — Types divers d'épées à antennes (Alaise, Sesto-Calende, Hallstatt, Sainte-Foy, Ger, Cahors, Dorflingen, Hallstatt, Avezac-Prat.)

V

LES ÉPÉES A ANTENNES,
LES BRONZES ESTAMPÉS
ET
LES SITULES HISTORIÉES

Une intéressante remarque, applicable à nos cimetières proto-celtiques, a été faite par les archéologues italiens au sujet des cimetières proto-ombriens et proto-étrusques. L'égalité la plus parfaite existait à l'origine dans tous ces clans. Le

1. *Revue archéol.*, 1861, II, p. 409-413.

chef seul se distinguait des autres par la richesse de ses armes et la grandeur de sa tombe. M. Falchi a insisté avec beaucoup d'à-propos sur ce fait dans son rapport sur les fouilles de Vetulonia[1]. Dans les vieilles nécropoles, comme celles de Golasecca, ces tombes exceptionnelles sont très rares. On serait presque tenté de croire que les chefs avaient des champs funéraires ou des sépultures de famille très éloignés de la nécropole commune. La tombe de Sesto-Calende est entourée de plus de six mille tombes banales ; ailleurs, on trouve à peine une ou deux tombes de *chefs armés* sur mille incinérés[2].

L'épée, ou plutôt le poignard, de la tombe de chef découverte à Sesto-Calende, présente un grand intérêt archéologique. Cette arme se rattache, en effet, à une série spéciale, nettement caractérisée par la nature du métal (lame de fer, fourreau et poignée de bronze), ainsi que par la forme particulière de la poignée, dite *à antennes*.

On retrouve ce type dans les localités suivantes :

1. Bologne (fouilles Arnoaldi)[3].
2. Bellune[4].
3. Sesto-Calende[5].
4. Hallstatt. Neuf exemplaires, dont cinq complets[6].
5. Wodendorf (Musée de Bamberg)[7].
6. Hambourg, près Thiengen (Musée de Carlsruhe)[8].

---

1. Is. Falchi, *Vetulonia*, Florence, 1892, in-4° (323 p., 19 planches).
2. Dans certaines nécropoles, comme à Vetulonia, on voit se former lentement une sorte d'aristocratie de la richesse et l'on croit pouvoir reconnaître les traces d'une distinction de classes. Les causes de cette transformation sociale se devinent en même temps. Dans les tombes plus riches que les tombes vulgaires, l'influence de l'Orient se manifeste par la présence de nombreux bijoux d'importation. Une ère de commerce international commence ; la richesse s'introduit dans le pays. Alors les mœurs se transforment, et l'on voit se dessiner, comme à Rome du temps de Servius Tullius, un groupe privilégié, une aristocratie de la richesse.
3. Brizio, *Tombe e necropoli galliche*, p. 30, pl. VI, 30.
4. *Antiqua*, 1892, pl. IX, p. 15.
5. *Revue archéol.*, 1867, II, pl. XXI, 4.
6. *Album Ramsauer*, n°ˢ 995, 1022, 1303, 1346, 1531, 1572, 1642, 1925, 2046 ; Sacken, *Grabfeld von Hallstatt*, pl. V et V ; Lindenschmit, *Alterthümer*, II, 2, 4 (1, 2 *a*, 2 *b*, 3, 4, 5, 6).
7. Mentionné *Alterthümer*, texte du t. II, 2, 4.
8. Musée de Carlsruhe, C, 5287.

7. Tumulus de Salem (Bade)[1].
8. Hundersingen (Wurtemberg). Deux exemplaires[2].
9. Tumulus de Belle-Remise près de Ludwigsburg (Wurtemberg). Deux exemplaires[3].
10. Thalheim (Wurtemberg)[4].
11. Tumulus de Väringenstadt, près de Sigmaringen[5].

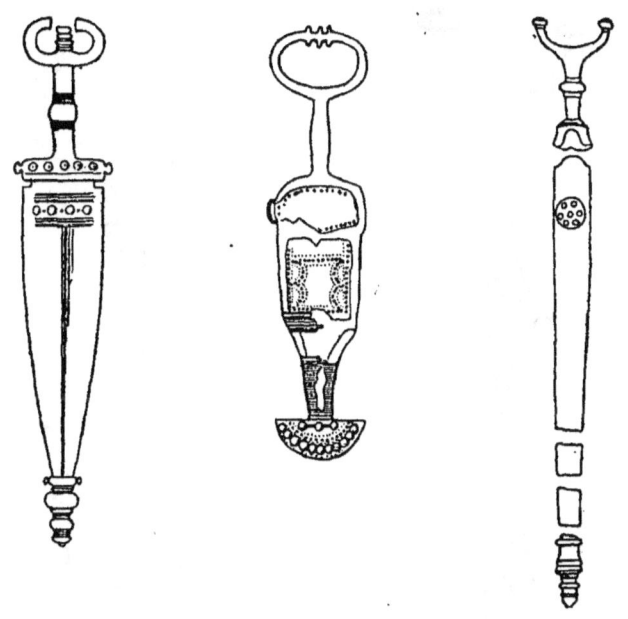

Fig. 35.
Poignard à antennes découvert à Hallstatt avant les fouilles de Ramsauer[6].

Fig. 36.
Poignard à antennes de Niederaunau, au Musée de Sigmaringen[7].

Fig. 37.
Épée à antennes d'Alaise[8].

12. Niederaunau (Bavière), avec une fibule serpentiforme[9].

1. Wagner, *Hügelgräber in Baden*, 1885, pl. VI, 17.
2. Lindenschmit, *Alterthümer*, III, 10, 1, 3 et 4.
3. *Ibid.*, III, 10, 1, 1 et 2.
4. *Ibid.*, II, 2, 4, 7.
5. *Ibid.*, IV, 1, 2, 2.
6. *Album Ramsauer* (manuscrit), pl. IX, 1.
7. Lindenschmit, *Sammlung Sigmaringen*, pl. XXII, 1.
8. Castan, *Société d'émulation du Doubs*, 1858, pl. I.
9. Lindenschmit, *Sammlung Sigmaringen*, pl. XXII; *Alterthümer*, II, 2, 4; 7.

13. Tumulus de Krumbach (Souabe). Deux exemplaires[1].
14. Dorflingen, près Schaffhouse[2].
15. Alaise (Doubs). Deux exemplaires[3].
16. Pont-de-Poitte (Ain), tumulus de Marigny[4].
17. Valais (Musée de Genève)[5].
18. Musée de Périgueux[6].

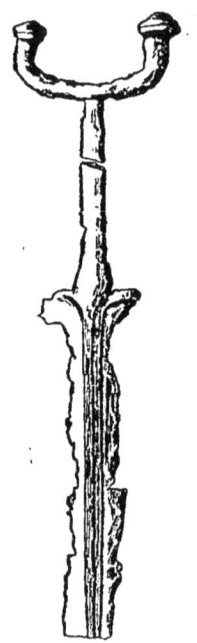
Fig. 38.
Épée à antennes d'Alaise
(Doubs)[7].

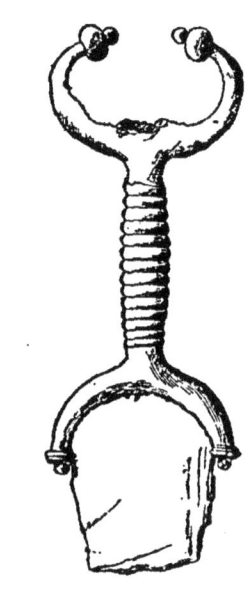
Fig. 39.
Épée à antennes d'une nécropole
du Valais[8].

19. Tumulus d'Airoles, près Larzac[9].

1. Hager et Mayer, *Kataloge des bayerischen Nationalmuseums*, t. IV, pl. IV, nos 1 (358) et 3 (362)
2. Troyon, *Habitations lacustres*, pl. XVII, 1.
3. Castan, *Soc. d'émul. du Doubs*, 1858, pl. I et III.
4. Mentionné *Matériaux*, t. XIV, p. 483.
5. Chantre, *Age du fer*, pl. XX, 1.
6. Mentionné *Matériaux*, t. XIV, p. 484.
7. Chantre, *Age du fer*, pl. XXXIX, 2.
8. *Ibid.*, pl. XX, 1.
9. Signalé par M. Cazalis de Fondouce.

20. Musée de Cahors[1].
21. Environs d'Agen[2].
22. Sainte-Foy (Tarn). Quatre exemplaires[3].
23. Avezac-Prat (Hautes-Pyrénées). Deux exemplaires[4].
24. Plateau de Ger (près de Tarbes). Deux exemplaires[5].
25. Département de l'Hérault[6].

On peut ajouter un exemplaire très analogue à celui de Sesto-Calende, mais dont la provenance exacte est inconnue, au Musée de Zurich[7].

Ces exemplaires s'échelonnent depuis Hallstatt (vallée du Danube) jusqu'aux Pyrénées (on en rencontre aussi en Espagne)[8], sans monter au nord plus haut que Bamberg et Carlsruhe, mais descendant au sud jusqu'à Bologne en passant par Sesto-Calende (extrémité du lac Majeur).

Ajoutons qu'à Avezac-Prat, au plateau de Ger, à Sainte-Foy, à Hallstatt et à Niederaunau, c'est-à dire dans toutes les localités sur lesquelles nous avons des renseignements précis, les sépultures sont à incinération comme celles de Golasecca. Nous ignorons le caractère des tombes de Cahors, d'Alaise et de Dorflingen.

Cette géographie des « poignards à antennes » permet de reconnaître comme une coulée *proto-celtique* de populations pacifiques, très probablement pastorales. A Hallstatt et à Alaise, ces populations subsistaient aussi par l'exploitation et le commerce du sel.

Au pied des Pyrénées, les premières tribus celtiques qui incinéraient vécurent quelque temps en contact avec les tribus mégalithiques qui inhumaient. Le général Pothier, le sagace explorateur des tumulus du plateau de Ger, a pu les suivre à la trace de leurs tumulus, de l'ouest à l'est, à travers les dépar-

1. *Matériaux*, t. XIV, p. 484.
2. *Ibid.*
3. *Matériaux*, t. XIV, p. 483; Chantre, *Caucase*, t. II, p. 48.
4. *Ibid.*, pl. XI.
5. *Ibid.*, t. XX, p. 559.
6. Mentionné dans les *Matériaux*, t. XIV, p. 484.
7. Lindenschmit, *Alterthümer*, appendice au 1er cahier du IIIe vol., p. 15.
8. Pour les exemplaires espagnols, voir Cartailhac, *Ages préhist. de l'Espagne*, fig. 356-360.

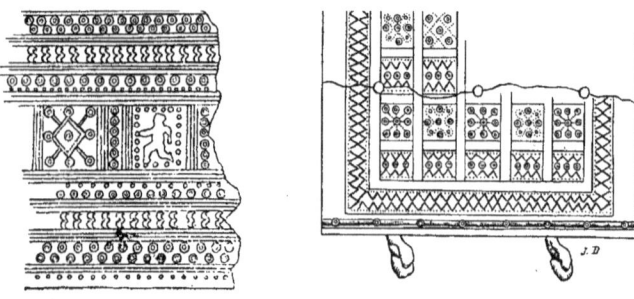
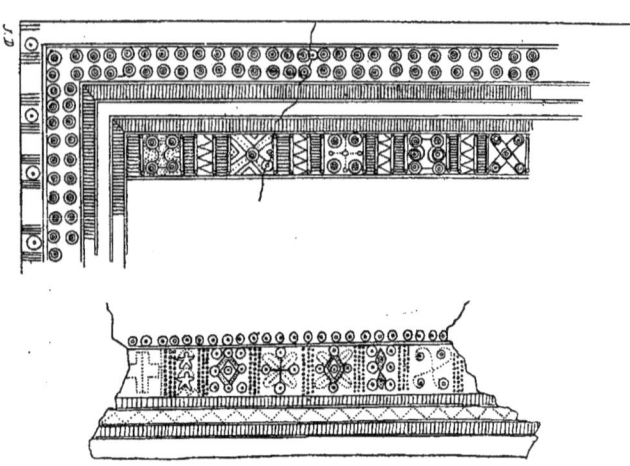
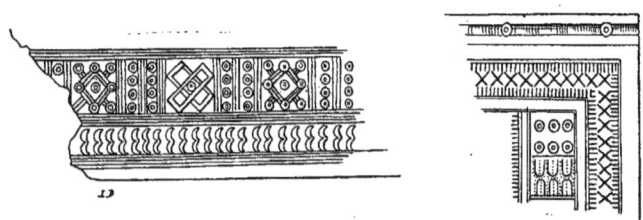

Fig. 40 à 45. — Plaques de Haguenau. Collection Nessel.

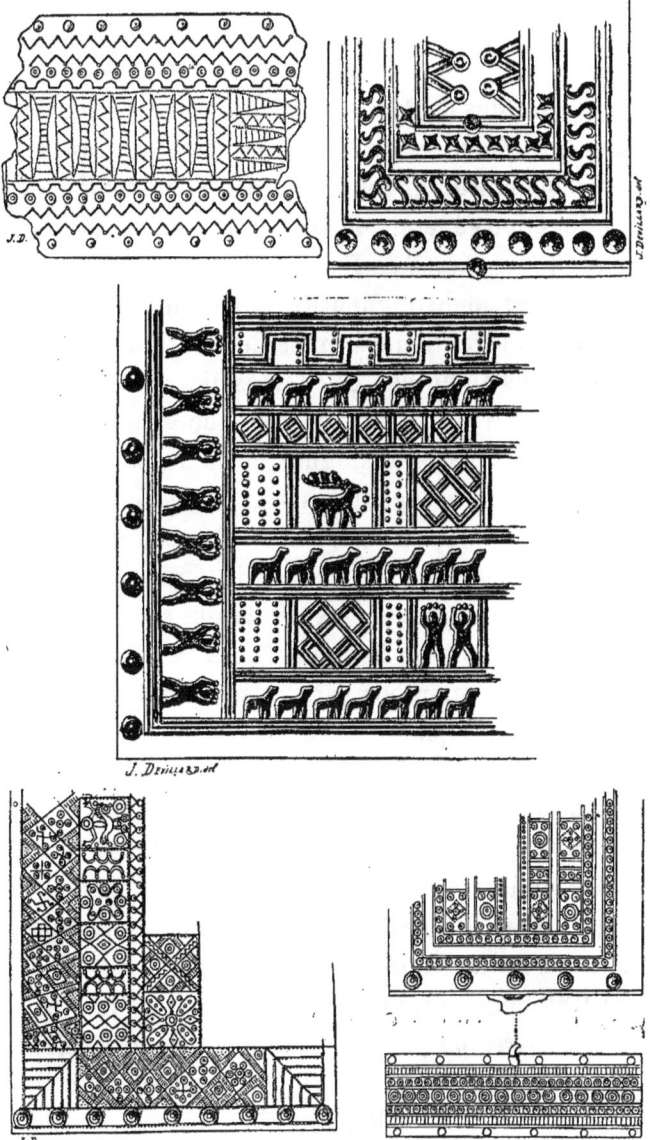

Fig. 46 à 50. — Plaques de Haguenau. Collection Nessel.

tements des Hautes et Basses-Pyrénées, des Landes, du Gers, de la Haute-Garonne et du Tarn. Des rites analogues se sont retrouvés dans le Lot, le Cantal et l'Ain, nous indiquant, à rebours, la direction générale de l'immigration, qui par le Doubs nous conduit à la trouée de Belfort.

Ces sépultures se distinguent très nettement non seulement des sépultures mégalithiques, mais des sépultures gauloises à inhumation sous tumulus. Elles appartiennent à des tribus relativement pauvres, comme le sont, en général, les tribus pastorales. Les groupes analogues de la Haute-Italie étaient à la même époque beaucoup plus avancées en civilisation, même avant leurs rapports avec l'Orient méditerranéen.

Il est à remarquer que cette supériorité relative de richesse se retrouve également chez les tribus qui avoisinent le Rhin (nécropoles de la forêt de Haguenau). La richesse augmente à mesure que nous remontons vers les sources de l'immigration et l'observation s'applique avec encore plus de vérité aux groupes transrhénans (Basse-Bavière et vallées supérieures de la Save, de la Drave et des Alpes Noriques). On serait presque tenté de considérer nos tribus sous-pyrénéennes comme des exilées souffrant de leur éloignement du centre de la famille, et ayant perdu, à la suite de cette séparation, une partie des secrets techniques professionnels.

Sur le Rhin nous retrouvons ces tribus dans leur état normal. La belle série de plaques de bronze estampées de la collection Nessel à Haguenau (fig. 40-50), analogues à celles que l'on connaît de Hallstatt et de Sigmaringen[1], la perfection relative des poteries, empreintes, malgré leur simplicité, d'un sentiment très vif de la forme, donnent une idée moins imparfaite de l'état social de ce groupe. Les tribus d'Alaise en Franche-Comté se présentent déjà sous le même aspect (fig. 51-52).

Si, tournant la Suisse, nous atteignons les sources du Danube, l'intéressant Musée de Sigmaringen, si bien décrit en 1860 par feu Lindenschmit, nous met en présence d'un mobi-

---

1. Sacken, *Grabfeld von Hallstatt*, pl. XI; Lindenschmit, *Sigmaringen*, pl. XIII, XVII, XXVI.

lier funéraire plus complet encore et plus varié, bien que se rattachant intimement aux précédents.

Nous y retrouvons la même ornementation au repoussé des plaques estampées des nécropoles d'Alaise et de la forêt de Haguenau, le petit poignard à antennes et de nombreuses fibules dont les analogues existent non seulement dans les nécropoles de la rive gauche du Rhin, mais aussi en Cisalpine, fibules *serpentiformes, à arc surhaussé* ou *crénelé*. Le poignard à antennes de Niederaunau (fig. 36) appartient à cette série. La richesse de son fourreau de bois plaqué de minces

Fig. 51. Fig. 52.
Plaque en bronze de Corveissiat (Ain)[1].   Plaque en bronze d'Amancey (Doubs)[2].

feuilles de bronze ornées au repoussé, ainsi que le caractère spécial de la bouterolle, nous font déjà présager le luxe de certaines armes découvertes dans le Noricum chez les populations proto-celtiques, celtiques ou gauloises de ces contrées. Une nouvelle civilisation se révèle à nous, dont la Gaule n'a encore reçu que le contre-coup et dont le caractère celtique paraît impossible à méconnaître.

Ce sentiment, l'un de nous l'a éprouvé avec une vivacité toujours croissante au cours de plusieurs voyages d'exploration à travers les divers musées de ces contrées, de 1873

---

1. Chantre, *Age du fer*, pl. XXIV.
2. *Ibid.*, pl. XXXI.

à 1892[1]. On trouvera dans l'appendice de ce volume quelques-unes de ces notes prises sur place, où se reflètent nettement les impressions spontanées que nous voudrions pouvoir faire partager à nos lecteurs.

Les fouilles poursuivies, dans ces dernières années, avec un merveilleux succès, par MM. Deschmann et de Hochstetter autour de Laybach, sont la plus éclatante justification de ces impressions successives. Les explorateurs des nécropoles de Watsch et de Sanct-Margarethen ont, en effet, mis au jour une série d'antiquités, déposées aujourd'hui aux Musées de Laybach et de Vienne, qui permettent de se faire une idée, suffisamment précise et non plus seulement conjecturale, des mœurs et coutumes de ces populations. Par une fortune inespérée, au mobilier funéraire très riche de ces sépultures, si éloquentes déjà par elles-mêmes, est venue s'ajouter, comme contrôle, une série de représentations figurées qui vérifient les tableaux reconstitués par l'imagination des archéologues. Nous voulons parler des nombreux vases de bronze (*situles*) et des plaques de ceinturon où sont gravées, au repoussé, des scènes militaires, civiles, religieuses, dont le réalisme ne saurait être contesté. Cet ensemble est pour nous comme l'album d'un contemporain des personnages ensevelis.

L'intérêt qui s'attache à ces scènes gravées sur métal, situles et ceintures de bronze, est d'autant plus grand qu'elles se retrouvent, avec le même caractère et les mêmes détails, sur plusieurs autres points de la province celtique primitive, notamment sur l'Inn, à Matrai près d'Inspruck, à Este sur l'Adige et à Bologne, comme à Watsch et à Sanct-Margarethen, en Carniole.

Nous ignorons encore le centre de fabrication de ces cistes et de ces ceintures, mais deux assertions paraissent, dès à présent, permises à leur sujet. La première, c'est que le travail de chaudronnerie au repoussé, analogue à celui de nos

---

[1]. Carnets de notes inédites de M. Alex. Bertrand (1873, 1874, 1876, 1883, 1888, 1890 et 1892). Voir l'*Annexe* A.

plaques de ceinturon (voir p. 90, 94), était une vieille tradition conservée dans certaines corporations et certaines familles, on pourrait presque dire une tradition homérique ; la seconde, c'est que l'art qu'elles représentent est un art réaliste, qui cherche ses motifs dans des scènes vues et non imaginées à plaisir.

On connaît aujourd'hui une vingtaine de monuments de cette catégorie. Tous, sans exception, ont été découverts sur la

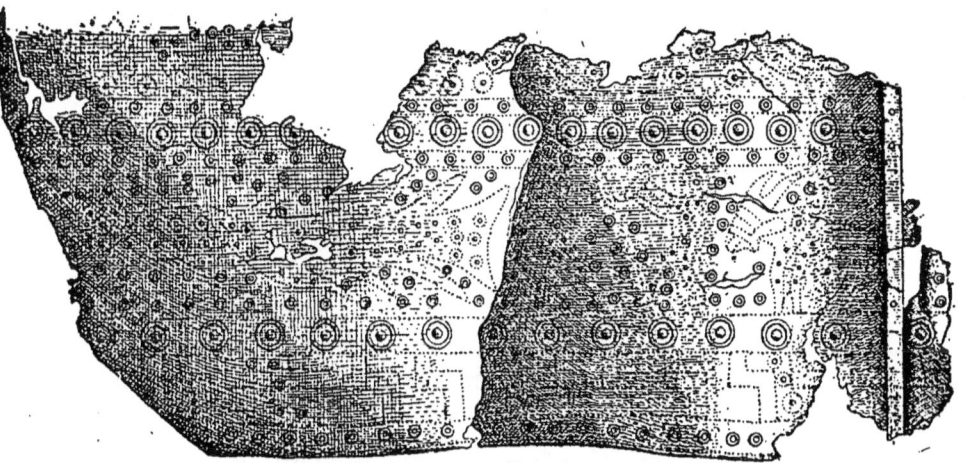

Fig. 53. — Fragment de situle de Klein-Glein.

grande voie de migration *danubio-alpestre* qui, des Balkans, aboutit à l'Apennin, en passant soit par Aquilée[1] sur le golfe Adriatique, soit par le Brenner (Alpes Rhétiques).

Nous énumérons d'abord les situles et couvercles de situles,

---

1. Strabon (V, I, 8) parle du commerce d'Aquilée avec les Illyriens des bords du Danube, qui viennent y chercher l'huile et le vin et livrent en échange des esclaves, du bétail et des cuirs. « Aquilée est hors de la limite de la Vénétie, laquelle est formée de ce côté par une rivière qui descend des Alpes et que l'on peut remonter jusqu'à la ville de Noreia, à une distance de 1,200 stades de son embouchure. C'est près de Noreia que Cn. Carbon livra bataille aux Cimbres sans réussir à les arrêter. Près de là aussi, et dans des conditions très favorables à l'exploitation, se trouvent des lavages d'or, ainsi que des mines de fer. » L'exploitation de ces mines remonte sans doute à une période bien antérieure à celle de Strabon.

autant que possible dans l'ordre où elles ont été découvertes :

Klein-Glein (Styrie)[1], fragment de situle avec deux couvercles.	1844 (?)
Matrai (Tyrol)[2].	1845
Trezzo (Milanais)[3]	1846
Moritzing (Tyrol)[4].	1868
Hallstatt (Norique)[5]. Couvercle de seau	1866
Sesto Calende (Milanais)[6].	1867
La Certosa de Bologne (ciste *Zannoni*)[7].	1876
La Certosa (ciste *Arnoaldi*)[8]	
Este (grande ciste *Benvenuti*)[9]	1879-
Este (ciste *Capodaglio*)[10]	1880
Este (cistes *Boldu-Dolfin*)[11].	
Watsch (Carniole)[12].	1882
Sanct-Marein (Carniole)[13].	1883
Caporetto (Istrie)[14]	1886
Kuffarn (Styrie)[15].	1891

En dehors de ces cistes ou situles, il existe des ceintures en bronze avec représentations figurées d'un travail de chaudron-

1. *Matériaux*, t. XVIII, p. 307, fig. 182; Much, *Atlas*, pl. XLII, fig. 2 et 3.
2. *Revue archéol.*, 1883, II, pl. XXIII, 3 ; Much, *Atlas der Centralcomm.*, pl. LIV, n° 127, fig. 4.
3. Zannoni, *Scavi*, pl. XXXV, fig. 67, p. 138 (publiée d'abord par Caïni, *Bull. dell. Consult. archeol.*, Milan, 1877).
4. *Monumenti dell' Instit.*, 1874, vol. X, pl. VI ; *Annali*, 1874, p. 164 ; Much, pl. LXVIII, 155. F. von Wieser a prouvé en 1891 (cf. *Mittheilungen* de Vienne, 1891, p. 84) que les débris que M. Conze attribuait à un seul vase appartiennent en réalité à quatre objets distincts. La ciste et le vase à grosse panse portaient seuls des figures.
5. Sacken, *Hallstatt*, pl. XXI, 1, p. 96.
6. *Revue archéol.*, 1867, II, pl. XXI, 8.
7. Zannoni, *Scavi*, pl. XXXV ; Martha, *L'art étrusque*, fig. 84, 85 ; *Mittheil.* de la Soc. d'anthrop. de Vienne, t. XIII, pl. XXI ; *Bull. Paletnol. ital.*, t. VI, pl. VI, 8.
8. *Revue archéol.*, 1885, II, pl. XXV ; *Matériaux*, t. XIX, p. 179.
9. Zannoni, *Scavi*, pl. XXXVI, 1 ; Benvenuti, *La situla Benvenuti*, Este, 1886 (gr. in-fol.) ; *Bull. di Paletnol. ital.*, t. VI, pl. VI, 1 ; *Matériaux*, t. XVIII, p. 18 ; *Notizie*, 1882, pl. VI, 1 a.
10. *Matériaux*, t. XVIII, p. 18, fig. 23 ; p. 20, fig. 24 ; *Notizie*, 1882, pl. VI, 15 a ; VI, 1 a ; VII, 1 a.
11. *Matériaux*, t. XVIII, p. 20, fig. 25 ; *Notizie*, 1882, pl. VII, 16 a.
12. *Revue archéol.*, 1883, II, pl. XXIII, 2 ; Much, pl. LIV, 127, fig. 2.
13. *Revue archéol.*, 1883, II, pl. XXIII, 6 ; Much, *Atlas der Centralcomm.*, pl. LIV, n° 127, fig. 6.
14. Signalée *Verh. berliner Gesellschaft für Anthrop.*, t. XIX, p. 548. Fragments d'une situle avec des chevaux et des hommes à grands chapeaux plats.
15. *Mittheil.* de Vienne, t. XXI, pl. IX, p. 68 ; *Anthropologie*, 1893, p. 182.

neric analogue. Nous signalerons, en particulier, un exemplaire découvert à Watsch (fig. 67)[1], appartenant au prince Windischgraetz, et un fragment de ceinturon provenant du Pusterthal près d'Inspruck[2].

Les monuments suivants présentent des gravures au trait qu'on peut rapprocher des scènes en relief figurées sur les cistes :

Couvercle de Hallstatt (fig. 54)[3].

Fig. 54. — Couvercle de Hallstatt.

Miroir de Castelvetro, trouvé avec une ciste à cordons et un vase de bronze orné de canards (fig. 55)[4].

Couvercle de situle découvert à Grandate, avec une fibule serpentiforme (fig. 56)[5].

Casque d'Oppeano (fig. 58)[6].

Fourreau d'épée découvert à Hallstatt (fig. 57)[7].

Fourreau du couteau-poignard d'Este (fig. 59)[8].

1. *Revue archéol.*, 1884, I, pl. III ; Orsi, *Cinturoni*, pl. III, n° 2 ; *Matériaux*, t. XVIII, p. 129 ; *Magasin pittoresque*, 30 juin 1885 ; voir annexe B.
2. Much, pl. LXIX, 8.
3. Album Ramsauer, au Musée de Saint-Germain ; Sacken, *Das Grabfeld von Hallstatt*, pl. XXI, 1.
4. *Annali dell' Instit.*, 1842, pl. H et p. 74.
5. *Riv. di Como*, fasc. XXVII, p. 10 et pl.
6. *Bull. di Paletnol. Ital.*, t. IV, pl. VI, 5.
7. Much, *Atlas*, pl. LXX, 3 et LXXI, 3 c. Nous donnons ce fourreau historié en trois parties.
8. *Notizie*, 1882, pl. VI, fig. 20.

On a présenté comme « un couvercle de ciste en bronze repoussé » un fragment de coupe décoré d'animaux fantastiques, qui a été découvert vers 1884 dans une tombe de la nécropole de Golasecca, à Castelleto-Ticino. Ce morceau a été trouvé en même temps qu'une ciste à cordons, mais il est inadmissible qu'il ait jamais servi de couvercle à une ciste. Le style s'éloigne

Fig. 55. — Miroir de Castelvetro.

tout à fait de celui des situles et présente un caractère nettement oriental [1].

---

1. *Atti della Soc. di archeol. e di belle arti per la prov. di Torino*, vol. V; *Notizie degli Scavi*, 1885, pl. I; *Matériaux*, t. XIX, p. 473, fig. 120; *Antiqua*, 1884, pl. XXVIII.

Une première réflexion qui s'impose, quand on considère les cistes énumérées plus haut, c'est l'identité de la technique dans toute la zone des découvertes, identité portant à la fois sur la nature du bronze et sur le mode de réunion des plaques. Cette fabrication se retrouve aussi au sud de l'Apennin et jusque dans le Latium, mais elle diffère sensiblement du travail étrusque. C'est une industrie particulière au premier âge du fer et commune aux Proto-Celtes, Proto-Ombriens, Proto-Italiques, etc.[1].

En second lieu, les scènes figurées sur les cistes, si l'on fait

Fig. 56. — Couvercle de Grandate.

abstraction des zones d'animaux fantastiques, ne sont pas des scènes d'imitation, empruntées à la mythologie, comme les épisodes du cycle homérique sur les vases grecs et les urnes étrusques, mais — en majorité, du moins — des scènes de la vie réelle et locale, comme celles du bouclier d'Achille décrites par Homère[2]. Les objets représentés se sont retrouvés au

---

[1]. On a découvert à Olympie, dans le Péloponnèse, et l'on conserve aujourd'hui dans une collection particulière à Zante, une cuirasse historiée avec dessins gravés à la pointe, qui a déjà souvent été rapprochée de nos cistes, bien que le sujet représenté soit mythologique; mais l'analogie de la technique est indéniable. Voir le *Bulletin de Correspondance hellénique*, 1883, pl. I-III.

[2]. *Iliade*, XVIII, *in fine*. — La description du bouclier d'Achille est un

cours des fouilles, dans des tombes contemporaines des cistes à images, ce qui exclut l'hypothèse d'une importation.

Il n'y a pas grand'chose à dire au sujet de la ciste de Sesto-Calende, dont le travail est extrêmement grossier (fig. 4). On pourrait y voir une tribu en marche, accompagnée de ses

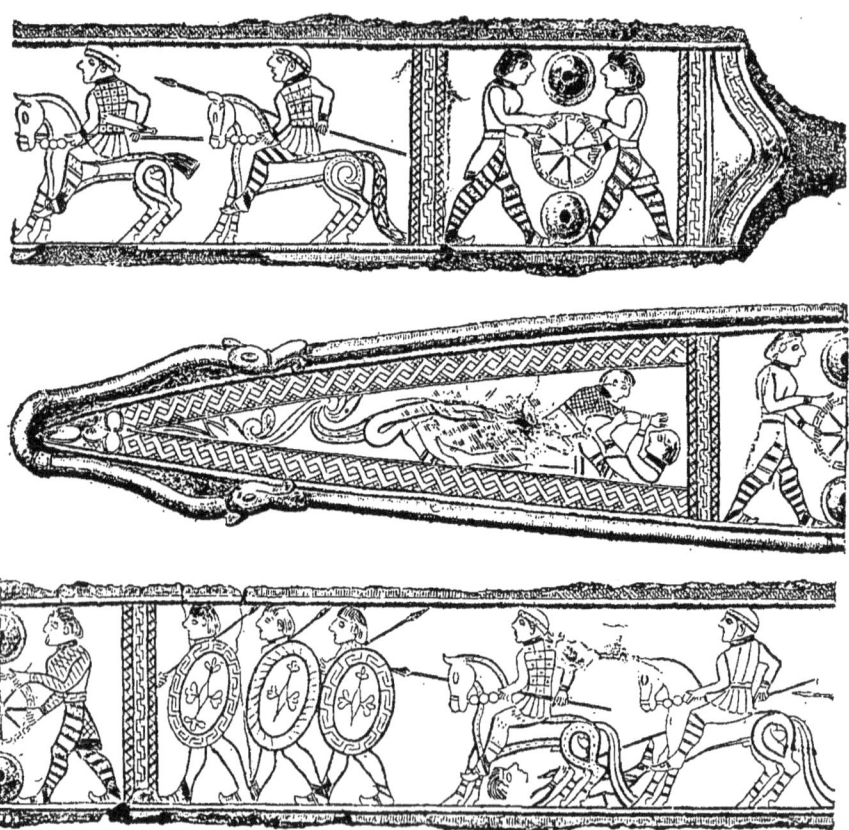

Fig. 57. — Fourreau d'épée découvert à Hallstatt.

troupeaux, qui est reçue par un chef ami venu au-devant d'elle. Mais il vaut mieux ne pas nous arrêter à une représentation si imparfaite et jeter tout de suite un coup d'œil sur la situle de Watsch (fig. 72-73).

C'est en publiant cette ciste que M. de Hochstetter a très

modèle du tableau de mœurs que l'on pourrait composer en interprétant les sujets représentés sur nos situles.

heureusement mis en lumière la concordance des détails qu'elle présente avec le mobilier des tombeaux de la même région [1].

Ses observations au sujet des casques sont particulièrement caractéristiques.

Les casques de Watsch et de Sanct-Margarethen (fig. 61-62) appartiennent aux types suivants :

1° Casque en forme de chapeau rond sans crête. Le profil de la calotte a l'aspect d'un fer à cheval. C'est le type des casques à inscriptions euganéennes qui ont été découverts en 1812 à Negau en Styrie.

2° Casque à double crête trouvé à Watsch (fig. 61-62, n° 1),

Fig. 58. — Casque d'Oppeano.   Fig. 59. — Couteau d'Este.

tout à fait semblable à celui de Hallstatt qu'a publié M. de Sacken [2]. Il est à remarquer que ces deux casques ont été découverts dans des tombes de guerriers et en compagnie des mêmes objets (pointes de lance, ceintures de bronze, etc.).

3° Casque en forme de chapeau, sans crête ; le profil de la calotte à la forme d'une demi-ellipse. Il se compose de cinq morceaux de tôle de bronze, assemblés au moyen de petits clous. Au sommet du casque étaient deux petits bustes ailés : le seul qui subsiste rappelle un ornement de l'urne de bronze de Graeckwyl (fig. 61-62, n° 2). Dans le même tombeau ont été découvertes des armes en fer.

1. Hochstetter, *Die neuesten Graeberfunde*, etc., travail analysé par l'un de nous dans la *Revue archéologique*, 1883, II, p. 265.
2. Sacken, *Hallstatt*, pl. VIII, fig. 5.

4° Casque ayant la forme d'une demi-sphère ou d'une coupe, se terminant par une pointe comme la *Pickelhaube* moderne et orné sur les côtés de cercles, dont le centre est marqué par des pointes. Ce casque, porté par les cinq fantassins qui forment le second groupe de la situle de la Certosa, n'était encore connu que par cette représentation, lorsqu'on en a découvert plusieurs tout semblables dans les tumulus de Sanct-Margarethen (fig. 62, n° 3).

5° Au cours des fouilles faites en 1880, par le Musée de Laybach, on a trouvé un chapeau conique en treillis avec un grand nombre de clous de bronze. Ce casque tomba malheu-

Fig. 60. — Situle de Trezzo.

reusement en morceaux, mais il est facile d'en reconnaître le type dans la coiffure des quatre derniers guerriers de la situle de Bologne.

Nous ne pousserons pas plus loin cette énumération. Ce qui précède suffit à établir deux faits d'une haute importance :

1° Que les casques figurés sur les situles de Bologne et de Watsch se sont retrouvés en nature à Watsch et à Sanct-Margarethen ;

2° Que plusieurs de ces types de casques ne se rencontrent pas ailleurs.

Il n'en faut pas davantage, semble-t-il, pour prouver que les guerriers figurés sur les bronzes de la Certosa et de Watsch ont réellement existé en Carniole et ont été ensevelis dans les tombeaux de cette région. Il devient, dès lors, tout à fait im-

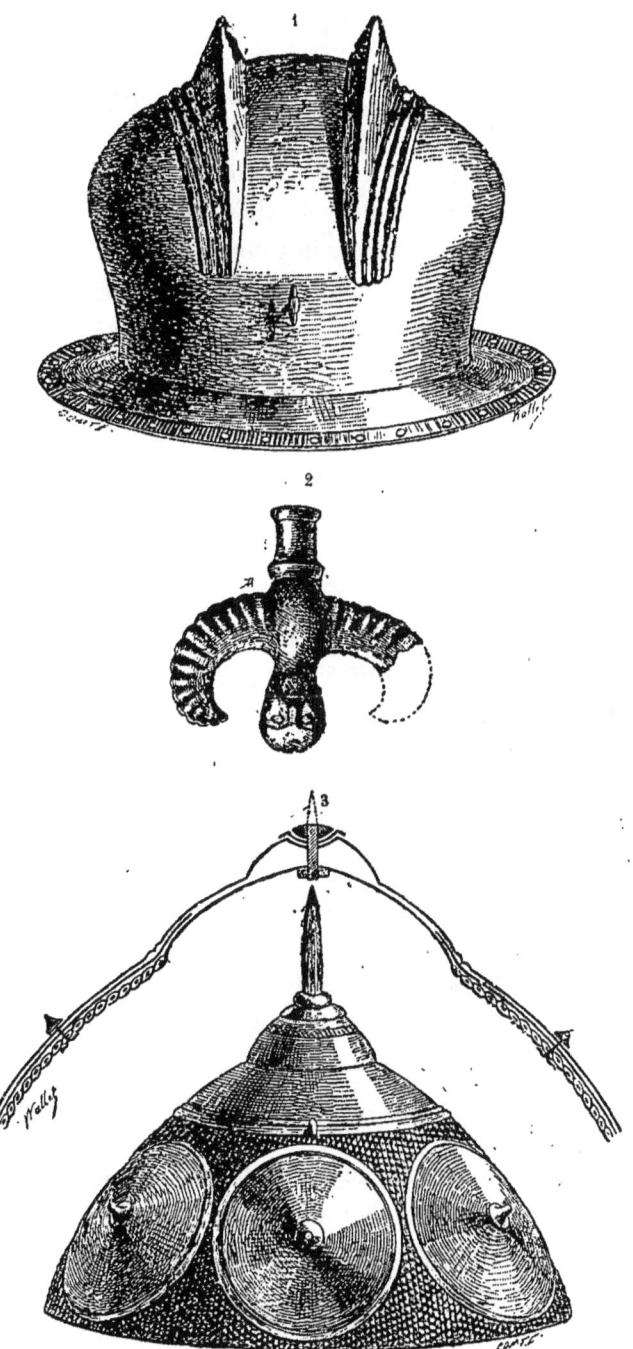

Fig. 61, 62. — Casques de Watsch et de Sanct-Margarethen.

possible de voir dans ces objets autre chose que le produit d'un art local et indigène.

Plusieurs guerriers de la situle *Zannoni* (fig. 68) et de la plaque *Windischgraetz* (fig. 67) portent sur l'épaule ou brandissent de la main droite une hache d'une forme particulière. Elle est attachée à un manche flexible, uni au fer de l'arme à l'aide d'un système de clous; la tête de ces clous est parfaitement visible sur l'un de nos monuments (fantassin de droite de la plaque de Watsch, fig. 67). Cette arme, que l'un de nous a proposé d'identifier à la *cateia* gauloise [1], est certainement particulière aux tribus de cette région; des fers de hache analogues, en bronze et en fer, se sont souvent rencontrés dans les sépultures, tant de la Cisalpine que de la vallée du Danube. On en connaît même deux exemplaires qui sont

Fig. 63. — Situle de Capodaglio (Este).

des armes de luxe, et ont servi d'insignes de commandement. L'une d'elles, dont le manche en ivoire est rehaussé d'ambre, appartient au Musée de Florence.

En queue de la procession religieuse (seconde zone de la situle *Zannoni*, fig. 68), marche un personnage coiffé d'un chapeau bizarre, qui rappelle celui de Basile dans le *Mariage de Figaro*. Ce personnage tient à la main, suspendue à la façon d'un seau plein d'eau, une plaque de forme singulière qui commença par intriguer beaucoup les archéologues. Cette plaque a été retrouvée près de plusieurs urnes cinéraires, notamment à Villanova. Le battant en bronze qui l'accompagne toujours en révèle l'usage : c'est une *plaque-cloche* analogue à celles dont on se sert encore en Autriche, dans les stations de chemin de fer, pour annoncer le départ des trains.

---

1. A. Bertrand, *Revue archéologique*, 1884, I, p. 102.

Un des objets les plus remarquables de ces nécropoles primitives est le seau de bronze : or, un seau de ce genre figure sur la situle *Benvenuti* (fig. 76).

Nous ne devons enfin oublier ni le javelot à *amentum*, ni les mors de bride, ni les détails de harnachement des chevaux, dont les éléments se retrouvent au sein de ces nécropoles et dont les détails sont reconnaissables sur les cistes.

On peut dire que, sur cette question de la conformité des

Fig. 64. — Situle d'Este.

scènes figurées avec le contenu des tombes, la lumière est pleinement faite. Aussi n'hésitons-nous pas à considérer ces représentations comme aussi propres à nous faire connaître la civilisation de l'époque de Hallstatt, que les grandes peintures des *camere* à nous renseigner sur la civilisation des Étrusques.

Fig. 65. — Situle A de Boldù-Dolfin.

La plus anciennement découverte des situles complètes est celle que M. Zannoni a recueillie dans ses fouilles de la Certosa de Bologne (fig. 68).

Elle comprend cinq zones, dont quatre décorées de scènes. Commençons par celle du haut. Deux cavaliers casqués à tunique courte, la hache à manche flexible sur l'épaule, s'avancent au pas, sur d'élégantes montures. Le casque a la forme d'une casquette de *jockey* sans aucun ornement. Le harnachement des chevaux est de même très simple.

Derrière ces deux cavaliers marchent dix-sept fantassins divisés en quatre groupes, que les variétés de l'armement ne permettent pas de confondre. Ce sont évidemment les représentants de quatre corps de troupe différents. Un oiseau volant — détail que l'on retrouve sur les coupes gravées phéniciennes[1] — les précède et semble leur indiquer le chemin. Le premier groupe comprend cinq soldats, coiffés d'un casque à pointe aiguë, orné de bossettes; un casque identique a été découvert à Watsch. Comme les *highlanders* d'Écosse, ils ont les jambes nues et une jupe très courte ; leur bouclier ovale présente un léger ornement semi-lunaire au centre. La pointe des lances est dirigée vers le sol. Le deuxième groupe se compose de quatre hommes casqués. Leur coiffure est le casque

Fig. 66. — Situle B de Boldù-Dolfin.

dit *à marmite*, avec crête ornée d'une chenille retombant sur le cou. Leurs boucliers sont carrés, avec des ornements médians de même forme. Ils ont aussi les jambes nues et tiennent leurs lances abaissées. Dans le troisième groupe, nous trouvons quatre guerriers avec même casque que les précédents, bouclier rond sans décoration médiane, mais avec bordure ornée de dents de loup; leurs lances sont également abaissées. Le quatrième groupe offre quatre fantassins portant sur l'épaule la hache à manche flexible ; leurs jambes sont nues, leurs tuniques très richement décorées. Cette fois, le casque est un cône à large base, semblable aux chapeaux de papier que se font les enfants. Le casque d'Oppeano (fig. 58) est un couvre-chef de cette espèce.

1. Voir Clermont-Ganneau, *L'imagerie phénicienne*, p. 40.

Passons à la deuxième zone. Derrière l'escorte militaire, le cortège civil : une procession conduisant au sacrifice un bœuf et un bélier. Le bœuf marche en tête ; à côté de lui, un serviteur coiffé d'un chapeau à larges bords. Au-dessus vole un oiseau. Par derrière viennent trois servants, dont l'un porte l'eau lustrale. Ils sont suivis de trois femmes vêtues de capes brodées ou bariolées, portant sur la tête l'une des fagots artistement liés, la seconde une situle, la troisième une corbeille d'osier, espèce de cage à poulets dont les barreaux sont visibles. Puis, quatre nouveaux servants, deux à chapeau de *Basile* et à tunique, deux la tête nue et dans un costume plus léger, portant d'autres paniers. Nous voyons ensuite un bélier et son conducteur ; trois hommes sans attributs, peut-être des prêtres, toujours coiffés du grand chapeau ; trois femmes, ayant des vases de formes variées sur la tête ; deux suivants qui ferment le cortège, l'un tenant un seau à anse, l'autre portant sur l'épaule gauche

Fig. 67. — Ceinturon de Watsch.

deux grands pieux appointés, probablement des broches pour faire rôtir les animaux offerts en holocauste. A leur main droite est suspendue une plaque-cloche. Un gros dogue marche solennellement derrière eux.

La troisième zone présente des scènes qui semblent indépendantes des deux premières. A gauche, un laboureur, portant la charrue sur son épaule, pousse, le fouet à la main, deux bœufs devant lui. Plus loin, une femme retient par la queue un porc qui cherche à s'échapper. Au-dessus du porc — on dirait sur ses épaules — vole un gros oiseau.

A l'extrémité de droite, au milieu des grandes herbes, un paysan ayant dans la main un bâton noueux (le *lagobolon* des Grecs) poursuit un lièvre qui va se faire prendre dans ses filets. Derrière, deux chasseurs reviennent au logis, ramenant, pendu à leurs épaules et les pattes liées, un cerf, produit de la chasse. Au-dessous d'eux est un chien.

Mais la scène la plus originale de cette zone centrale est celle du centre. Un lit élégant, espèce de canapé à pieds tournés, à dossiers renversés, se terminant par d'énormes têtes de lion, tient le milieu du tableau. L'un des lions serre un lièvre dans sa gueule, l'autre un homme dont la moitié du corps est encore visible. Le fond du lit est orné de canards. Sur ce lit sont assis deux musiciens à chapeau de Basile, se faisant face. L'un joue de la cithare, l'autre de la syrinx. Au-dessus, plantés, pour ainsi dire, sur les têtes de lion (c'est évidemment un simple défaut de perspective), deux lutteurs se menacent du poing. Un vase, suspendu au fond, représente le prix du combat.

La quatrième zone est une simple bordure, à l'imitation des tapisseries orientales. Nous y voyons un défilé d'animaux réels ou fantastiques, un cerf, deux lions la langue pendante, cinq quadrupèdes ailés dont l'un tient dans sa gueule une jambe d'homme. Ce sont des motifs qui reparaissent sur les vases rhodiens et corinthiens du VIIIe et du IXe siècle avant notre ère. C'est dans ces processions d'animaux, et là seulement, que nos situles sont des œuvres d'imitation et font une part à la fantaisie. Jusque-là, nous étions en pleine réalité, devant le tableau d'une société régulièrement organisée avec ses guerriers, [ses [prêtres, ses agriculteurs.

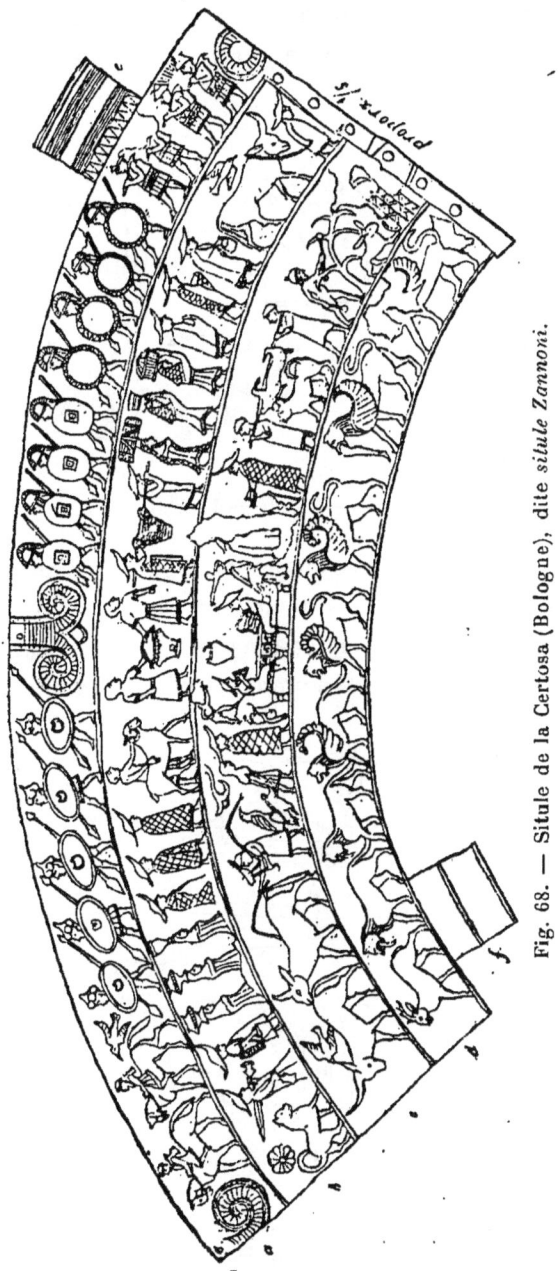

Fig. 68. — Situle de la Certosa (Bologne), dite *situle Zannoni*.

La situle *Arnoaldi Veli*, découverte en 1880, quatre ans après la situle *Zannoni*, dans la même contrée et dans des conditions analogues, présente, avec de nouveaux détails, le même tableau d'un état social assez avancé (fig. 71). Nous y retrouvons encore un défilé de guerriers avec les mêmes cas-

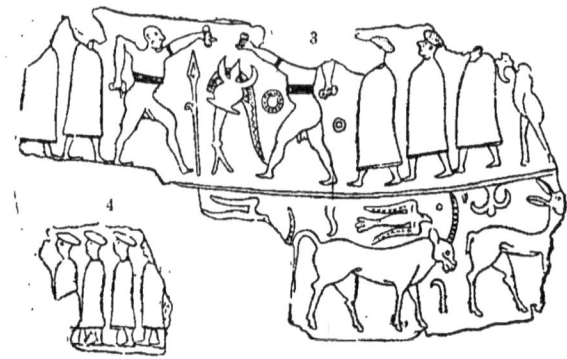

Fig. 69. — Situle de Matrai.

ques à marmite et à chenille ; leurs longs boucliers ont un *umbo* très prononcé, comme les boucliers gaulois. Un des personnages sans armes porte, comme sur la situle *Zannoni*, le chapeau à la Basile. Nous sommes toujours dans le même

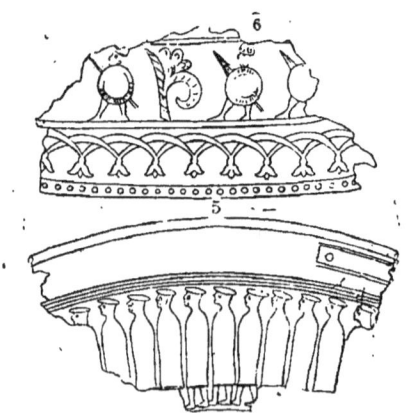

Fig. — 70. Situle de Matrai.

milieu. Cependant la situle *Arnoaldi* se distingue de la situle *Zannoni* par deux points. La première des zones figurées met sous nos yeux une course de chars. Comme l'a fait judicieusement observer M. Brizio, les cinq chars qui prennent part à la

Fig. 71. — Situle dite *Arnoaldi* (Bologne).

course sont à deux roues et les roues à quatre rayons ; ils sont tout différents de ceux que nous trouvons peints sur les murs des hypogées étrusques. Les guerriers qui les conduisent portant des ceinturons et armés d'aiguillons, comme on en a trouvé par centaines dans les tombes ombriennes du Bolonais témoignent aussi du caractère ombrien de cette situle qu'il est impossible de considérer comme étrusque.

Sur la situle *Zannoni* étaient représentés deux acrobates. Ici, nous avons affaire à deux lutteurs bien autrement terribles, à un *combat de ceste*. Deux personnages, ayant pour tout vêtement une ceinture de métal, se provoquent au combat, ou plutôt sont au moment d'en venir aux mains. Les cestes (espèces d'haltères) sont parfaitement reconnaissables. Dans le fond du tableau, sur un tronc d'arbre, se voit le prix du combat, un casque à chenille. Le spectacle du combat du ceste paraît avoir joui d'une grande faveur chez les différents peuples de la famille celto-ombrienne.

Plusieurs fragments d'une situle découverts à Matrai (Tyrol), à l'entrée de la vallée du Brenner, existent au Musée d'Inspruck (fig. 69, 70). La scène représentée sur l'un d'eux est le même combat de cestes ; les lutteurs sont dans une position identique et le prix proposé est le même. Seulement, outre le casque à chenille, on offre aux combattants une lance et peut-être un cheval ou un taureau dont les jambes de devant sont seules visibles. La même scène du combat de cestes, au-dessus d'un casque à chenille, reparaît sur la situle de Kuffarn (fig. 74) ; on la trouve aussi, avec le même détail, sur la situle de Watsch (fig. 72).

Ce spectacle était un des éléments traditionnels des jeux publics aux temps héroïques de la Grèce. Le combat du ceste est un des épisodes les plus célèbres qui se rattachent à l'expédition des Argonautes. Théocrite, dans sa vingtième idylle, et Apollonius de Rhodes, au second chant des *Argonautiques*, ont raconté la victoire au ceste du fils de Jupiter. Dans le cycle homérique, ce genre de lutte n'était pas moins en honneur.

On voit, dans l'*Iliade*[1], deux guerriers se livrer à ce jeu cruel aux funérailles de Patrocle. Tous les lettrés connaissent les beaux vers du cinquième livre de l'*Énéide*, où le vieil athlète Entelle, l'héritier du ceste d'Éryx, écrase le jeune et présomptueux Darès :

> « Alors, montrant tout nus et tout prêts aux combats
> Son corps, ses reins nerveux, son redoutable bras
> Et sa large poitrine, où ressort chaque veine,
> Seul il avance et seul semble remplir l'arène.
> Puis le héros troyen prend deux cestes égaux
> Lui-même, et les enlace aux bras des deux rivaux
> Prêts à lutter d'ardeur, de courage et d'adresse.
> Sur ses pieds à l'instant l'un et l'autre se dresse,
> Tous deux, les bras levés, d'un air audacieux,
> Se provoquent du geste et s'attaquent des yeux. »

Regardons de nouveau le fragment de la situle découverte à Matrai (fig. 69) : ne dirait-on pas que Virgile, en écrivant les beaux vers si bien traduits par Jacques Delille, était en présence d'une œuvre d'art où cette scène était traitée comme sur les vases travaillés par les « chalkeutes » de la vallée de l'Inn?

Les prix offerts sont les mêmes :

> « Au vainqueur un taureau, dont la corne dorée
> De longs festons de laine et de fleurs est parée ;
> D'une éclatante épée et d'un casque brillant,
> Le vaincu recevra le tribut consolant. »

Le casque destiné au vainqueur, placé en évidence sous les yeux des deux rivaux, nous le connaissons. Ce détail suffirait, s'il en était besoin, à démontrer la réalité de la scène. Nous ne croyons pas trop nous avancer en concluant qu'au VIe siècle avant notre ère ou plus tôt encore, au moment où la civilisation, dont les témoins sortent aujourd'hui de terre, florissait dans les vallées du Danube, de l'Adige et du Pô, le combat de cestes était un des principaux spectacles que les chefs celto-ombriens donnaient aux populations du nord et du sud

---

[1]. *Iliade*, XXIII, 6J9.

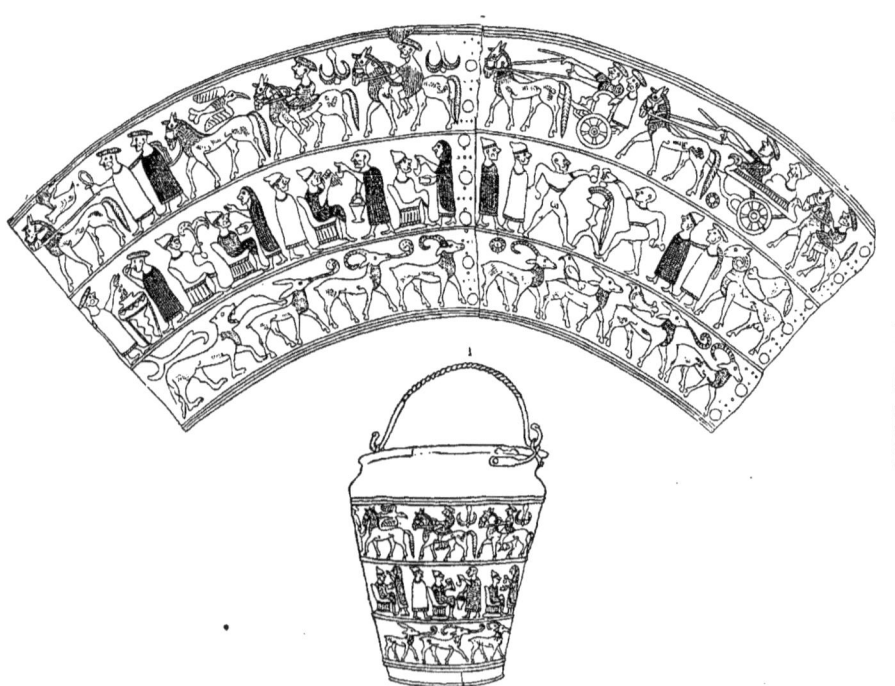

Fig. 72 et 73. — Situle de Watsch.

Fig. 74 et 75. — Situle de Kuffarn.

des Alpes. Il est permis de rappeler qu'aujourd'hui encore le spectacle de la lutte à coups de poing, le *boxing*, est très recherché du peuple anglais et que ces duels sanglants, avec leurs péripéties émouvantes, font les délices des rajahs de l'Inde [1].

Revenons à nos situles et cherchons à découvrir dans celles de Watsch et de Kuffarn le complément des informations que nous devons à la situle *Zannoni* (voir fig. 72, 74).

La zone supérieure de la situle de Watsch nous fait assister aux préparatifs d'une fête. Des chevaux sont conduits en laisse pour prendre part à quelque course ou à quelque tournoi. Des cavaliers, dont les chevaux paraissent caparaçonnés, les suivent. Des seigneurs se rendent à la fête montés sur des chars ; la forme des chars, dont l'un est orné d'une tête d'oiseau, est particulièrement curieuse.

L'interprétation de la deuxième zone est difficile. M. de Hochstetter y voit la représentation d'un banquet offert à de grands personnages, ceux qui portent de hautes coiffures. Ne faudrait-il pas plutôt y reconnaître les détails de quelque cérémonie religieuse, l'adoration du feu, l'exaltation de la fleur, l'offrande aux ministres du culte d'un breuvage sacré ? Nous avons déjà décrit la seconde partie de la scène, le spectacle traditionnel du combat du ceste. Deux champions, ne portant autour des reins qu'une étroite ceinture, sont déjà aux prises ; l'enjeu du combat, un casque à crête, est figuré au second plan. A droite et à gauche sont les juges ; derrière ceux de droite, un écuyer conduit un bélier destiné sans doute au vainqueur. Le casque, comme dans l'épisode de l'*Énéide*, doit consoler le vaincu.

La troisième zone, comme dans les autres situles, est un simple ornement, un défilé d'animaux fantastiques empruntés aux œuvres d'art orientales, vraisemblablement aux tapisseries.

La dernière situle découverte dans ces contrées, celle de

---

1. Voir L. Rousselet, *L'Inde des Rajahs*, p. 126.

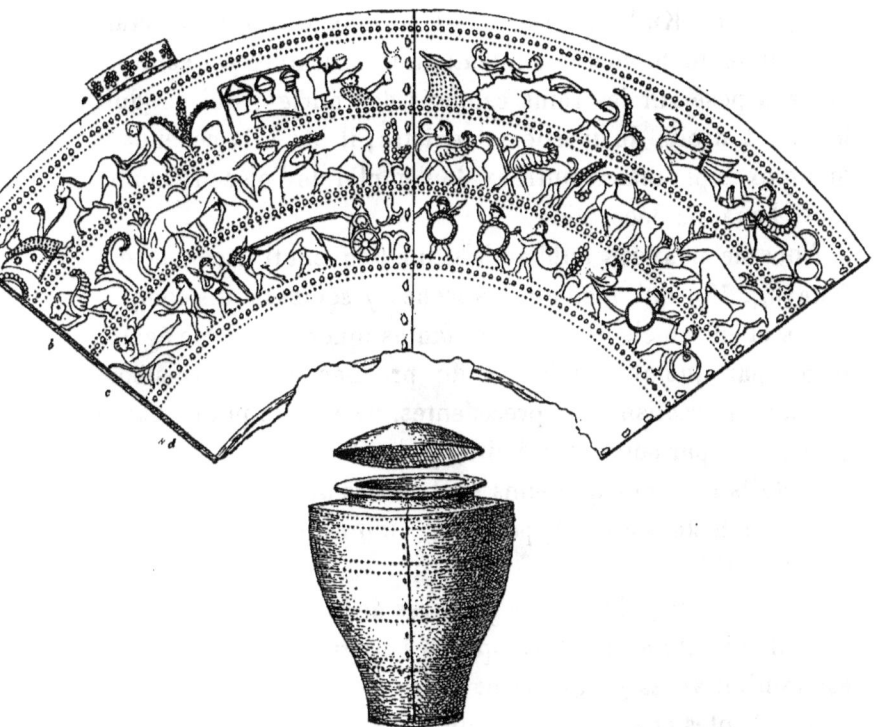

Fig. 76. — Situle dite *Benvenuti* (Este).

Kuffarn (Styrie), présente une seule zone figurée, que nous reproduisons sur trois registres (fig. 74) avec une vue d'ensemble de la situle restituée (fig. 75). Nous y retrouvons le combat du ceste, précédé d'une scène religieuse à détails obscurs et suivi d'une course de chars. Dans la scène religieuse (à gauche), un personnage debout devant un homme assis, coiffé du grand chapeau à la Basile, tient une cuiller à pot ou *simpulum* : or, un *simpulum* analogue a été découvert dans la tombe de Kuffarn[1]. Un détail curieux et où l'on serait presque tenté de voir une intention de caricature est celui de l'oiseau posé sur les reins cambrés de l'aurige, qui conduit le char à droite du troisième registre; il n'y a là cependant qu'un exemple malencontreux de l'emploi de l'oiseau comme motif banal de décoration.

Nous ne pouvons oublier la situle Benvenuti découverte à Este (fig. 76), qui, bien que les scènes y soient moins compliquées et entremêlées de figures fantastiques, confirme également, par quelques épisodes du premier et du troisième registre, le réalisme des précédentes. Elle a été publiée avec grand luxe par son propriétaire, qui a cherché à en expliquer les détails dont quelques-uns sont encore obscurs ; nous renvoyons le lecteur à ces hypothèses, où nous ne saurions nous attarder ici[2].

Comme nous publions les gravures de la plupart des situles dont il subsiste autre chose que des fragments indistincts, il est inutile, après ce qui vient d'être dit, de les décrire avec détail. Toutes ces scènes se mouvant, si l'on peut dire, dans une même sphère, portent témoignage de la même civilisation. Enfin, nous appellerons l'attention sur une intéressante série de fragments découverts à Moritzing dans le Tyrol (fig. 77). On croyait autrefois qu'ils avaient appartenu à une même situle, mais M. F. de Wieser a démontré, en 1891, qu'il faut y voir les débris de plusieurs objets, dont deux, une ciste et un vase à

---

1. *L'Anthropologie*, 1893, p. 183.
2. Benvenuti, *La situla Benvenuti nel Museo di Este*, grand in-folio, 1886.

grosse panse, étaient ornés de figures. On remarquera que le dessin des chevaux et le costume des personnages dans leurs longs

Fig. 77. — Fragments de Moritzing (Tyrol).

vêtements étroits et sans ceinture rappellent tout à fait ce que nous avons déjà constaté sur d'autres monuments de la même série. Le char figuré sur le troisième fragment présente à sa partie

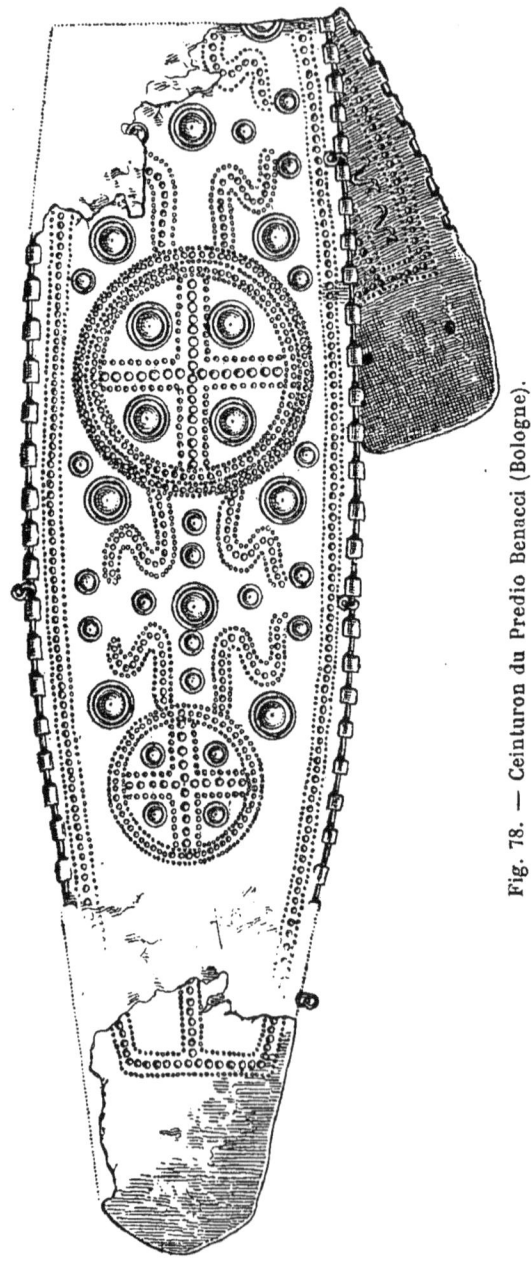

Fig. 78. — Ceinturon du Predio Benacci (Bologne).

supérieure un ornement terminé par deux têtes, exactement comme sur le premier registre de la situle de Watsch (fig. 72).

Des découvertes ultérieures augmenteront, sans doute, le nombre de ces curieux monuments, mais il n'est pas à pré-

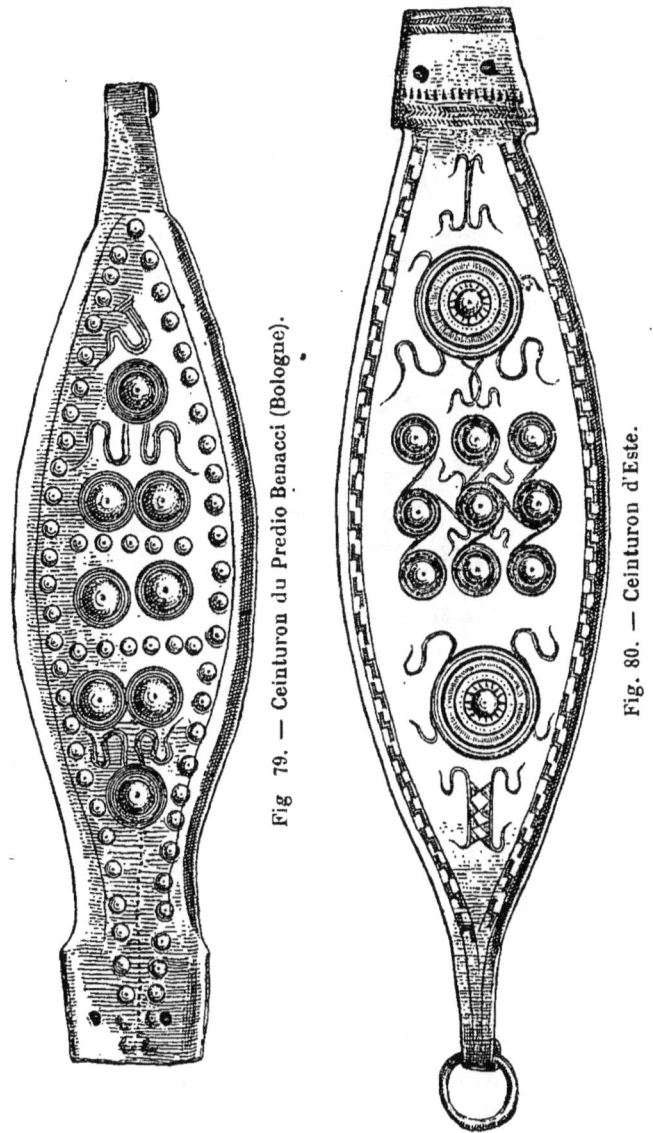

Fig. 79. — Ceinturon du Predio Benacci (Bologne).

Fig. 80. — Ceinturon d'Este.

voir qu'elles ajoutent grand'chose au répertoire de formes et de motifs que les situles connues nous fournissent. On trouverait difficilement un autre groupe d'œuvres d'art présentant un caractère aussi frappant d'homogénéité.

Dans le même ordre d'idées, nous devons signaler un certain nombre de ceinturons, d'un travail de chaudronnerie identique, découverts dans les mêmes cimetières ou des cimetières analogues : au Predio Benacci (Bologne), à Este, à Corneto (fig. 78-81). Ces ceintures, portant pour ornement la rouelle flanquée de signes serpentiformes ou de têtes de canards, rappellent certains motifs relevés sur des antiquités du même ordre de l'Autriche et de la Hongrie. L'étendue géographique de cette civilisation celto-ombrienne s'affirme ainsi de plus en plus. Nous en verrons dans la suite bien d'autres exemples.

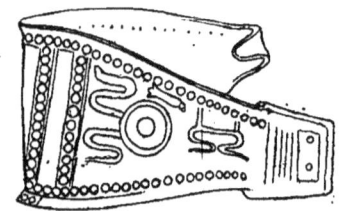

Fig. 81. — Ceinturon de Corneto.

VI

HALLSTATT ET LES CELTO-GALATES

La découverte d'une nécropole très considérable, renfermant des antiquités toutes antérieures à l'ère romaine, dans une région isolée des Alpes d'Autriche, a été un événement dans l'histoire de l'archéologie. Commencées en 1846, poursuivies avec assez de méthode pendant les années suivantes, ces fouilles ne peuvent pas encore être considérées comme terminées à l'heure actuelle. Dès 1848, un savant de Sanct-Florian, Joseph Gaisberger, publia une brochure intitulée : « Les tombeaux de Hallstatt », où il décrivit le contenu de 58 sépultures. D'autres furent signalées par Simony et Gaisberger de 1850 à 1858. Les trouvailles se multiplièrent alors jusqu'en 1864, époque à laquelle fut close la première période des fouilles. M. de Sacken, directeur du Cabinet des antiques à Vienne, fut chargé de résumer les résultats acquis et le fit dans un volume intitulé : « La nécropole de Hallstatt dans la Haute-Autriche et ses antiquités » (en allemand), qui parut à Vienne en 1864. C'est un in-4° accompagné de 26 planches, auquel il faut encore recourir aujourd'hui comme à la source d'informations la plus sûre, bien qu'on puisse reprocher à l'auteur d'avoir trop négligé, parmi les découvertes, les objets qui ne flattaient pas ses instincts d'artiste, d'antiquaire de l'ancienne école habitué aux monuments grecs et romains.

Sacken avait plusieurs fois visité les fouilles, mais il ne les avait ni dirigées ni surveillées. Cette tâche avait incombé à Georges Ramsauer, homme sans instruction archéologique, mais zélé, auquel on doit une longue série inédite de procès-verbaux relatant l'inventaire des tombes et d'aquarelles représentant leur contenu. Un exemplaire de ces procès-verbaux et de l'album dont ils sont le commentaire existe au Musée de Saint-Germain ; et il y en a un second au Musée impérial de Vienne et un troisième au Musée *Ashmoléen* d'Oxford.

« Nulle part, écrivait en 1867 M. de Sacken, nulle part on n'a observé, dans une même région, des modes d'ensevelissement si divers et en partie si étranges (comme l'incinération partielle des cadavres, la réunion, dans une même tombe, de cadavres inhumés et incinérés) ; nulle part on n'a constaté, sur une aussi grande échelle, le mélange complet des styles du bronze et du fer, avec la prédominance nettement marquée du style propre au bronze. Il faut aussi insister sur l'extraordinaire variété des formes et des ornements qui sont représentés ici avec une telle richesse qu'on peut y reconnaître comme le trésor des types usités à la fin de l'âge du bronze et au début de l'époque du fer. La nécropole d'Hallstatt représente cette période d'une manière si complète, si distincte, que les objets recueillis pourront, à l'avenir, être considérés comme des types, offrant de nombreux points de comparaison avec les découvertes faites ailleurs. »

La prédiction de M. de Sacken s'est réalisée et on parle aujourd'hui couramment de l'*époque de Hallstatt*, du *style de Hallstatt*, et même, plus brièvement, du « hallstattien. » Ces manières de s'exprimer ont l'avantage de ne pas impliquer une thèse ethnographique, mais ce serait vraiment pousser un peu loin la prudence, ou plutôt la timidité, que de se contenter de désignations aussi vagues et de ne pas chercher à préciser les relations des hommes de Hallstatt avec ceux des autres groupes alpestres et danubiens.

En abordant les Alpes Noriques, l'archéologue se trouve dans un milieu nouveau pour lui. Les types de Vadena, de Golasecca, d'Este, de Villanova ne sont plus au premier plan.

Fig. 82. — Fourreau historié d'une épée de la Tène.

Sans doute, ils se retrouvent encore ; le lien entre les contrées du midi et celles du nord des Alpes n'est pas rompu ; mais ces types sont plus rares et d'autres prennent le dessus, ceux même que l'on a qualifiés d'*hallstattiens*.

La nécropole de Hallstatt ne se distingue pas seulement des nécropoles primitives qui nous ont occupés jusqu'ici par l'âge des objets, qui, dans leur ensemble, paraissent plus récents, et par la présence de formes nouvelles : elle s'en distingue avant tout par l'apparition de sépultures *à inhumation*, recouvrant des squelettes près desquels reposent des armes, et, en particulier, une grande épée de fer. Cette épée typique a pu passer, pendant quelque temps, pour celle que Polybe et Tite-Live ont décrite plusieurs fois et qu'ils ont attribuée aux envahisseurs gaulois de l'Italie ; mais cette manière de voir se heurte contre un fait, à savoir qu'on n'a pas encore découvert une seule épée de ce genre en Italie. Il y faut donc renoncer. La longue épée dont parlent Polybe et Tite-Live, l'épée gauloise classique, nous paraît être bien plutôt l'épée de la Tène, épée d'un caractère très différent dont l'ornementation relève d'un autre art (fig. 82) et dont bon nombre d'exemplaires se sont retrouvés dans les sépultures gauloises de la Cisalpine.

Nous ne sommes plus, à Hallstatt, en présence de cimetières homogènes, comme ceux de Golasecca, Este, Villanova : les nécropoles hallstattiennes sont des cimetières *mixtes*, où la variété des rites paraît attester une juxtaposition de tribus obéissant à des traditions religieuses différentes, et, par con-

Fig. 83. — Grande épée de Hallstatt[1].

séquent, de provenance géographique diverse[2]. Dans les vieilles nécropoles italiennes, de Golasecca à Albano, nous trouvons des tribus restées pures, attachées à leurs coutumes nationales, où ne paraît aucune trace de classes subordonnées les unes aux autres ni de mélange de populations. L'absence de toute caste guerrière s'y reflète nettement dans le mobilier des tombes, où les armes sont si rares, alors qu'elles sont fréquentes à Hallstatt. Là, tout atteste l'existence sinon d'une caste, du moins d'un groupe militaire, associé à une autre classe d'habitants paisibles dont la richesse des sépultures atteste le bien-être. Si à Hallstatt, et sur plusieurs points de la vaste région qui s'étend de Salzbourg à Sigmaringen et à Inspruck, de Gratz à Aquilée, les incinérés sont encore les plus nombreux et les plus riches, les inhumés ont déjà leur part du pouvoir ; or, ces

1. Sacken, *Grabfeld von Hallstatt*, pl. V.
2. Hérodote, V, 8, nous signale également chez les Thraces le mélange des deux rites, incinération et inhumation.

inhumés, leur mobilier funéraire le démontre, sont, pour la plupart, des guerriers. Cela autorise-t-il à parler d'une caste à part? Assurément non, mais ce que nous sommes en droit d'affirmer, c'est que nous avons sous les yeux un état social nouveau, correspondant à une transformation sociale et à l'entrée en scène d'éléments nouveaux. La physionomie de ces petites nations (*nationes*) a changé. Ce n'est plus le clan primitif,

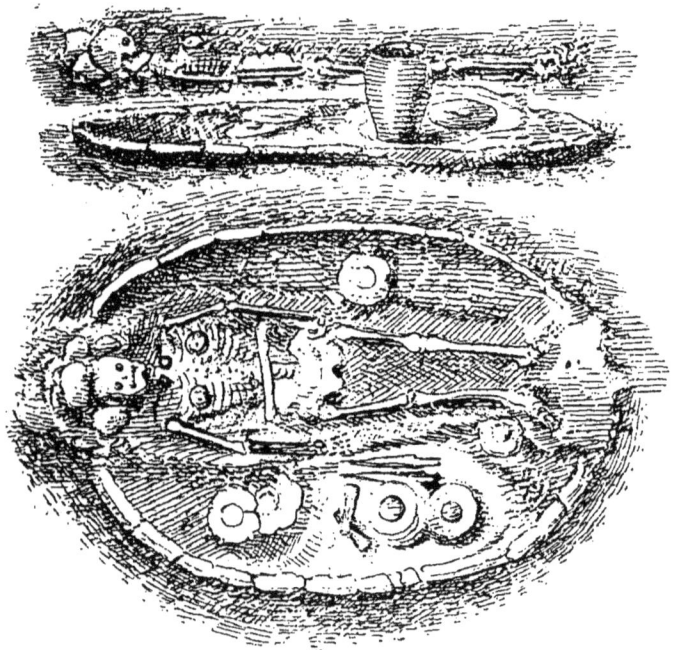

Fig. 84. — Tombe à inhumation de Hallstatt[1].

dans sa simplicité patriarcale. A côté des groupes de pasteurs et d'agriculteurs représentant le passé et continuant à incinérer, surgissent des associations guerrières qui, d'abord au service des maîtres du sol, deviennent bientôt leurs maîtres à leur tour. Ces derniers, comme les Gaulois du Belgium, pratiquent l'inhumation.

Revenons à Hallstatt pour écouter l'ingénieur Ramsauer, témoin oculaire, comme nous l'avons dit, de la plus grande partie des fouilles :

1. Sacken, *Grabfeld von Hallstatt*, pl. III.

« Un des traits caractéristiques des tombes de Hallstatt, nous dit-il, est le mélange complet des sépultures à inhumation et des sépultures à incinération, confondues pêle-mêle dans le même champ funéraire, et la presque identité des objets découverts de part et d'autre, témoignant de la contemporanéité des deux séries. »

Sur 993 tombes fouillées de 1847 à 1864, 525 étaient à inhumation, 455 à incinération, 13 à incinération partielle. Sur 6,084 objets recueillis, 3,696 étaient des objets de parure (bronze, verre, ambre, or et ivoire); la grande majorité des objets de luxe appartenaient aux incinérés.

Après les bijoux, la série la plus remarquable est celle des vases de bronze, faits à l'aide de minces feuilles de tôle réunies par des rivets, travail de chaudronnerie dénotant, dans cet art difficile, une habileté consommée. Plusieurs de ces vases sont ornés d'élégants dessins au repoussé. Sur près de deux cents vases en bronze bien conservés ou, du moins, auxquels on a pu rendre leur première forme, *vingt-trois seulement* proviennent de tombes à inhumation. Les incinérés sont donc ici les plus riches. Bien plus, les armes de luxe appartiennent presque exclusivement aux incinérés. Vingt-huit épées, sans compter les poignards, ont été retirées des tombes : 6 sont en bronze, 3 en fer et en bronze, 19 en fer. Bien que les tombes à inhumation soient, en majorité, des tombes de guerrier, il est très remarquable que les plus belles épées, même parmi les épées de fer, proviennent des tombes à incinération. Les épées sont relativement rares auprès des inhumés. Leur armement se compose presque uniquement de lances, de javelots, de haches en fer. Les ceintures et baudriers de bronze semblent constituer leur seul luxe. On est ainsi amené à supposer qu'à Hallstatt les chefs, même les chefs militaires, appartenaient à la classe qui suivait le vieux rite de la crémation.

De l'examen comparé des deux séries de tombes, il résulte que les incinérés étaient les premiers occupants du sol. Le rite de l'incinération, ce rite primitif de toutes les anciennes tribus *celto-ombriennes*, le faisait déjà supposer. La décoration des urnes funéraires, qui, en grande partie, offrent la même ornementation que les urnes de Villanova, du *predio* Arnoaldi de Bologne et des couches inférieures d'Este, en sont une démonstration presque sans réplique.

La classe opulente de Hallstatt, enrichie par le commerce des mines de sel qu'elle exploitait, appartenait certainement à l'ancienne migration dite aryenne à laquelle se rattachent également les populations du premier âge du fer en Italie.

Les inhumés se montrent, au contraire, sous l'aspect de nouveaux-venus établis au milieu de l'ancienne population, plutôt comme des auxiliaires au service des familles puissantes que comme leurs égaux, encore moins comme leurs maîtres. C'est une nouvelle couche qui se superpose ou se juxtapose à l'ancienne. Nous ne voyons là, d'ailleurs, aucune trace de conquête armée. Mais ne généralisons pas. Il faut tenir compte ici, en effet, du caractère tout spécial de la contrée. Hallstatt n'est pas, ne pouvait pas être, par sa situation même, un centre d'habitations constituant une *civitas*, un *oppidum*, demeure du chef analogue au *rath* irlandais, autour de laquelle viennent se grouper toute une tribu, tout un clan, vivants et morts. Hallstatt est un cimetière, un lieu de repos, un *champ sacré*, près duquel devait vivre une population très restreinte, celle des mineurs qui exploitaient le sel. La nécropole, le *champ sacré* isolé dans les montagnes (les coutumes de ces temps primitifs autorisent à le croire), pouvait, au contraire, servir de sépulture à plus d'un clan. On pouvait venir s'y faire enterrer de loin, comme dans la grande nécropole insubrienne de Golasecca. Les vieilles familles pouvaient avoir à cœur de reposer là près de leurs pères. Ne peut-on pas conjecturer que les guerriers inhumés à Hallstatt constituaient seulement la *force armée* destinée à la défense des salines? Nous trouverons un état de choses tout différent à Laybach.

En résumé, et bien que le résultat de toutes les fouilles faites à Hallstatt ne soit pas encore publié à l'heure actuelle, nous croyons pouvoir nous arrêter aux conclusions suivantes, fondées en partie sur celles que M. de Sacken a indiquées :

1° Deux groupes distincts de population ont été enterrés à Hallstatt ; l'un d'eux, celui qui incinérait, se montre beaucoup plus riche que l'autre.

2° Les populations représentées par le mobilier funéraire des tombes se livraient, en dehors de l'exploitation du sel, leur principal commerce, à l'élevage des bestiaux. De nombreux ossements et dents d'animaux enfouis dans les tombes font foi qu'elles avaient des troupeaux. Leurs occupations agricoles sont démontrées par la présence, dans les sépultures, de nombreuses faux et faucilles. Les scories et les blocs de fonte attestent qu'elles se livraient aussi à l'extraction et au travail des métaux.

3° Parmi les incinérés, la majeure partie des hommes et des femmes déployaient un luxe relatif de toilette, luxe alimenté par un commerce lointain qui pouvait leur fournir l'ambre de la Baltique, les verroteries phéniciennes, l'ivoire, des broderies d'or et des feuilles d'or estampé d'un travail tout oriental, dont on décorait les poignées et les fourreaux des épées.

4° Sur les vases de bronze, à côté de la vieille ornementation géométrique, commune à ces vases et à ceux de la Cisalpine, se remarquent de nouvelles combinaisons de signes, de symboles, dont quelques-uns se retrouvent sur les monnaies celtiques de la Gaule.

Nous n'avons rien à objecter à ces conclusions. Nous sommes également d'accord avec M. de Sacken quand il déclare que les incinérés de Hallstatt sont des Celtes. Mais il pense que les inhumés sont des Rhètes ou des Rasènes (proto-étrusques), anciens habitants de la montagne réduits par les Celtes à une sorte de servage. Ici nous sommes obligés de nous séparer de lui, car rien, à nos yeux, ne justifie une telle hypothèse.

Un métallurgiste distingué, M. Fournet (de Lyon), s'est également occupé de la nécropole de Hallstatt[1]. Ses observations sont à noter, car elles complètent celles de M. de Sac-

---

1. Fournet, *De l'influence du mineur sur les progrès de la civilisation*, Lyon, 1861.

ken en faisant intervenir dans la question les connaissances techniques propres à l'auteur.

Pour M. Fournet, l'or travaillé découvert à Hallstatt provient des mines de la Transylvanie, d'une mine encore exploitée (Barbara près Fuser). On n'avait plus recours aux mines de l'Oural, comme dans l'âge du bronze scandinave. Une autre remarque de M. Fournet concerne l'absence complète d'objets en argent, non moins remarquable que celle des monnaies et des inscriptions. On sait que Philippe de Macédoine, le père d'Alexandre le Grand, exploitait de riches mines d'argent et frappait une monnaie qui ne tarda pas à se répandre chez les barbares. MM. Fournet et Morlot ont fait observer que si l'argent, au iv⁰ siècle, pénètre en Hongrie, où des monnaies d'argent de Philippe ont été recueillies en grand nombre, et si, d'autre part, la population de Hallstatt se livrait au commerce comme l'atteste la présence de l'ambre, de l'ivoire et du verre dans les tombes, c'est donc que la nécropole de Hallstatt cessa de servir de champ de repos dès la fin du v⁰ siècle. L'absence du plomb s'accorde avec celle de l'argent pour démontrer que l'on n'enterrait plus à Hallstatt à l'époque où commence l'exploitation des mines d'argent de la Macédoine.

Mais à quelle époque la nécropole peut-elle remonter? « La population, dit M. Fournet, qui repose dans les 963 tombes de Hallstatt, a dû exploiter le sol antérieurement au règne de Philippe II de Macédoine, pendant les premiers temps de l'âge du fer, assez vraisemblablement à partir du x⁰ siècle avant notre ère. »

Il faut remarquer la concordance de ces résultats avec ceux auxquels nous arrivons nous-mêmes par la comparaison des antiquités de Hallstatt avec celles de la Cisalpine, comparaison à laquelle Morlot et Fournet ne pouvaient pas encore se livrer faute de matériaux.

Nous venons de voir une seconde couche archéologique, caractérisée par le rite de l'inhumation, se superposer, ou plutôt se juxtaposer, à la couche primitive qui incinérait. Le fait paraît être général dans les Noriques. Cette couche nouvelle existe également à Laybach ; elle s'y présente même avec un caractère plus accusé. A Laybach, en effet, à côté des nécropoles, se montrent des centres de population, des hauteurs fortifiées (*oppida*), formant un ensemble de défenses qui s'accorde avec l'importance des scènes militaires figurées sur les situles.

Si la couche inférieure des nécropoles de Sigmaringen, Laybach, Hallstatt, n'est que le prolongement ou plutôt la tête de nos antiquités *celto-ombriennes*, les couches supérieures nous mettent manifestement en rapport avec ce que Worsaae aurait appelé « une nouvelle province archéologique », s'étendant au delà des Noriques sur la Hongrie, la Bohême, la Bavière et le Wurtemberg.

Ces pays sont, par excellence, des régions gauloises. Pour la Bavière, la Bohême et la Souabe, le fait n'est pas douteux, il est attesté par les témoignages historiques. Seulement, à mesure que nous montons vers le nord, la couche inférieure est moins profonde, elle plonge moins avant dans le passé. Ceci demande explication.

Dans la péninsule italienne, des Alpes à la Campanie, le début du premier âge du fer nous transporte au delà du xiie siècle. Le flot humain qui l'y introduisit ne semble pas s'être fixé sur la rive droite du Danube avant le ixe siècle, avant le viiie et le viie sur la rive gauche. Ces attardés arrivèrent au centre de l'Europe dans des conditions de civilisation plus avancée que les premiers immigrants. Nous en trouvons la preuve dans les grands tumulus où le chef, couché sur un char où brillent le bronze et l'acier, le front ceint d'une couronne d'or, est entouré d'un riche mobilier funéraire. Ces Galates ne sont plus des vagabonds comme en Italie : ils sont chez eux.

Rien ne prouve que les Galates du sud, Hallstatt, Sigmaringen et même Laybach, aient fait partie des bandes qui, au ive siècle, sont descendues en vainqueurs dans les plaines insubriennes. On n'a pas recueilli dans leurs tombes d'objets qui puissent être considérés comme les trophées d'expéditions lointaines. Au contraire, la présence de vases peints, d'œnochoés en bronze à long bec de travail étrusque, d'un magnifique trépied de travail toscan (Durckheim), nous portent à croire que chez les Galates du centre, nous sommes en plein dans le pays des *Gésates*. Les Galates du Wurtemberg et de la Hesse ont certainement pris part aux expéditions dont l'histoire a conservé le souvenir. L'étude des tumulus de la Bohême, de la Westphalie, du Hanovre, comme celle des cimetières de notre Belgium, donne la même impression, quoiqu'à un moindre degré. En entrant en Bavière et en Wurtemberg, nous mettons le pied sur le centre du mouvement de conquête qui, au iv° siècle, entraîne les Gaulois au sud des Alpes.

Pourquoi n'y étaient-ils pas descendus plus tôt? Pourquoi, dès le vii° siècle, le mouvement en avant vers le sud s'était-il arrêté? Une explication naturelle se présente à l'esprit.

A la fin du viii° siècle, les Étrusques s'étaient emparés de la Cisalpine et y dominaient en maîtres. Les Insubres, les Euganéens et même une partie des Ombriens leur obéissaient. Une descente pacifique dans les riches plaines de l'Insubrie était impossible : on ne pouvait y pénétrer que les armes à la main. Les chefs galates ne purent songer à une aussi périlleuse entreprise tant que la puissance étrusque fut intacte. Une expédition ne devint possible que le jour où les populations opprimées, sœurs des Galates, purent concevoir l'espérance de secouer le joug étrusque avec l'aide de leurs frères du nord.

Une autre cause nous paraît alors avoir déterminé ou, tout au moins, précipité le mouvement vers le sud des tribus celto-galatiques de la rive droite du Rhin. Ces tribus avaient alors commencé à passer sur la rive gauche du grand fleuve, s'avançant même jusqu'au delà de la Saône. Mais, à ce moment même, c'est-à-dire vers la fin du v° siècle, un autre groupe de même race, celui des Celto-Belges, les Kimris d'Amédée Thierry (il n'y aurait, suivant nous, aucun inconvénient à leur conserver cette qualification entrée déjà dans l'usage), prenait position, au-dessus des Celto-Galates, en Mecklembourg, en Hanovre, en Westphalie, en Hollande, en Slesvig, en Jutland, descendant jusqu'au Mein et entrant en Gaule par le nord. Les Kimris étaient de vaillants guerriers; leur mobilier funéraire en fait foi. Des Belges ont certainement pris part aux expéditions du iv° siècle en Italie. Ne seraient-ce pas eux qui, trouvant les Galates déjà maîtres des Vosges et du Jura, les ont entraînés au sud pour ne pas entrer en lutte avec eux ? Ne seraient-ce pas les Belges, ces Gaulois du nord, que les Étrusques avaient sous les yeux quand ils dépeignaient sous des couleurs si effrayantes les nouveaux envahisseurs, venus des extrémités du monde et des bords de l'Océan,

Littore ab Oceani Gallis venientibus[1]...

Ce ne sont là que des hypothèses ; mais il est permis de dire qu'elles s'accordent parfaitement avec les faits. Nous pouvons donc distinguer en Allemagne trois groupes de Celto-Galates :

1° Galates du sud (vallée du Danube);

2° Galates du centre (Bohême, Bavière, Wurtemberg);

3° Galates du nord (Belgium, Westphalie, Jutland).

Examinons les antiquités qui les rapprochent en regard de celles qui les diversifient. De ce relevé ressort de la manière la plus évidente, en dépit de divergences notables, l'existence d'une parenté plus ou moins étroite entre tous ces groupes et la grande étendue de leur domination aux environs du iv° siècle, de cet État que M. d'Arbois de Jubainville appelle l'*Empire celtique*.

Si l'on est en droit, comme cela est évident, d'appeler *romaines* les antiquités répandues sur une partie de l'Europe occidentale à la suite de l'établissement de l'Empire, et de qualifier du même terme la période qui s'étend du 1er au v° siècle de notre ère, — de *germaniques* ou *gothiques* les antiquités de la période qui succède à celle de la domination romaine, — la période précédant celle-ci, durant laquelle les tribus gauloises ont joué un si grand rôle, ne doit-elle pas être à bon droit

---

1. Juvénal, XI, 113.

qualifiée de *celtique*, comme elle l'a été, du reste, pendant longtemps, en Angleterre, en Irlande et même en Allemagne?

L'unité de la civilisation celtique à cette époque est hors de doute. Une étude détaillée de ces antiquités le démontre. Le sujet présente assez d'importance pour que nous devions nous y arrêter quelques instants.

VII

LES GALATES DU SUD A LAYBACH

Rapprochons-nous des sources du Danube et, sous la direction de MM. Deschmann et de Hochstetter, jetons un coup d'œil sur les groupes celtiques des vallées de la Save et de la Drave [1].

Des découvertes dues au hasard, faites aux environs de Laybach, ayant attiré l'attention d'un membre de l'Académie des sciences de Vienne, M. Ferdinand de Hochstetter, l'Académie décida, en 1878, que des fouilles régulières seraient pratiquées en Carniole.

Les résultats dépassèrent les espérances. En quelques semaines, MM. de Hochstetter et Deschmann (député de Laybach et directeur du Musée) constatèrent, dans dix-huit localités du district, mais surtout dans les contrées montagneuses, la présence d'antiquités pré-romaines parfaitement caractérisées.

Plusieurs de ces localités étaient fortifiées. Le bassin de la Save et du Morast, en particulier, possédaient nombre de ces *oppida* ou *gradisce*, autour desquels s'élevaient de nombreux

---

[1]. Deschmann et Hochstetter, *Prähistorische Ansiedelungen und Begräbnissstätten in Krain*. Extrait du t. XII des *Mémoires de l'Académie de Vienne, Mathem. naturwiss. Classe*, Vienne, 1879, in-4.

tumulus dits *gromilas*, dans lesquels on ne tarda pas à reconnaître une série de sépultures.

Il était évident qu'une petite nation, un groupe de tribus, s'était, bien avant l'époque romaine, fortifié dans ces vallées. Les *gradisce* sont entourés de respect ; on y allume traditionnellement les feux de la Saint-Jean. Les anciens habitants de ces lieux fortifiés sont encore l'objet de légendes locales et la terre des tumulus où ils reposent passe pour ensorcelée. Les paysans la recueillent et la conservent dans des pots, persuadés qu'à l'heure marquée par les fées, ceux qui ont eu la patience d'attendre verront cette poussière se convertir en poudre d'or.

Bien qu'appartenant tous, au fond, à la même civilisation, ces divers groupes de sépultures se présentent dans des conditions assez différentes pour qu'il soit impossible de réduire en une seule formule les résultats obtenus. A part le fait — important à signaler et commun à tous les groupes — de l'absence complète de toute antiquité remontant à l'époque néolithique ou à l'âge du bronze aussi bien qu'à l'époque romaine, ces cimetières offrent les variétés suivantes concentrées sur un espace restreint :

1º Prépondérance marquée du rite de l'incinération;

2º Prépondérance marquée du rite de l'inhumation ;

3º Mélange confus des deux rites.

A un autre point de vue, ce sont tantôt les incinérés, tantôt les inhumés qui sont les plus riches. Mais procédons par ordre et voyons les faits se dérouler sous nos yeux, en suivant la relation officielle.

Au mois de juillet 1878, au-dessous d'un retranchement de pierres sèches, sur le bord du lac de Zirknitz, on découvrit quelques ossements humains ; puis, sur le penchant de la colline, une série d'urnes cinéraires. Celles-ci étaient grossières, d'une argile sablonneuse, peu cuite et d'un jaune rougeâtre. Au milieu des cendres mêlées de charbon de bois, on recueillit des bracelets de bronze, des fibules de bronze du type de Golasecca et de Villanova, quelques-unes du type de l'arc simple ; à côté de couteaux et d'anneaux en fer, il y avait des colliers composés de perles de verre, de grains d'ambre, de perles d'agate. Malheureusement, les objets découverts près des squelettes à cette époque n'ont pas été conservés.

A Grad près de Saint-Michel, non loin d'Adelsberg, de grands retranchements de terre signalaient la présence d'un autre *gradisce*. La charrue avait, à plusieurs reprises, fait sortir de terre des fragments de bracelets de bronze et de fibules, des perles de pâte émaillée ou du moins colorée, des pointes de lance en fer, des tessons de poterie appartenant visiblement à des urnes cinéraires ; d'autre part, des squelettes déposés simplement en terre attestaient qu'à Grad les deux rites avaient été pratiqués concurremment. Le sol ayant été trop bouleversé par la culture, la commission de l'Académie porta ses efforts sur le cimetière de Klenik, situé également sur une hauteur où, le 24 juin, s'allument les feux de la Saint-Jean (fig. 85). Ce cimetière se trouva être presque exclusivement à incinération. On y rencontra un seul squelette, avec mobilier funéraire des plus pauvres. Les urnes avaient un caractère particulier : très grandes, d'un aspect analogue aux bonbonnes à acide du Midi, elles étaient ornées de saillies en forme de bouton. Dans quelques-unes, un enfant pouvait s'asseoir à l'aise ; une des moyennes mesurait $0^m,67$ de haut sur $0^m,77$ de tour. Cette urne, comme celles de Golasecca, était entourée de cailloux. Un tiers de la hauteur était rempli de cendres humaines, mêlées de charbons ; au-dessus, une feuille de tôle de bronze semblait être les restes d'un chaudron. A côté étaient un petit couteau de fer oxydé et une boule de plomb percée, de 2 centimètres de diamètre. Une des urnes était noyée dans un lit de cendres et entourée de charbons en guise de cailloux. Dans toutes, le mobilier funéraire était modeste. Une plaque de ceinture ornée, à laquelle étaient encore fixés des débris de tissus, une grande fibule en fer, à arc orné de boules, faisaient seules exception.

Ces fouilles furent reprises par le Musée de Laybach. La première tombe découverte (2 septembre) fut celle d'un inhumé couché sur le dos. Il avait au cou un collier d'ambre, au milieu duquel pendait un petit grelot de bronze en forme de panier[1]. A son bras gauche était un bracelet, composé de cinq rangs de perles d'ambre ; une grande fibule et un couteau de fer complétaient son attirail personnel. Auprès du squelette on trouva deux figurines humaines très grossières en corne de cerf et un petit cavalier sculpté de même matière[2]. Enfin, la même tombe donna encore une petite boîte cylindrique en os.

Après la tombe à squelette se présentèrent seize tombes à incinération. Les unes contenaient plusieurs fibules du type Golasecca-Villanova, d'autres des fragments de bracelets de bronze, des pesons de fuseaux et des anneaux de fer.

Le lendemain (3 septembre), nouveau squelette couché sur le dos.

---

1. Ces petits grelots se retrouvent dans plusieurs nécropoles de la même époque, notamment à Sigmaringen (cf. Lindenschmit, *Sammlungen zu Sigmaringen*, pl. XIII, 15).

2. Deschmann et Hochstetter, p. 13. Ces objets sont trop informes pour qu'il y ait intérêt à les reproduire.

Dans la cavité des fosses nasales, on remarqua un anneau de fil de bronze ; on trouva encore une épingle à cheveux, six perles de verre bleu, une perle d'ambre, deux bracelets et deux fibules de bronze.

Les deux jours suivants on ne rencontra que des urnes au nombre de quarante-cinq.

6 *septembre*. — Troisième squelette ; près du squelette, de grands anneaux de bronze et une fibule ; à ses pieds un vase brisé.

Le 8, on découvrit dix nouvelles urnes, puis trois squelettes avec les mêmes anneaux de bronze et les mêmes fibules, plus deux couteaux de fer au-dessus. La présence de deux urnes semblait attester une superposition de sépultures.

Les fouilles continuèrent ainsi, donnant toujours à peu près les mêmes résultats. Les tombes à incinération étaient de beaucoup les plus nombreuses, mais aussi relativement les moins riches.

Le 17 septembre, pour la première fois, on découvrit près d'un squelette une arme véritable, une belle pointe de lance en fer. Au même mort appartenaient une grosse perle d'ambre, des fragments de ceinture en bronze et une pierre à aiguiser.

En résumé, à la fin de cette campagne, deux cent trente-cinq sépultures avaient été explorées ; cent vingt-trois étaient des sépultures de pauvres, dont les cendres, placées entre deux dalles, n'avaient même pas été renfermées dans des urnes ; quatre-vingt-douze étaient des tombes à urnes cinéraires. Aucune de ces tombes n'indiquait un personnage important. Les tombes à inhumation étaient en grande minorité.

Il ne faut pas croire cependant que ces humbles tombes avaient été construites sans soin. Au fond de beaucoup d'entre elles était étendue une couche d'argile destinée à préserver la fosse de l'humidité. La même précaution était prise à Hallstatt. Les cendres mêlées de charbon étaient déposées sur le sol soit directement, soit dans des urnes. L'urne était alors soigneusement entourée d'une murette de pierres sèches comme à Golasecca ou à Villanova, ou encore d'une couche de charbon formant corps isolant. Enfin, sans être travaillées au tour, beaucoup de ces urnes ont une certaine délicatesse de forme et sont ornées de dessins géométriques d'un aspect élégant.

L'impression qui se dégage de ces faits est que le cimetière de Klenik était celui d'un pauvre village dépendant de localités plus importantes : on n'avait évidemment pas mis la main sur les sépultures des seigneurs des *gradisce*. Il fallait les trouver. On se rappela que, quelques années auparavant, à 400 mètres seulement de Klenik, avait été découvert un magnifique casque de bronze conservé depuis au Musée de Laybach. Plusieurs squelettes avaient été déterrés à la même époque, auprès desquels étaient, disait-on, des pointes de lance en fer, dont l'une garnie d'une élégante virole de bronze. Les paysans affirmaient que le fer des lances était d'excellente qualité : on pouvait le reforger pour fabriquer des outils. Le casque était identique, pour la forme, à ceux qui avaient été découverts, en 1812, à Négau dans la Basse-Styrie et dont l'un portait une inscription euganéenne en caractères étrusques.

Le prince Ernest de Windischgraetz, dont les propriétés sont voisines de Klenik, comprit qu'il y avait des espérances à

Fig. 85. — Vue de la nécropole de Klenik[1].

fonder sur de nouvelles fouilles. Ce fut lui qui voulut en faire les frais.

Une première enquête prouva que le cimetière de Klenik était loin d'être un des plus importants du district. Les paysans, interrogés avec adresse, signalèrent bientôt des localités où des centaines de tumulus étaient comme pressés les uns contre les autres. Les fées, disait-on, les avaient élevés pour empêcher de découvrir celui où était le *Veau d'or*, qui restait caché au milieu d'eux.

(1) Deschmann et Hochstetter, *Præhistorische Ansiedelungen in Krain*, Vienne, 1879, pl. VIII.

On apprit qu'à Mariathal, au sud de Laybach, cinq squelettes avec colliers de perles de verre et d'ambre, ornés de bracelets de bronze, venaient d'être exhumés, et que, non loin de là, plus de cent tumulus s'élevaient autour de Sanct-Margarethen, dans un périmètre d'une demi-lieue seulement. On y avait déjà recueilli une riche moisson de bronze et même quelques objets en or.

Il y avait donc en Carniole non seulement deux rites funéraires distincts, mais deux modes sensiblement différents de sépulture : l'ensevelissement en pleine terre et l'ensevelissement sous tumulus. Il était intéressant de savoir à quoi ces différences répondaient.

C'est dans ces conditions que le prince de Windischgraetz reprit, en 1879, les fouilles précédemment abandonnées et que M. de Hochstetter les continua, de 1881 à 1883, au nom de l'Académie des sciences de Vienne.

Les explorateurs, dit le rapport, s'attaquèrent d'abord aux tumulus de Sanct-Margarethen, d'où ils passèrent à ceux de Watsch. Les fouilles montrèrent dès le début que les tumulus, tant ceux de Watsch que ceux de Sanct-Margarethen, n'étaient pas tous à inhumation. Bon nombre contenaient encore des urnes cinéraires, mais les tumulus à inhumation, au nombre de plus de cent, étaient là incontestablement les plus riches et beaucoup d'entre eux contenaient des armes.

On découvrit d'abord un casque de bronze, puis une grande pointe de lance et des phalères de bronze. Un seul tumulus renfermait, auprès du squelette, deux bracelets, sept fibules, un collier et des fragments de pendants d'oreille en bronze, recouverts d'une mince plaque d'or ornée de méandres dessinés par de petits clous. Plusieurs squelettes avaient été inhumés avec tout un arsenal de pointes de flèche et une véritable provision de pointes de lance en fer. On était donc en présence des tombes d'une aristocratie militaire, de ceux qui se retranchaient dans les *gradisce* voisins.

Parmi les armes, l'épée manquait toujours. Il est bon de rappeler que, même à l'époque germanique, chez le plus grand nombre de tribus, l'épée est l'arme des chefs seuls, l'insigne du commandement. Du reste, elle fait également défaut sur la plaque de ceinturon et la situle appartenant à ces tumulus dont nous avons donné plus haut des gravures (fig. 67 et 72).

Il y a là une nouvelle concordance entre ces scènes et ce que l'étude directe des nécropoles nous fait connaître de la civilisation du pays. Pas plus que cette civilisation, l'industrie du métal dont témoignent les monuments en question n'est grecque ou étrusque. L'une et l'autre sont également indigènes et, bien qu'ayant subi des influences étrangères, présentent un caractère local nettement tranché.

Nous avons donné plus haut (p. 96) la liste des ouvrages en bronze repoussé de cette région. En consultant la colonne où sont indiquées leurs provenances, on voit que la zone où ils se rencontrent dépasse très peu les Apennins. Ce sont les vestiges d'un art *danubio-padouan,* en indiquant par là sinon le centre de fabrication, qui pouvait être plus restreint, du

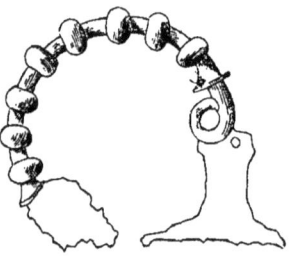

Fig. 86. — Fibule à nœuds de Klenik, en bronze et en fer[1].

moins l'extension du marché où ces produits trouvaient acquéreurs. Ils représentent surtout, à nos yeux, la vie publique et privée des tribus des vallées de la Save, du Haut-Danube et de la Traun (lacs de Gmunden et de Hallstatt), c'est-à-dire l'état social des tribus celtiques du Noricum, contrée où les casques, lances, haches et débris de chars se sont rencontrés dans les tombes comme on les voit figurés sur les situles. La Cisalpine n'ayant jusqu'ici rien fourni de semblable, à part le mobilier funéraire de Sesto-Calende, paraît rester en dehors.

Que nous voilà loin de Vadena, de Golasecca, d'Este, c'est-à-dire de tous les cimetières homogènes de la Haute-Italie ! Ce n'est pas que les tombes des incinérés de Sanct-Margare-

---

1. Deschmann et Hochstetter, *op. laud.*, p. 10, fig. 4.

then, de Watsch, de Grad soient notablement différentes des tombes insubriennes. De part et d'autre, nous trouvons même rite, même construction de la tombe, mêmes types de fibules, même absence d'armes. Mais ici, à Laybach, les incinérés ne sont plus les maîtres du pays. Des tribus d'un autre rite, armées en majorité d'armes de fer, se sont établies au milieu de ces populations paisibles de pasteurs et d'agriculteurs et leur ont imposé une organisation nouvelle où la richesse et la puissance appartiennent, en grande partie, à ceux qui portent les armes.

Nous avons signalé l'absence d'épées même dans les tombes de guerriers à Watsch et à Sanct-Margarethen. Le même fait

 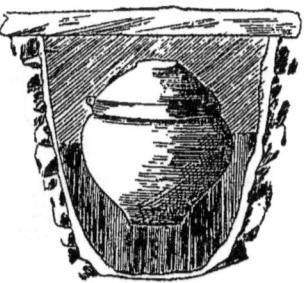

Fig. 87[1].   Tombes de Watsch.   Fig. 88[2].

a été constaté à Hallstatt dans les tombes des inhumés. Si, ce qui est douteux, nous étions en présence des Galates qui, au IV° siècle, descendirent en Italie, nous aurions là l'explication de la rareté de la découverte d'épées gauloises dans ce pays. Nous avons aussi lieu de croire que la grande épée de fer un peu mou, mentionnée par Polybe et par Tite-Live[3], n'a pas eu dans l'armement des Gaulois, du moins au IV° siècle, l'importance qu'on est tenté de lui attribuer. La grande épée

1. Deschmann et Hoschtetter, *op. laud.*, pl. VI, fig. 6.
2. *Ibid.*, pl. VI, fig. 8.
3. Le passage capital est dans Polybe, II, 33 ; il dit que les épées des Gaulois ne pouvaient frapper de taille qu'un seul coup, qu'elles étaient émoussées au second et qu'elles pliaient tellement que le soldat devait les redresser avec son pied contre terre.

était chez eux soit un insigne de commandement, soit l'arme de troupes d'élite peu nombreuses. La même particularité s'observe au v° siècle chez les Francs.

Mais il serait imprudent de généraliser cette observation. L'épée de fer, si rare à Hallstatt, se montre de plus en plus fréquente dans les sépultures à mesure que nous avançons vers le nord. Elle est, chez les Belges, l'arme des soldats aussi bien que celle des chefs [1]. Il en était sans doute de même chez les Helvètes qui, établis autrefois avec les Boïens entre le Rhin, le Mein et le Danube [2], avaient été refoulés vers le sud par les Germains. Dans la station helvétique de la Tène, sur le lac de Neufchatel, qui paraît dater de la fin du III° siècle avant notre ère, les épées de fer sont très nombreuses. On en

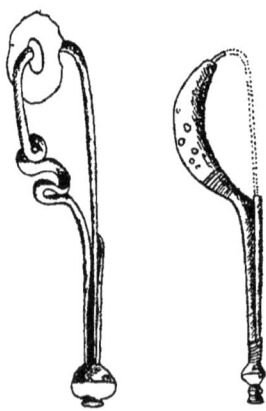

Fig. 89. — Fibules de Watsch [3]

vient donc à se demander si les Gésates n'étaient pas précisément des Helvètes, arrivant non pas de la vallée du Danube, mais de celle du Rhin. Le *gaesum* gaulois, d'où les Gésates tirent leur nom, est un javelot. Virgile attribue cette arme redoutable aux Gaulois qui attaquent le Capitole :

1. Pour les Belges d'Angleterre, cf. Tacite, *Vie d'Agricola*, c. xxxvi Ce sont bien les glaives décrits par Polybe : *ingentibus gladiis, gladii sine mucrone*.
2. Tacite, *Germanie*, xviii. Cf. Zeuss, *Die Deutschen*, p. 225.
3. Deschmann et Hoschtetter, *op. laud.*, p. 10, fig. 4.

> *Duo quisque alpina coruscant*
> *Gaesa manu, scutis protecti corpora longis* [1].

Bientôt on désigna d'une manière générale par *Gésates* les troupes de mercenaires gaulois [2], qui se distinguaient des autres tribus par leur audace guerrière non moins que par leur habitude de combattre nus. C'est ce que marque très nettement Polybe [3] :

« Les Gaulois (à la bataille de Télamon) placèrent sur la ligne de derrière, contre laquelle ils supposaient que se porterait Aemilius, les Gésates alpins, et après eux les Insubriens, sur le front les Taurisques et les Boïens..... Les Insubriens et les Boïens se présentèrent au combat couverts de braies et de saies légères. Mais les Gésates, par forfanterie et par hardiesse, avaient dépouillé tout vêtement et nus, avec leurs armes seules, ils se placèrent au premier rang. »

Ce sont les mêmes Gésates qui portaient les torques et les armilles d'or.

« La vue et le mouvement de ces hommes nus, placés en avant, brillant tous de vigueur et de jeunesse, n'étaient pas moins formidables que le reste. Tous ceux qui formaient les premières lignes étaient ornés de colliers, de bracelets d'or [4]. »

Un autre passage de Polybe, se rapportant également aux événements de l'an 225 avant J.-C., semble bien prouver que les Boïens étaient loin d'être organisés, comme les Gésates, à l'état de populations toujours sous les armes. Les Gésates formaient, à cet égard, une exception. Polybe nous représente les Boïens comme une population paisible, sous la domination de chefs beaucoup plus belliqueux [5] :

« Vers cette époque, les Galates commencèrent à remuer, à chercher querelle aux Romains pour les moindres motifs et à faire entrer dans leurs desseins les Galates des Alpes. Ces manœuvres furent d'abord conduites

---

1. Virgile, *Énéide*, VIII, 660. Le mot celtique γαῖσος (gothique *gais = telum*) est connu par l'*Etymologium Magnum*.
2. Polybe, II, 22.
3. Polybe, II, 28.
4. Polybe, II, 29.
5. Polybe, II, 21.

dans le mystère par les chefs, sans l'intervention du peuple. Aussi, quand les Transalpins s'avancèrent jusqu'à Ariminum avec leur armée, la population [des Boïens] qui voyait d'un œil défiant les nouveaux venus, se souleva contre ses anciens chefs, tua ses rois, Atès et Galatus, puis, dans une bataille, ces barbares se massacrèrent les uns les autres. »

Quelques années après, lorsque la guerre contre Rome apparut comme une nécessité inévitable, ces mêmes Boïens sont si bien connus pour leur humeur pacifique qu'en implorant l'intervention des Gésates en vue d'une expédition contre Rome, ils sont obligés d'affirmer que cette fois ils prendront part eux-mêmes à l'expédition [1].

Or, Polybe dit que les Gésates sont les Galates habitant la région des Alpes et du Rhône, τοὺς κατὰ τὰς Ἄλπεις καὶ τὸν Ῥοδανὸν κατοικοῦντας Γαλάτας[2]. Cela nous reporte non pas vers le nord-est de la vallée du Pô, mais vers le nord-ouest. La migration des Helvètes sous la pression des Germains, qui fut la cause, ou du moins le prétexte, de la conquête des Gaules par César, avait été annoncée, plusieurs siècles auparavant, par le passage de bandes helvétiques en Italie. C'est parmi ces bandes que se recrutaient les Gésates ; ce sont elles qui familiarisèrent les Gaulois de la seconde moitié du III° siècle avec l'usage de l'épée de fer [3].

---

1. Polybe, II, 22. « Les plus considérables des Cisalpins, les Insubres et les Boïens envoyèrent de concert des députés aux Galates qui habitent le long des Alpes, près du Rhône et qu'on appelle *Gésates* parce qu'ils servent moyennant un salaire : tel est le sens précis du mot. Les députés donnèrent aux rois de ces pays, Concolitanus et Aneroestus, une forte somme d'argent, mais ce qui contribua surtout à les décider, c'est qu'*ils firent la promesse d'intervenir dans la guerre.* »

2. Polybe, II, 22.

3. L'hypothèse que les Gésates seraient des Belges se heurterait à cette grande difficulté que, dans les tombes du Belgium, le torques n'apparaît jamais comme l'attribut des guerriers. Or, le texte cité plus haut de Polybe en fait l'insigne par excellence des Gésates. De plus, c'est la grande épée de la Tène qui domine dans les sépultures gauloises de la Cisalpine.

VIII

L'ÉPÉE DE HALLSTATT

Le type de la grande épée de fer découverte à Hallstatt, qu'il ne faut pas confondre avec la grande épée de la Tène ou des départements riverains de la Marne, mérite une étude particulière (fig. 83). Elle ne s'est rencontrée jusqu'à présent ni en Italie, ni sur la Save, ni en Suisse; c'est au nord-ouest seulement que l'on peut en reconnaître les congénères.

Dans quelles conditions, dans quel milieu s'est-elle montrée à Hallstatt? Nulle part ce type d'épée ne s'est trouvé en si grand nombre, ni entouré d'une civilisation aussi homogène. L'épée de fer à crans, à pointe mousse, à longue poignée, dont l'âme est plate et munie de rivets, est bien l'épée de l'aristocratie hallstattienne. Le modèle de cette arme était en bronze; il s'est transformé en fer, tout en augmentant de dimensions, sinon à Hallstatt même, du moins au milieu de la civilisation particulière que caractérise cette nécropole.

Le *journal* de Ramsauer contient la description de neuf tombes où s'est rencontrée la grande épée de fer à pointe mousse [1] : huit d'entre elles sont à incinération, une seule à inhumation. Une des tombes en contenait deux. Plusieurs de ces armes de luxe avaient des poignées d'ivoire incrusté d'ambre ou de corail; deux poignées étaient ornées de feuilles d'or.

Laissons de côté les tombes où se sont rencontrés des fragments d'épées d'un caractère douteux. Il ne faut opérer que sur des documents incontestables.

Les tombes à épées étant toutes très riches, il n'est pas inutile d'en faire connaître le contenu.

---

[1]. Nos 253, 262, 263, 299, 501, 504, 555, 573, 605.

I. *Tombe* 253. — A 3 pieds de profondeur. Corps brûlé dans un cercueil d'argile avec divers objets (pl. XII de l'Album Ramsauer) :

    1° Grande épée avec pommeau en os ;
    2° Grand chaudron de bronze ;
    3° Petit chaudron à anse double ;
    4° Coupe de bronze ;
    5° Autre coupe (pl. X) ;
    6° Épingle de bronze.

II. *Tombe* 262. — Corps calciné et déposé sur un lit d'argile, recouvert de grosses pierres non taillées, à 4 pieds de profondeur :

    1° Épée de fer avec poignée de bronze ;
    2° Deux grands chaudrons de bronze très détériorés par la chute de la voûte de pierres ;
    3° Petit chaudron de bronze brisé ;
    4° Fibule de bronze dans un petit chaudron avec ossements d'animaux ;
    5° Coupe de bronze avec figures de cygnes au repoussé ;
    6° Deux petites coupes de bronze recueillies dans l'intérieur du grand chaudron ;
    7° Un coin ou hache de fer ;
    8° Hache de bronze ;
    9° Deux épingles à cheveux ;
    10° Pommeau d'épée ou de canne en bronze ;
    11° Fragment d'or travaillé près de deux anneaux de bronze.

Les objets 8°-11° étaient déposés sur un lit de cendres blanches à quelque distance du corps soumis à la crémation.

III. *Tombe* 263. — Corps calciné déposé dans une enveloppe d'argile à 5 pieds de profondeur :

    1° Épée de fer avec pommeau en os ;
    2° Grand chaudron de bronze ;
    3° Autre chaudron plus petit ;
    4° Épingle de bronze ;
    5° Vases en argile.

IV. *Tombe* 299. — Tombe à incinération, située à 1 pied au-dessous de la tombe 295 et par conséquent à 3 pieds de profondeur. Les cendres abondantes reposaient sur du gravois ferme et uni dans une enveloppe d'argile, espèce de cercueil sans couvercle d'une dimension de 6 pieds sur 4 et demi. Plusieurs corps semblent y avoir été brûlés.

Sur les ossements calcinés ont été recueillies :

    1° Une belle épée de fer très élégante ;
    2° Une feuille d'or ornée de triangles au repoussé était enroulée autour de la poignée ; cette feuille d'or dépliée portait des traces de mastic. Ramsauer croit qu'elle avait recouvert un plastron de poitrine ;
    3° Autres débris de feuilles d'or d'usage inconnu avec rivets d'or ;
    4° Fibule en spirale de bronze ;
    5° Épingle à cheveux de bronze ;

6° Ornement de bronze en spirale ;

7° Bague de bronze ;

8° Extrémité de fourreau ; bouterolle de bronze à ailettes ;

9° Sceau de bronze à côtes ;

10° Beau vase de bronze, avec empreinte au repoussé ;

11° Chaudron de bronze. A l'intérieur était un plat bien conservé, plus de la poterie contenant des ossements humains.

V. *Tombe* 501. — Sépulture à grande combustion. Les cendres du mort sont étalées sur du gravier à 6 pieds de profondeur et recouvertes soigneusement d'un amas de pierres formant voûte très abaissée :

1° Épée de fer avec poignée en ivoire incrustée d'ambre (pl. XXI)[1] ;

2° Hache de bronze surmontée d'un petit cheval de bronze à queue très longue (*ibid.*) ;

3° Deux fragments d'épingle de bronze (*ibid.*),

4° Deux bracelets et plusieurs anneaux de bronze ;

5° Plastron de bronze avec figures de cygnes et chevaux à tête couronnée, imprimés au repoussé (pl. XXI) ;

6° Trois parures avec pendeloques en forme de feuilles (pl. XXI, XXII);

7° Figure d'animal de bronze à tête de cerf (pl. XXI) ;

8° Autre figure de bronze ressemblant à un taureau. — Ces deux figures se trouvaient dans une coupe de terre noire, avec une quantité d'autres petits animaux formant chaîne (n° 1488) et une pièce de parure en forme de roue (n° 1489) ;

9° Deux belles coupes de bronze ornées à l'intérieur de figures de cygnes et de soleils (pl. XXII) ;

10° Troisième coupe de bronze avec dessins au pourtour (pl. XXI) ;

11° Vase de bronze circulaire, orné de figures de cygnes alternant avec des soleils[2]. Ce vase n'a ni fond ni couvercle ; Ramsauer y voit un support ou un vase destiné à être suspendu en guise d'ornement comme nos lustres ;

12° Chaîne de bronze, peut-être destinée à servir de ceinture ;

13° Pommeau d'épée en bronze, orné au pointillé (pl. XXI) ;

14° Grand couteau de fer recueilli au-dessus de la voussure en pierre (pl. XXII) ;

15° Trois grands chaudrons de bronze (pl. XXII) ;

16° Petit chaudron avec anse ;

17° Deux petites coupes en terre noire, trouvées dans un chaudron avec os d'animaux.

VI. *Tombe* 504. — Sépulture à inhumation superposée aux sépultures à incinération n°⁸ 500, 501 et 502, à 2 pieds au-dessus de celles-ci, c'est-à-dire à 4 pieds seulement de profondeur. Les ossements du squelette, divisés en deux parts, étaient renfermés dans l'enveloppe d'argile ordinaire :

---

1. Voir Sacken, *Hallstatt*, pl. V, fig. 1 et 2.
2. Voir Sacken, *op. laud.*, pl. XXII, 3.

1° Épée de fer avec bouton de poignée en bronze (pl. XIX) ;
2° Trois épingles de bronze ;
3° Un anneau de bronze ;
4° Feuille de bronze formant ceinture ;
5° Quatre beaux bracelets de bronze cannelés ;
6° Plusieurs fils de bronze tortillés en anneau (on en a trouvé de semblables en or) ;
7° Grand chaudron de bronze ;
8° Deux autres chaudrons, dont un à trois chaînes et un autre avec pendants ;
9° Deux élégantes coupes de bronze ;
10° Cuiller à pot avec manche de bronze ;
11° Petite hache de bronze surmontée d'une figure de cheval ;
12° Fragments de vases d'argile. Ossements d'animaux.

VII. *Tombe* 573. — Sépulture à incinération. Corps calciné couché sur des pierres et recouvert d'un monceau de pierres à 2 pieds et demi seulement de profondeur :

1° Épée de fer avec garniture d'or (une mince feuille entre la poignée et la lame) ;
2° Autre épée de fer à poignée d'ivoire avec incrustation d'ambre ;
3° Entre les deux épées, très minces feuilles d'or en plusieurs fragments encore adhérents à des vestiges d'un métal sur lequel ils avaient été appliqués à l'aide de mastic ;
4° Épingle de bronze ;
5° Os brûlés près desquels était un amas d'armes de fer rouillées ;
6° Tige de fer ;
7° Chaudron de bronze à trois anses, avec pendeloque ;
8° Coupe en terre recueillie dans le chaudron ;
9° Vase de bronze brisé avec débris de vases d'argile.

VIII. *Tombe* 605. — Sépulture à grande combustion, à 6 pieds de profondeur (pl. XXIV) :

1° Deux épées en fer rouillées, ainsi que d'autres armes rouillées également ; les épées paraissent moins longues que les autres (0^m,80 seulement), mais il semble que l'une d'elles est incomplète ;
2° Trois petits chaudrons de bronze ;
3° Grand chaudron de bronze ;
4° Petite coupe à puiser (*simpulum*) en bronze ;
5° Coupe de sacrifice (?) et patère avec dessins circulaires, en bronze (pl. XXVI) ;
6° Deux boucliers (?) brisés ;
7° Fragment de bronze ressemblant à un bout de trompette ;
8° Épingles de bronze.

La grande épée se trouve donc associée dans toutes les tombes à des vases de bronze de forme typique, parmi lesquels le seau à côtes, objet peu banal dont la statistique nous occupera plus loin.

Où retrouvons-nous l'épée de fer de Hallstatt et en compagnie de quels objets ?

Publiant un magnifique spécimen avec incrustations d'or qui a été découvert dans un tumulus de Sternberg (Jura de Souabe, au sud de Stuttgard), M. Lindenschmit s'exprimait ainsi [1] : « La forme de l'épée en fer à deux tranchants du tumulus de Sternberg n'est pas isolée; elle se retrouve dans les quatre belles épées de Hallstatt [2], dont les poignées sont incrustées d'ivoire et d'ambre et qui étaient en partie décorées avec de l'or en feuille, puis dans cinq armes pareilles découvertes par le Dr Naue dans les tumulus voisins des lacs de l'Oberland bavarois (au sud de Munich), dans les deux épées du Musée de Landshut (nord-est de Munich), dans les trois spécimens que possèdent les Musées de Wiesbaden et de Darmstadt [3], les deux spécimens du Musée de Hanovre, les trois des Musées de Mannheim et de Mayence, partout avec un poids et une longueur extraordinaires pour une arme qui devait être maniée à la main [4]. »

Dans l'est de la Gaule, le type très pur de l'épée hallstattienne se rencontre beaucoup plus fréquemment qu'en Allemagne, où les armes de ce genre, dont la provenance est connue avec précision, sont d'une extrême rareté au nord du Danube.

La liste suivante énumère les épées hallstattiennes que nous savons avoir été découvertes en Gaule.

Tumulus dit *Monceau-Laurent*[5] (commune de Magny-Lambert, Côte-d'Or);

Tumulus dit *La Vie de Bagneux*[6] (commune de Magny-Lambert, Côte-d'Or);

---

1. Lindenschmit, *Alterthümer*, t. IV, fasc. 6, texte de la pl. 31.
2. Cf. Lindenschmit fils, *Röm. germ. Centralmuseum*, pl. XLVI, 6, 8.
3. Cf. Lindenschmit fils, *Röm. germ. Centralmuseum*, pl. XLVI, 9.
4. Ajoutez l'épée de Gemeinlebarn, à l'ouest de Vienne, et celle de Ky̆sic en Bohême.
5. *Revue archéol.*, 1873, II, p. 321.
6. *Revue archéol.*, 1873, II, p. 321.

Tumulus dit *Monceau-Milon*[1] (commune de Magny-Lambert, Côte d'Or);

Tumulus dit du *Bois de Langres*[2] (commune de Magny-Lambert, Côte-d'Or);

Tumulus dit de *Cosne*[3] (commune de Quemigny-sur-Seine, Côte-d'Or). Deux exemplaires;

Tumulus dit des *Bois de la Perrouse*[4] ou des *Chaumes d'Auvenay* (commune de Cussy-la-Colonne, Côte-d'Or);

Tumulus de Créancey[5];

Tumulus de Gédinne et Louette-Saint-Pierre (Belgique)[6]. Deux exemplaires;

Tumulus de Rixheim[7]. Deux exemplaires;

Tumulus de Diarville (Vosges)[8].

Tumulus dit de *Courcelles-en-Montagne* (Haute-Marne)[9]. Deux exemplaires;

Tumulus de Cormoz[10] (commune de Château-Gaillard, Ain). Deux exemplaires;

Tumulus de Vornay (Cher)[11];

Sépulture de Lazenay près Bourges (dite à tort des Fertisses) (Cher)[12];

Tumulus de Lunery (Cher)[13];

Tumulus de Mons près Saint-Flour (Cantal)[14]. Trois exemplaires;

1. Mentionné *Revue archéol.*, 1873, II, p. 323.
2. *Revue archéol.*, 1872, II, p. 318.
3. *Archéologie celtique et gauloise*, 2ᵉ éd., p. 285.
4. *Revue archéol.*, 1861, II, p. 411; *Musée Préhistorique*, nº 1201.
5. *Archéologie celtique et gauloise*, 2ᵉ éd., p. 286 (l'épée de Méloisey est du type de la Tène.)
6. Dujardin et Gravet, *Cimetières de Louette-Saint-Pierre et de Gédinne*, p. 13-15.
7. Max. de Ring, *Tombes celtiques*, 1861, pl. VIII, nº 12, p. 18.
8. *Revue archéol.*, 1890, I, p. 247.
9. Photographies au Musée. Fouilles de M. de Milon, juge à Langres.
10. V. Smith, *Vallée du Formans*, pl. X, 2; *Dict. des Gaules*, s. v. *Château-Gaillard*; *Archéologie celtique*, 2ᵉ éd., p. 286.
11. P. de Goy, *Mém. Soc. Antiq. du Centre*, 1883.
12. Laugardière, *Mém. Soc. Antiq. du Centre*, 1889; *Archéologie celtique*, 2ᵉ éd., p. 287.
13. *Mat.*, XXII, p. 184; *Mém. Soc. Antiq. du Centre*, 1888.
14. *Mat.*, XIII, p. 58, 64.

Épée de Salles-la-Source ou de Nauquiès (Aveyron) [1] ;
Épée de Nouguerat (commune de Saint-Cirq-Lapopie, Lot) [2] ;
Épée de la Rochette (Drôme) [3].

L'Angleterre, l'Irlande, l'Italie, aussi bien que le nord de l'Allemagne, restent, jusqu'à présent, en dehors du cercle où ces épées typiques ont été découvertes.

Un fait très intéressant, qui se rattache à l'étude des épées de type hallstattien, est le lien étroit qui existe entre elles et le type d'épée de bronze le plus répandu tant en Allemagne que dans une partie de la Gaule au début du premier âge du fer. L'épée de fer à crans semble s'être simplement substituée à cette épée de bronze, dont elle n'est qu'une variante agrandie. Or, cette épée de bronze est elle-même si caractéristique que l'un de nous, dans un travail préparatoire à la classification générale des épées, s'est cru autorisé à la qualifier de *type danubien*. La statistique suivante donnera une idée de sa distribution.

I. ALLEMAGNE ET AUTRICHE (rive droite du Rhin) [4].

Ile de Rügen [5].
Braunsberg (Prusse orientale) [6].
Brandebourg (Lac voisin de). Épée longue de 0^m,96, la plus grande connue [7].
Spandau (Brandebourg) [8].

---

1. *Musée Préhistorique*, n° 653.
2. Dessin au Musée de Saint-Germain.
3. *Mat.*, XIX, p. 177.
4. La liste suivante ne comprend que des indications *certaines* ; nous avons laissé de côté les épées sans indication précise de provenance. Les listes d'épées de bronze données par M. Chantre (*L'âge du bronze*, t. 1, p. 116 et 132) et par M. Tröltsch (*Fundstatistik*, p. 46-47) fourmillent d'erreurs et de doubles emplois qui en rendent l'usage très dangereux.
5. Bastian et Voss, *Schwerter in Berlin*, pl. V, 1-2.
6. *Ibid.*, pl. I, 7.
7. *Verh. berl. Ges.*, t. V, pl. VII ; t. IX, p. 349
8. *Ibid.*, t. XII, p. 122, pl. XII, 2.

Steckhow (Brandebourg) [1].
Hœver (Hanovre) [2].
Lamstedt (Hanovre). Tumulus [3].
Wertheim sur le Mein [4].
Niederrad dans la forêt de Francfort. Tumulus [5].
Bruck près Weichering (Bavière). Tumulus [6].
Landshut (Environs de) [7].
Friedberg (Bavière) [8].
Straubing (Bavière). Deux exemplaires [9].
Schwetzingen (Bade). Tumulus [10].
Ellwangen (Environs de) [11].
Rakounik (Environs de), en Bohême [12].
Hallstatt. Cinq exemplaires [13].
Salzbourg (Environs de) [14].

II. Gaule (rive gauche du Rhin).

Gédinne (Belgique). Deux exemplaires. Tumulus [15].
Bingen (Environs de) [16].
Mayence (Environs de) [17].
Hesse Rhénane [18].

1. Bastian et Voss, pl. IV, 21.
2. *Ibid.*, pl. XI, 10.
3. *Verh. berl. Ges.*, t. XXII, p. 377.
4. Lindenschmit, *Alterthümer*, t. I, 3, 3, 3.
5. *Ibid.*, III, 6, 2, 4.
6. *Ibid.*, III, 6, 2, 3.
7. Musée de Landshut.
8. Lindenschmit, *Alterthümer*, I, 3, 3, 4.
9. Musée de Nuremberg.
10. Musée de Carlsruhe.
11. Lindenschmit, *op. laud.*, I, 3, 3, 2.
12. Musée de Prague.
13. Sacken, *Hallstatt*, pl. V et *Album Ramsauer*.
14. Much, *Atlas*, pl. XXIII, 12.
15. Dujardin et Gravet, *Cimetières de Louette-Saint-Pierre et de Gédinne* (moulage d'un des exemplaires au Musée de Saint-Germain, n° 21493).
16. Lindenschmit, *Alterthümer*, I, 3, 3, 6.
17. *Ibid.*, I, 1, 2, 16.
18. *Ibid.*, I, 3, 3, 5.

Hesse Rhénane [1].
Dijon [2].
Combe d'Ain (Jura) [3].
Pont de Poitte (Jura) [4].
Boissia (Jura). Tumulus [5].
Baresia (Jura). Tumulus [6].
Mâcon (Environs de) [7].
Cormoz (Ain). Deux exemplaires. Tumulus [8].
Bourg (Ain). Tumulus [9].
Bourges (Cher). Tumulus [10].
Saint-Oustille (Indre). Tumulus [11].
Gramat (Lot). Deux exemplaires trouvés aux environs [12].
Drôme [13].
Valence (Drôme) [14].
La Laupie (Drôme) [15].
Jonquières (Vaucluse) [16].
Campfaon, commune de Lagnes (Vaucluse) [17].
Bagnols (Gard) [18].

Lorsque nous possédons des informations précises sur les

---

1. Lindenschmit, *Alterthümer*, III, 6, 2, 2.
2. Musée de Saint-Germain, n° 7731. On a indiqué à tort comme provenance Besançon.
3. Moulage au Musée, n° 19318.
4. Lindenschmit, III, 6, 2, 8.
5. Moulage au Musée, n° 19317.
6. Moulage au Musée, n° 15181; gravé dans Chantre, *Age du bronze*, pl. XVI, 1.
7. Original au Musée, n° 17724.
8. V. Smith, *Vallée de Formans*, pl. IX, 1 et 2. Un exemplaire au Musée, n° 1419.
9. Moulage au Musée de Saint-Germain.
10. *Mém. Soc. Antiq. du Centre*, 1890, t. XVII.
11. *Ibid.*
12. Delpon, *Statistique du Lot*, t. I, p. 395, 396. Un exemplaire est au Musée de Saint-Germain, n° 16692.
13. Moulage à Saint-Germain, n° 26891.
14. Moulage à Saint-Germain, n° 22858.
15. *Revue archéol.*, 1881, I, p. 307; *Matériaux*, t. XIX, p. 177.
16. Au Musée, n° 17724; cf. *Matériaux*, t. XIX, p. 177.
17. Musée d'Avignon.
18. Fragment d'épée au Musée d'Avignon.

circonstances de la découverte de ces épées (ce qui n'est pas le cas pour la plupart d'entre elles), nous voyons qu'on les a retirées soit de cours d'eaux ou de lacs, soit de sépultures (généralement de tumulus).

La zone géographique de l'épée de bronze est à peu près identique à celle de la grande épée de fer, avec cette différence, toutefois, que six épées de bronze du type que nous étudions se trouvent au Musée de Dublin. Un autre exemplaire découvert en Irlande est au Musée Britannique[1] ; un autre encore, découvert dès 1704 à Finsbury, en Grande-Bretagne, est au Musée Ashmolean d'Oxford. Trois épées de la même série sont conservées au Musée de Copenhague, deux au Musée de Stockholm, une au Musée de Lund[2].

Ce type (fer ou bronze) présente en outre une particularité

Fig. 90. — Épée et bouterolle de Barésia.

commune aux deux séries : la bouterolle est à ailettes, rappelant, comme l'a signalé le premier le Dr Lindenschmit, la forme de certaines bouterolles assyriennes. Ces bouterolles caractéristiques se sont souvent trouvées isolées ; elles indiquent alors la présence d'une épée de fer, que l'oxydation du métal exposait à une destruction beaucoup plus facile que l'épée de bronze. La statistique des bouterolles à ailettes peut donc servir de contrôle et de complément à celles que nous avons dressées plus haut.

I. Allemagne et Autriche (rive droite du Rhin).

Environs de Lunebourg (Hanovre)[3].

---

1. Kemble et Franks, *Horae ferales*, pl. IX, 7.
2. Épée d'Oeland, *Archiv f. Anthrop.*, pl. XIX, p. 3 ; épée d'Upland, *Congrès de Stockholm*, p. 506, fig. 25 ; épée de Schonen, *Archiv f. Anthrop.*, t. XIX, p. 3.
3. Lindenschmit, *Alterthümer*, III, 6, 2, 10.

Forêt de Francfort. Deux exemplaires dans des tumulus [1].
Gundlingen (Bade) [2].
Swetzingen (Bade). Tumulus [3]. Épée de bronze.
Lengenfeld (Bavière). Tumulus [4].
Bruck près Weichering (Bavière). Tumulus [5]. Épée de bronze.
Attenfeld (Bavière). Tumulus [6]. Épée de bronze d'un type particulier.
Environs d'Augsbourg [7].
Environs de Munich [8].
Ammersee (Bavière). Tumulus [9].
Hallstatt. Deux exemplaires, un avec une épée en fer, l'autre avec une épée en bronze [10].
Korno en Bohême [11].
Kyšic en Bohême. Tumulus avec grande épée de fer [12].
Hundsruck en Franconie. Tumulus [13].

II. Gaule (rive gauche du Rhin).

Cosne, commune de Quemigny-sur-Seine (Côte-d'Or). Tumulus. Épée en fer [14].
Dijon (Environs de). Épée de bronze [15].
Pont de Poitte (Jura). Épée de bronze [16].
Baresia (Jura). Tumulus. Épée de bronze [17].

1. Lindenschmit, *Alterthümer*, III, 6, 2, 1; III, 6, 2, 4 (Niederrad).
2. Moulage au Musée de Saint-Germain, n° 31074.
3. Moulage au Musée, n° 31082.
4. Lindenschmit, III, 6, 2, 9.
5. *Ibid.*, III, 6, 2, 3.
6. *Ibid.*, III, 6, 2, 5.
7. *Ibid.*, III, 6, 2, 6.
8. *Ibid.*, III, 6, 2, texte.
9. Naue, *Tumuli zwischen Ammer-und Staffelsee*, pl. X, p. 18.
10. Sacken, pl. XIX, fig. 10 et *Album Ramsauer*.
11. Musée de Prague; cf. Lindenschmit, III, 6, 2, texte.
12. Szombathy, *Tumuli von Gemeinlebarn*, p. 5, note 2.
13. Lindenschmit, III, 6, 2, 7.
14. Musée de Saint-Germain, n° 22945.
15. Musée, n° 7731.
16. Lindenschmit, III, 6, 2, 8.
17. Moulage au Musée, n° 15182.

Mâcon (Environs de) [1].

Dompierre (Ain) [2].

Orléans (Environs d') [3].

Saint-Oustrille (Indre). Tumulus [4]. Épée de bronze.

Mons, commune de Saint-Georges (Cantal). Tumulus [5]. Épée de fer.

Albo (Cantal). Épée de fer [6].

Barrières près Miers (Lot). Tumulus [7].

Gramat (Lot). Deux exemplaires trouvés l'un avec une épée de bronze, l'autre avec une épée de fer [8].

Saint-Cirq-Lapopie (Lot). Tumulus [9]. Épée de fer.

Esclanède (Lozère) [10]. Épée de bronze.

Drôme [11]. Épée de bronze.

La Laupie (Drôme) [12]. Épée de bronze.

Jonquières (Vaucluse) [13]. Épée de bronze.

Quelques bouterolles de bronze du même type sont conservées au Musée de Dublin [14]. La bouterolle à ailettes, comme l'épée de bronze, s'est donc aussi rencontrée en Irlande. Nous laissons de côté quelques exemplaires dont la provenance est tout à fait incertaine.

Il ressort de ces tableaux que d'étroits rapports ont certainement existé entre les tribus guerrières armées de l'épée de fer hallstattienne et les tribus qui, antérieurement, se servaient de l'épée de bronze du même type. Ces tribus ont vécu, côte à côte, dans le Noricum, comme plus tard, pour ne citer qu'un

---

1. Musée, n° 17724.
2. *Revue archéol.*, 1880, I, p. 305.
3. Musée d'Orléans.
4. *Mém. Soc. Antiq. du Centre*, t. XXVII, 1890.
5. *Matériaux*, t. XIII, p. 64.
6. Dessin d'Amé au Musée de Saint-Germain.
7. Moulage au Musée de Saint-Germain, n° 26411.
8. Delpon, *Statistique du Lot*, t. 1, p. 395.
9. Dessin au Musée de Saint-Germain.
10. *Association française pour l'avanc. des sciences*, 1887, p. 283.
11. Moulage au Musée, n° 26892.
12. *Revue archéol.*, 1884, I, p. 307.
13. *Matériaux*, t. XIX, p. 177.
14. Lindenschmit, III, 6, 2, texte, fig. 5 et 7.

exemple, les Francs auprès des Burgondes. A l'époque où l'épée de fer n'était pas encore en usage, ces bandes aventureuses s'étaient avancées jusqu'en Irlande et s'étaient trouvées en relations avec le monde scandinave. Mais à l'époque où domine l'épée de fer hallstattienne, le champ de leurs expéditions paraît se restreindre. Durant ces deux périodes (épée de bronze et épée de fer), dont la seconde a certainement été de beaucoup la plus courte, les hommes armés de ces épées ont poussé plusieurs pointes et probablement même fondé des établissements durables à l'ouest du Rhin, dans le Jura, les Vosges, la Côte-d'Or, le Cher, et plus au sud dans la Drôme, l'Aveyron, le Cantal et le Lot. Les descentes en Italie appartiennent à une époque plus tardive — les Celtes et Proto-Celtes mis à part — alors que l'épée en fer du type dit de la Tène avait remplacé la lourde épée en fer de Hallstatt.

Il est indispensable, pour éviter toute confusion, d'insister sur ce point : les deux groupes dont nous parlons sont loin de représenter l'ensemble de la famille celtique, dont l'aire géographique est bien autrement considérable. Il ne s'agit que de deux branches, étroitement apparentées entre elles, de cette grande famille, qui paraissent avoir été particulièrement remuantes et belliqueuses. Pour nous faire une idée de l'extension du domaine celtique, antérieurement aux expéditions guerrières du IVe siècle qui en reculèrent les limites jusqu'en Asie, c'est à d'autres statistiques archéologiques que nous devons avoir recours, à celle des rasoirs, des fibules et des cistes à cordons.

Nous avons déjà donné une statistique et une carte des rasoirs dans la seconde édition de l'*Archéologie celtique et gauloise*. Ce petit instrument de bronze, qui, n'étant pas une arme, n'appartient pas seulement au mobilier funéraire des tombes de guerriers, est très répandu dans les nécropoles celtiques et italiques ; il est remarquable qu'on ne l'a jamais découvert à Santa-Lucia, qui est probablement un cimetière illyrien. A Este, il manque dans la première période (euganéenne) ; il est rare dans la seconde et dans la troisième. Les autres nécropoles archaïques de l'Italie en ont fourni un grand nombre. Les régions où il se rencontre le plus fréquemment sont le nord de l'Italie depuis le Latium, la Souabe, la Franconie, la Bohême ; à l'époque de Hallstatt, il s'est aussi répandu sur la rive gauche du Rhin.

Des rasoirs en bronze du même type se sont même exceptionnellement trouvés en Armorique, non pas, il est vrai, dans des sépultures, mais dans des dépôts d'ambulants. Le fait n'en est pas moins à noter et, joint à d'autres du même genre, il n'est pas sans offrir un grand intérêt. Nous voyons ainsi se répandre dans la Gaule occidentale, où la civilisation de la pierre polie avait été si vivace, la culture propre à la région des Alpes, du Danube et du Rhin.

En France, la Vendée, la Haute-Vienne, la Vienne, les deux Charentes, la Gironde, les Landes, le Gers, le Tarn, la Dordogne, la Haute-Garonne, les Hautes et Basses-Pyrénées, les Pyrénées-Orientales, c'est-à-dire le sud-ouest de la Gaule, n'ont offert, au contraire, aucun spécimen de rasoirs en bronze. L'absence du rasoir est également remarquable dans la région du Bas-Danube et en Illyrie. Au nord-est de la Germanie, il se présente sous une autre forme, qui le rattache au groupe scandinave où il est fréquent. On sait qu'entre ce groupe et le groupe celtique existent des analogies incontestables.

La chronologie du rasoir a son importance comme sa géographie. L'usage de cet objet remonte à une époque très reculée, aux inspirations qui marquèrent le début du premier âge du fer. Il existait en Scandinavie dès l'âge du bronze. Au sud des Alpes, il apparaît plus tardivement, mais s'y maintient avec une grande ténacité. Nous le rencontrons encore au IIIe et au IIe siècle dans le Belgium, où il a subi la même transformation que l'épée : comme un grand nombre de fibules, il est alors en fer.

La statistique des cistes à cordons, bien que l'usage en ait été plus restreint et que les lacunes en soient plus nombreuses, offre, dans l'ensemble, un résultat analogue.

Déjà, en 1873, à propos des fouilles du tumulus de Magny-

Lambert, l'un de nous a eu l'occasion de s'occuper du *seau à côtes*, appelé par les Italiens *cista a cordoni*, en même temps que du rasoir [1].

Il y a, toutefois, une distinction à faire. Si l'aire de la distribution des deux ustensiles est à peu près la même, la date de leur introduction dans le mobilier funéraire est différente. La ciste à cordons est sensiblement plus récente. Les tribus primitives de l'Italie, si riches, cependant, en ustensiles de chaudronnerie de bronze, ne s'en servaient pas, ou, du moins, ne le plaçaient pas dans les sépultures. Le seau à côtes ne s'est rencontré ni à Vulci, ni à Corneto, ni à Vetulonia, ni à Golasecca. Au VIe siècle, on le voit apparaître à la Certosa (Bologne), où il n'est pas rare; puis il se montre au nord des Alpes, à Hallstatt, et dans les grands tumulus de la Bavière, du Wurtemberg, de la Gaule orientale. Il appartient donc à une seconde couche de migration, étrusco-ombrienne en Italie, celto-galatique au nord des Alpes.

Un fait semble toutefois prouver que les tribus au milieu desquelles pénétraient l'épée de fer et la ciste à cordons se rattachaient par un lien étroit aux tribus primitives qui les ignoraient. Non seulement le rasoir se retrouve presque toujours à côté de la ciste, mais les formes les plus anciennes, les formes typiques de la fibule ont persisté, avec une bien remarquable constance, jusqu'à la fin de la grande période qui précède la domination romaine.

Si l'on place en regard une collection de fibules celtiques, une collection de fibules romaines, une collection de fibules franques ou mérovingiennes, l'œil le plus inexpérimenté reconnaîtra qu'il a devant lui les monuments de trois périodes, de trois civilisations distinctes, séparées l'une de l'autre par de profondes révolutions.

Du IXe au Ier siècle avant notre ère, aucune coupure semblable, si l'on peut dire, ne se manifeste en Europe. L'uniformité relative qui distingue cette période des suivantes ne

---

1. A. Bertrand, *Mémoires de la Société des Antiquaires*, 1873, p. 287 et suiv.

peut s'expliquer que par une seule cause, qui est la prédominance de la civilisation celtique en Occident.

Nous avons vu la civilisation celtique passer successivement de l'état social particulier aux tribus homogènes (Insubriens, Ombriens) à un état d'organisation plus complexe, et cela par des groupements de tribus qui ont formé les *nationes* dont l'histoire nous a transmis les noms — Senones, Boïi, Taurisci — ou des agglomérations guerrières comme les Gésates. Cette transformation sociale ne s'est pas acccomplie en Italie, mais sur le Rhin et sur le Danube. Les Galates et les Gésates ne paraissent en Italie qu'au IVe siècle, au milieu de populations de même souche qu'eux, mais pacifiques, prospères, n'acceptant la guerre que comme une nécessité. Ces populations, en effet, se trouvant en contact avec les Tyrsènes-Pélasges, les Étrusques, les Ombriens, s'étaient développées, pendant des siècles, d'une manière indépendante, et ce développement les avait différenciées de plus en plus des tribus congénères restées éloignées de l'Italie.

Par une bonne fortune inexpérée, deux séries de fouilles admirablement conduites — celles du Bolonais commencées par Gozzadini, poursuivies par MM. Zannoni et Brizio et celles d'Este, dues à l'intelligente activité de Prosdocimi et aux encouragements de la famille Benvenuti — nous permettent de suivre presque sans interruption, et avec des points de repère certains, les populations primitives de ces deux centres importants depuis le XIIe ou le XIVe siècle jusqu'à l'invasion galatique du IVe.

A Bologne, dans une vaste nécropole qui s'étend du centre de la ville à la Certosa (Chartreuse), sur un développement de 5 à 6 kilomètres, s'échelonnent, suivant l'ordre des temps, les séries des sépultures préromaines ; les sépultures de Felsina (la Bologne ombrienne) sont les plus anciennes, les autres se succèdent de proche en proche sans que la domination étrusque vienne y déterminer une lacune, jusqu'à l'avènement brutal des Galates qui bouleversent l'état ancien sans le remplacer, ce semble, par rien de durable.

A Este, par suite de circonstances locales, les débordements et inondations périodiques de l'Adige dont les sables ont exhaussé successivement le sol, les sépultures, dont la série est également complète, ne sont pas juxtaposées, mais superposées. Il y a là une stratigraphie du plus grand intérêt qui présente la chronologie des nécropoles sous un aspect parfaitement clair. M. Prosdocimi a résumé, dans un tableau que nous reproduisons, la succession des couches funéraires divisées en

Fig. 92. — Stratigraphie des tombes d'Este, d'après M. Prosdocimi[1].
(Voir p. 163).

cinq groupes. L'ordre de cette succession est naturellement l'inverse de l'ordre chronologique, les sépultures supérieures étant les plus récentes. Voici l'explication de ce tableau :

1° Une couche romaine caractérisée avec une parfaite précision par la présence de monnaies romaines de la République et d'Auguste; ces monnaies ont été découvertes dans des tombes datées d'ailleurs par la nature de la poterie et par des inscriptions funéraires en caractères romains.

1. *Notizie degli Scavi*, 1882, pl. II.

2° Une couche où, à côté de sépultures à caractères romains, se trouvent des inscriptions en lettres romaines et d'autres en lettres euganéennes ; on y rencontre de rares ensevelissements, parmi lesquels des squelettes avec glaive de fer typique, dont il est impossible de méconnaître l'origine gauloise. Ces sépultures, les seules qui soient à inhumation, les seules où se rencontrent des armes, sont situées au-dessous de la couche romaine, dans une couche qui n'est ni étrusque ni euganéenne. Nous proposons d'y reconnaître des tombes gauloises.

3° Sépultures renfermant des vases grecs à peintures noires sur fond rouge, déposés dans des tombes à incinération. A partir de cette troisième couche jusqu'aux rares sépultures de l'âge de la pierre, toutes les sépultures d'Este, comme celles des séries parallèles à Bologne, sont à incinération. Les vases en terre, qui ne sont pas de fabrication ou d'inspiration grecques, présentent des formes élégantes ; ils sont coquettement décorés de clous de bronze. Les fibules, de forme variée et d'une grande légèreté, appartiennent surtout aux deux types dits *serpentiforme* et *en barque*. De nombreuses plaques de ceinturon en bronze sont couvertes de dessins exécutés soit au repoussé, soit à la pointe (voir fig. 80, p. 121). Enfin, des situles de bronze du plus beau travail, qui, en 1882, étaient déjà au nombre de huit, achèvent de donner une haute idée de la civilisation des Euganéens à cette époque et des rapports intimes existant entre cette civilisation et celle des Hellènes, d'une part, de Hallstatt, de l'autre. Évidemment, ces sépultures sont contemporaines de celles qui, à Bologne, sont caractérisées par la présence des mêmes vases grecs.

4° et 5° La quatrième et la cinquième couche, toujours à incinération, répondent aux débuts de la brillante civilisation que nous avons vue s'épanouir dans la couche précédente. Nous sommes déjà, toutefois, au premier âge du fer. Ces deux couches reposent sur un lit de marne, qui forme le terrain naturel ; les couches supérieures appartiennent toutes au terrain d'alluvion.

Quand les populations de la cinquième couche sont arrivées dans le pays, les indigènes en étaient encore à l'âge de la pierre. Des squelettes ensevelis dans la marne, près desquels étaient déposés des instruments en pierre polie, sont l'indice d'une civilisation toute rudimentaire (la *période lithique* de M. Prosdocimi). Voici les noms qu'il a proposés pour les étages supérieurs à la période lithique :

Époque euganéenne. Première période.
Époque euganéenne. Deuxième période.
Époque euganéo-étrusque. Troisième période.
Époque euganéo-romaine. Quatrième période.
Époque romaine. Cinquième période.

M. Prosdocimi passe ainsi sous silence la période gauloise qui, suivant lui, n'aurait laissé aucune trace dans le pays. Nous avons vu que l'on peut en découvrir des vestiges dans la deuxième couche à partir du sommet.

En résumé, des faits observés à Este, il résulte que sur le territoire euganéen (le Padouan actuel) l'âge de la pierre a été brusquement remplacé par une civilisation caractérisée non seulement par la connaissance du bronze et du fer, mais par l'introduction du rite de la crémation. En même temps paraissent sur les vases des symboles, comme la croix gammée, qui nous transportent en imagination loin de l'Italie. Cette civilisation envahit brusquement la contrée et s'y développe, à partir d'une époque difficile à déterminer avec exactitude, mais qui ne peut être postérieure au xe siècle avant notre ère. Elle s'épanouit du viie à la fin du ve siècle au contact des civilisations hellénique et étrusque. Au ive siècle, sous l'influence des invasions galatiques suivies de la conquête romaine, elle dégénère, se dissout, pour ainsi dire, et aboutit finalement à cette civilisation uniforme que nous qualifions en Gaule de *gallo-romaine,* mais qu'il faudrait plutôt appeler *romaine* tout court.

Une remarque d'une portée historique au moins égale aux précédentes est la constatation de la persistance des formes, des procédés industriels, des principaux motifs d'ornementation, enfin du même rite funéraire, sur le territoire d'Ateste, depuis l'époque de la première introduction des métaux sur les bords de Pô jusqu'à la conquête romaine, ou, pour mieux dire, jusqu'aux invasions gauloises du iv° et du iii° siècle qui ont jeté partout la perturbation dans la Haute-Italie.

Durant cette longue période de sept ou huit cents ans, ni les invasions des tribus celtiques primitives (si tant est qu'il y ait eu des invasions), ni la conquête étrusque, ni même, au début, la conquête gauloise, n'ont troublé le développement normal des germes apportés du dehors à une époque inconnue et que la domination romaine a pu seule parvenir à dessécher sous l'uniformité d'une nouvelle civilisation.

A Este, il est vrai, nous sommes sur un terrain spécial, en pays euganéen, où nos conclusions ne peuvent être formulées sans quelque réserve; mais toute hésitation disparaît à Bologne, l'antique Felsina, le centre le plus brillant de la civilisation ombrienne. Les nécropoles de Felsina ne sont pas des nécropoles isolées, sans ramifications, comme les sépultures euganéennes : elles font partie d'un ensemble imposant qui autorise les généralisations et les vérifie. Une des nécropoles de ce groupe, celle de Villanova, a même donné son nom à l'ensemble de la civilisation qu'elles représentent et l'on dit *civilisation villanovienne*, bien que le terme de *civilisation ombrienne* soit peut-être destiné à prévaloir.

La découverte de la nécropole de Villanova remonte déjà à une quarantaine d'années. Depuis, on a signalé de nombreux groupes de sépultures analogues dans un cercle délimité par Castel San Pietro à l'est, Barzano à l'ouest, La Panetta au sud, et dont Bologne est le centre. Au nord, cette région confine à celle des terramares, dont le caractère est bien différent.

Voici la nomenclature de ces nécropoles :

Vallée de l'Uccelleto : Prunaro.

Vallée de la Savena : Villanova, Sette Fonte.

Vallée de la Zena : Zena.

Vallée du Reno : Porretta, Canovella, Marzabotto, Panico,

Fig. 93. — Porte monumentale de Bologne (Felsina), restituée, avec la *stèle Malvasia* dans le tympan [1].

1. Cf. Gozzadini, *Di alcuni sepolcri della necropoli felsinea*, p. 20.

Castlar delle lagune, Villa Comelli, Sasso, Pontecchio, Moglio, Tessarello, Ramonte.

Vallée de Lavino : Cascina Bassi, Tomba.

Vallée de la Samoggia : Città Selvatica.

La tête de ce petit empire ombrien était bien Felsina. Une série nombreuse de sépultures du plus haut intérêt l'atteste. Ces sépultures, qui s'échelonnent en allant de l'ouest à l'est, de la tour des Asinelli (rue Majeure) à l'ouest, à la Certosa vers l'est, présentent le développement d'une vaste nécropole grandissant avec les siècles et s'avançant lentement et régulièrement du couchant à l'orient. Comme les couches d'Este, cette nécropole nous offre un chronomètre, horizontal cette fois, au lieu d'être vertical, mais non moins nettement caractérisé et précis.

Le premier groupe de tombes du type de Villanova que l'on ait découvert à Bologne fut signalé sous une maison de la rue Majeure, à quelque distance de la tour des Asinelli. Huit tombes y furent explorées avec soin par le comte Malvasia, qui leur donna son nom. Le mobilier funéraire était, dans son ensemble, identique à celui de Villanova. Une stèle sculptée qu'on y a découverte, sur la limite même de la nécropole du côté de la ville, mérite surtout d'arrêter notre attention. Cette *stèle Malvasia*, sculptée dans un relief très plat et dans le style le plus archaïque (fig. 93), représente deux quadrupèdes, dressés sur leurs jambes de derrière et reposant leurs jambes de devant sur les *ailettes* d'une colonne dont le fût les sépare. A l'aspect d'une gravure de ce monument, tous les archéologues penseront à la fameuse *porte des Lions* de Mycènes et aux façades de tombeaux phrygiens qui sont décorées suivant le même motif. Serions-nous, à Felsina, en présence des débris de l'une des portes de la ville primitive ? Il est assez naturel de le supposer, bien qu'on ne puisse rien affirmer à ce sujet. Notre figure 93 offre une restitution de cette porte, telle qu'il est permis de la concevoir. Mais si la stèle Malvasia n'est pas le reste d'une entrée monumentale, s'il faut y voir une simple stèle funéraire, elle n'en présente pas moins un grand intérêt par son analogie avec la porte de Mycènes ; d'autant plus que d'autres stèles découvertes dans la nécropole de la Certosa ressemblent beaucoup à celles que Schliemann a découvertes à Mycènes au-dessus des tombes royales. Non seulement le style de ces monuments est apparenté, mais les procédés de travail, la forme même et la décoration des stèles établissent entre elles d'incontestables rapports. Au point de vue chronologique, il y a cependant de graves difficultés. La stèle Malvasia, très grossière de travail, peut être à peu près contem-

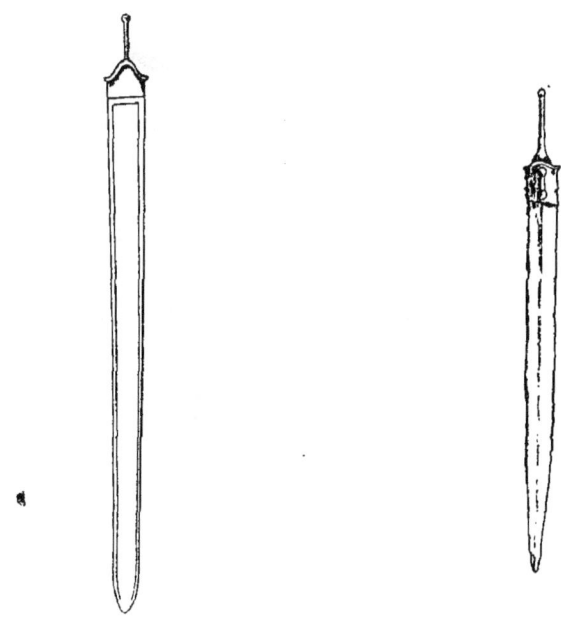

Fig. 94.
Épée gauloise d'Introbbio [1].

Fig. 95.
Épée gauloise des environs de Bologne

poraine de la porte de Lions ; les stèles de la Certosa sont, au contraire, incontestablement plus récentes que leurs congénères mycéniennes. Il est tentant d'alléguer une « survivance », un style traditionnel ; mais entre la date présumée des stèles de l'agora de Mycènes et celle des stèles de Felsina il y a un laps de temps considérable qui ne permet pas d'admettre

1. *Bullet. di paletnologia italiana*, t. XII, pl. X, 29.
2. Brizio, *Atti e Mem. della deputazione di Storia patria*, 3ᵉ sér., t. V, fasc. III-IV, pl. VII, 34.

une influence directe du premier groupe de ces monuments sur le second. Quoi qu'il en soit, le rapprochement s'impose.

A Malvasia comme à Villanova, nous sommes en présence d'un mobilier funéraire qui n'est que le développement du

Fig. 96. — Épée gauloise de Casargo, tordue intentionellement [1].

mobilier des nécropoles insubriennes, Bismantova, Golasecca, Sesto-Calende.

Comme à Golasecca, comme à Este, les nécropoles primitives du Bolonais sont assises sur un sol vierge qu'aucun groupe supérieur au groupe néolithique n'avait encore occupé. Comme à Este, le développement se poursuit, lentement

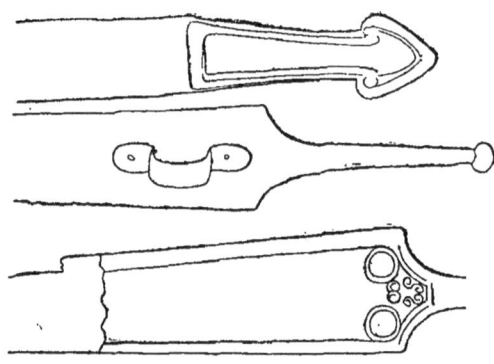

Fig. 97 et 98. — Fourreaux d'épées gauloises de Varenna [2].

et régulièrement, à travers les *champs sacrés* de l'Arsenal, de la porte Castiglione et San-Mammolo, des *predii* Benacci, Lucca et Arnoaldi pour arriver à la Certosa, où l'élément étrusque qui se montre déjà à Benacci prend complètement le dessus ou

1. *Rivista di Como*, fasc. xxxiv (1883), pl. I *a*, fig. 15.
2. *Ibid.*, fig. 15, 16 et 17.

du moins balance l'élément ombrien. Ce dernier était alors arrivé à son *summum* de puissance, comme le démontre le mobilier funéraire d'une des tombes du groupe *Caprara*.

Les tombes à inhumation, à vases rouges sur fond noir, commencent à égaler en nombre les tombes à incinération, pour finir par devenir plus nombreuses. A côté du rasoir lunulé, des vieilles fibules, de l'urne villanovienne qui persiste encore, se montrent la ciste à cordons en bronze, la situle à

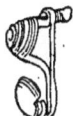

Fig. 100.
Fibule de bronze gauloise
des environs de Bologne[2].

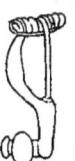

Fig. 99.
Épée gauloise de la Hesse, type dit
de la Tène ou de la Marne[1].

Fig. 101.
Fibule gauloise
des environs de Bologne[3].

zones ornées de représentations figurées. C'est l'équivalent de la troisième période de la stratigraphie atestine de Prosdocimi.

La même révolution s'est accomplie au sud et au nord du Pô avec l'établissement des colonies étrusques dans ces contrées. Mais le fond de la population n'a pas changé : elle est restée insubrienne au nord (sauf les Euganéens), ombrienne

1. Lindenschmit, *Alterthümer*, t. II, 7, 6, 2 *a*.
2. Brizio, *op. laud.*, pl. VI, 6.
3. *Ibid.*, pl. VII, 27.

au sud. L'invasion de l'art étrusque se fait du reste sentir partout à cette époque, c'est-à-dire dans toute la Cisalpine, même dans la partie occupée par les terramares, où des fragments de céramique étrusque ont été recueillis en grand nombre

Fig. 102. — Fibule gauloise en fer des environs de Bologne[1].

Fig. 103.
Fibule gauloise des environs de Bologne[2].

dans les couches supérieures de ces établissements lacustres artificiels.

Mais cette influence étrusque, disséminée et d'intensité très

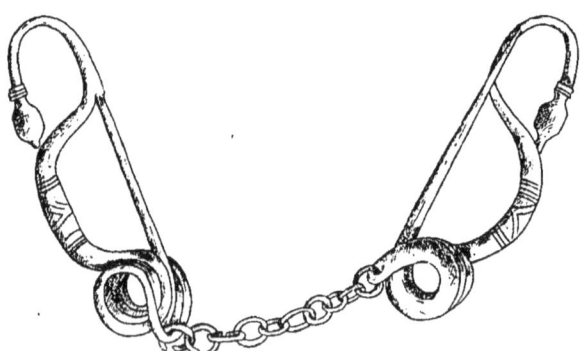
Fig. 104. — Fibules gauloises des environs de Bologne, réunies par une chaînette[3].

inégale d'après les lieux, n'est pas telle qu'elle indique une

1. Brizio, *op. laud.*, pl. VII, 27.
2. Brizio, pl. VII, 39.
3. Brizio, *op. laud.*, pl. VI, 11. Des fibules analogues, en argent, ont été découvertes avec des monnaies gauloises et des pièces de la République romaine, près de Lautrath aux environs de Bregenz. Voir Much, *Atlas*, pl. XC, n° 9.

complète possession du pays par les conquérants : elle atteste seulement, comme nous l'avons déjà dit, une domination politique, une *occupation* dans le sens moderne de ce mot.

Denys d'Halicarnasse croyait devoir constater ce fait au commencement du règne d'Auguste : « Les mêmes habitants demeurèrent toujours dans le pays sans être jamais chassés par d'autres. Ils ne firent que changer de noms et de maîtres. »

Dans le Bolonais, comme à Este, la série des tombes ne s'arrête pas à l'apparition des influences étrusques : on peut la

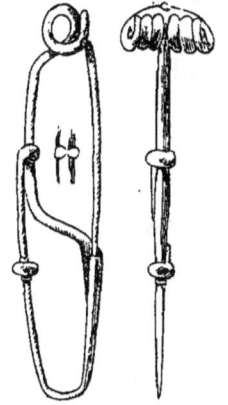

Fig. 105. — Fibule gauloise de la Tène (lac de Neuchâtel)[1].

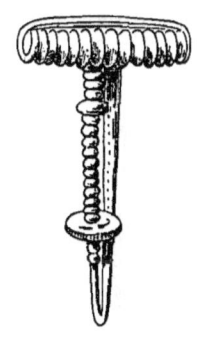

Fig. 106. — Fibule gauloise de la Tène[2].

suivre jusqu'à l'invasion des Gaulois. Mais ici, contrairement à ce que nous avons observé en pays euganéen, l'élément envahissant n'est pas représenté seulement par quelques sépultures isolées, intercalées entre la couche euganéenne et la couche romaine. Il y a des groupes entiers de tombes, parfaitement caractérisées, tombes de simples soldats et tombes de chefs.

Ces tombes ont fait l'objet d'une étude très complète de M. Brizio[1].

Après avoir constaté historiquement, d'une manière géné-

---

1. Keller, *Pfahlbauten*, 6ᵉ rapport, pl. XIV, 10.
2. Keller, *op. laud.*, pl. XIV, 7.
3. *Tombe e necropoli galliche*, dans le t. V (3º série, fasc. III-IV) des *Atti e Memorie della reale deputazione di Storia patria per la provincia di Romagna*. 76 p. et 3 planches. Bologne, 1887.

rale, le caractère superficiel de l'occupation gauloise dans la Cispadane, où, en réalité « les Gaulois n'ont jamais fait que camper » (c'est à peu près ce que nous disait déjà Polybe), M. Brizio rappelle combien sont récentes, en Italie, les découvertes de sépultures reconnues gauloises : les plus anciennes ne remontent qu'à 1871. Elles ne se sont multipliées qu'à partir de 1878. Puis il entre dans le détail des tombes explorées depuis une quinzaine d'années dans le Bolonais.

1° Au *predio* Benacci (aujourd'hui Caprara). Au-dessous de tombes romaines (comme à Este) et au-dessus de tombes ombriennes du type villanovien, l'ingénieur Zannoni n'a pas rencontré moins de 170 sépultures à inhumation, avec un

Fig. 107. — Fibule gauloise de la Tène[1].

Fig. 108. Fibules gauloises de Sommebionne (Marne), réunies par une chaînette[2].

mobilier caractéristique qui, n'étant ni romain ni ombrien, lui parut être incontestablement gaulois. Son opinion a été confirmée par les fouilles d'un terrain voisin où les tombes plus riches, présentent un caractère encore plus marqué. L'une d'elles, dite *du guerrier* (p. 474 et pl. XXXVII de l'ouvrage de Zannoni), contenait des armes qui ne laissaient place à aucun doute. La présence d'épées de fer dans ces tombes est particulièrement intéressante, car leur forme typique est un argument irrécusable. Voici la liste de celles qui, suivant M. Brizio, ont été recueillies au cours des fouilles.

Tombe 18 (inhumation). — Épée de fer dans son fourreau, avec chaîne

1. Keller, *op. laud.*, pl. XIV, 2.
2. Morel, *Champagne souterraine*, pl. XIII, fig. 1.

de suspension en fer également ; la même tombe contenait un poignard en fer du type de la Marne.

Tombe 100 (inhumation). — Épée de fer dans son fourreau (même type) ; à côté, une pointe de lance en fer.

Tombe 138 (incinération). — Épée de fer dans son fourreau (même type).

Tombe 176 (incinération). — Épée de fer dans son fourreau (même type), avec chaîne de suspension en fer ; belle pointe de lance avec talon.

Tombe 758 (inhumation). — Épée de fer d'une longueur inusitée (type de la Tène), mesurant au minimum 0m,75.

Tombe 942 (incinération). — Épée de fer dans son fourreau (type de la Marne) ; belle lance avec talon ; trois phalères de bronze.

Tombe 953 (inhumation). — Sépulture d'un chef ; un cercle d'or ou couronne, composé de feuilles d'olivier, a été recueilli sur la tête du squelette. Il y avait aussi un casque de bronze[1], une épée de fer (type de la Marne) et une pointe de javelot en fer.

Fig. 109 : — Chaînettes gauloises en fer, des environs de Bologne [2].

Des bracelets de fer et de bronze provenant des mêmes sépultures reproduisent presque sans variante la forme et la technique des objets analogues trouvés en Champagne. En général, le mobilier est celui des tombes de la Marne, à la céramique près.

Plusieurs tombes signalées par M. Zannoni étaient des tombes de femmes ; près d'un des squelettes féminins se trouvaient des boucles d'oreille en or.

1. Brizio, *op. laud.*, pl. VI, 23.
2. Brizio, *op. laud.*, pl. VI, 5, 20.

Le comte Gozzadini qui prit, après M. Zannoni, la direction des fouilles, fut assez heureux pour recueillir les fragments d'un second bandeau d'or, associé à un casque de bronze portant une inscription étrusque (1887). On sait que, dans le courant du III° siècle, Gaulois et Étrusques se sont, à plusieurs reprises, coalisés contre les Romains.

Après Gozzadini vint M. Brizio, qui obtint des résultats analogues en fouillant le terrain (*predio*) De Lucca, voisin des précédents. Citons une tombe (n° 86) où il recueillit une épée de fer dans son fourreau, avec chaîne de suspension, du type *marnien* bien caractérisé.

Les sépultures gauloises n'avaient pas manqué non plus à la *Certosa* de Bologne, où on les a trouvées mêlées à des tombes étrusques. M. Zannoni en signale à plusieurs reprises dans son grand ouvrage.

Suivons maintenant M. Brizio hors du territoire propre de Bologne.

1° A *Ceretolo*, à 18 kilomètres environ de la ville, il y a un groupe important de sépultures gauloises. A côté d'un des squelettes se retrouve l'épée de fer marnienne avec la chaîne de suspension.

2° A *Santa-Maria Maddalena di Cazzano*, à la même distance de Bologne, un autre groupe gaulois a fourni la même épée de fer, douze pointes de lance en bronze et quinze fibules (types de la Marne et de la Tène).

3° *Marzabotto*. — Dans ce centre si franchement étrusque, nous retrouvons encore les Gaulois, avec leurs mêmes armes, leurs mêmes fibules. Reconnu d'abord par Desor et M. G. de Mortillet, le caractère gaulois de plusieurs sépultures de Marzabotto est aujourd'hui hors de doute. Mais à la Certosa, Ombriens, Étrusques et Gaulois reposent côte à côte dans la vaste nécropole ; à Marzabotto, les Gaulois ont été ensevelis à part, dans des conditions qui ne permettent d'y voir ni des maîtres ni des esclaves. C'étaient sans doute des auxiliaires ou des mercenaires.

Nous ne reviendrons pas sur les fouilles dont le comte Goz-

zadini, Desor et M. de Mortillet ont traité avec compétence.
M. Brizio, dans le mémoire que nous analysons, porte à six le
nombre des épées incontestablement gauloises trouvées à Marzabotto. Il faut donc compter au moins seize épées gauloises
recueillies, en peu d'années, dans un cercle très étroit autour
de l'antique Felsina. Ce chiffre paraîtra modeste ; hâtons-nous
de dire que l'on se ferait une idée inexacte de l'importance
des sépultures gauloises du Bolonais si l'on restait sous cette
impression. Bien que l'épée soit, pour ainsi dire, l'élément le
plus significatif du mobilier funéraire gaulois, elle est loin
d'être le seul indice certain d'une sépulture gauloise. Les fers
de lance et de javelot, les bracelets, les fibules offrent aux
archéologues des éléments non moins sûrs de détermination.

Fig. 110. — Bracelet gaulois avec ornements en S, environs de Bologne [1].

Une statistique établie sur ces indices attesterait l'existence,
dans la région bolonaise, de plusieurs centaines de tombes
gauloises.

Il faut constater, toutefois, que nous ne trouvons, sur ce
territoire *boïen* par excellence, rien qui ressemble aux grandes
nécropoles celtiques de l'Insubrie, ni aux nombreux et vastes
cimetières du nord-est de la Gaule (départements de la Marne,
de l'Aisne et de l'Aube), ni à plusieurs nécropoles échelonnées sur la rive droite du Bas-Rhin.

Les conclusions de M. Brizio, s'appuyant sur un ensemble
de faits dont ses recherches ultérieures n'ont pas modifié le

---

1. Brizio, *op. laud.*, pl. VI, 32.

caractère, tendent donc à restreindre considérablement le rôle des Gaulois en Cispadane. Les Gaulois y ont plus détruit qu'ils n'ont fondé. Ils n'ont fait que passer dans la contrée sans y prendre racine, si ce n'est sur la bande de terre occupée par les Sénons où le rédacteur du *Périple* de Scylax les trouve encore établis vers l'an 300 en les qualifiant de *restes de l'invasion*, ἀπολειφθέντες τῆς στρατείας. Mais les nécropoles sénonaises n'ont pas encore été retrouvées.

Nous avons dit que les Gaulois (*Galates*) avaient laissé de leur passage dans le Milanais des traces analogues à celles que nous avons signalées dans la Cispadane. Les points explorés sont ici encore plus nombreux, bien qu'à vrai dire les constatations de ce fait ne remontent pas au delà de 1878.

Avant cette époque, pouvait dire M. Pompeo Castelfranco[2],

Fig. 111. — Bracelet gaulois à godrons, tombe des environs de Bologne [2].

on considérait comme introuvable en Transpadane une tombe gauloise. Celles qui eussent mérité ce nom étaient alors classées sous les étiquettes de *ligures*, d'*ombriennes* ou d'*étrusques*, quand elles n'étaient pas qualifiées de *romaines*. L'élément gaulois n'avait été reconnu sans conteste que dans la Cispadane, à Marzabotto, au *predio* Benacci et à la Certosa[3].

M. Castelfranco, le premier, montra dans quelle erreur on était. Un mémoire publié par lui en 1879[4] a ouvert un horizon nouveau en signalant, dans la Brianza, entre Côme et Milan, des tombes auxquelles il était impossible de refuser un

1. *Bullettino di paletnologia italiana*, 1886, p. 174.
2. Brizio, *op. laud.*, pl. VII, 13.
3. *Congrès de Bologne*, 1871, p. 278.
4. *Tombe gallo-italiche al Soldo*, dans le *Bullettino di paletnologia italiana*, 1879.

caractère tout à fait analogue à celui des sépultures reconnues gauloises au sud du Pô. Les constatations de sépultures semblables se sont depuis multipliées.

M. Castelfranco a décrit ces sépultures dans un article publié en 1886[1]. Il dresse, en ce moment, une carte du Milanais, plus particulièrement de la province de Côme, où il marque l'emplacement de ces nécropoles gauloises. Il a bien voulu nous envoyer la liste des principales localités notées par lui et que nous donnons ici par ordre alphabétique ; elles sont au nombre de *soixante*. L'astérisque désigne les sépultures qui, à ses yeux, appartiennent aux envahisseurs du iv° siècle ; M. Castelfranco en compte vingt.

LISTE DES LOCALITÉS

OÙ ONT ÉTÉ RECONNUES DES SÉPULTURES GAULOISES DANS LES PROVINCES DE MILAN ET DE CÔME

1. Arquello* (rive droite du Tessin).
2. Ballabio*.
3. Bernate.
4. Biandionno, près du lac Varèse.
5. Bosco Stretto*.
6. Bovio.
7. Breccia (commune de Rondinetto).
8. Carate Lario.
9. Caravaggio*.
10. Cardano*.
11. Casargo*.
12. Castellazzo della Rogarea.
13. Castelletto Ticino.
14. Castello nella Valtravaglia.
15. Civiglio.
16. Coarezza.
17. Comebbio.
18. Cocquio.
19. Crescenzo.
20. Esino*.
21. Este (dans le Padouan)*.
22. Fontanella Montavano*.
23. Garbagnate Milanese*.
24. Gavirate (Malgesso).
25. Gavirate (Rovarello).
26. Golasecca.
27. Grandate.
28. La Guzetta (commune de Maceno)*.
29. Introbbio*.
30. Legnano*.
31. Longone al Seguino.
32. Magenta*.
33. Merlotitt.
34. Mezzano presso Melegnano*.
35. Moncucco.
36. Montorfano.
37. Monza.
38. Pagnona*.
39. Pasturo*.
40. Piazzolo.
41. Pombio*.
42. Povigliano Veronese*.

---

1. *Liguri-Galli, Galli-Romani* dans le *Bullettino di Paletnologia italiana*, 1886.

43. Pressualdo.
44. Remedello*.
45. Robarello.
46. Bosco-Stretto.
47. Rogarea di Rogaredo Milanese.
48. Rondineto.
49. San-Ambrosio Olona.
50. San-Fermo.
51. San-Pietro di Stabio,

52. San-Stefano*.
53. Santa-Maria de Vergosa.
54. Sesto-Calende.
55. Soldo*.
56. Varenna.
57. Vergiate.
58. Villa Nessi (Val di Vico).
59. Vippola.
60. Zelbio (Val di Nesso).

Plusieurs de ces nécropoles rentrent assez naturellement dans la série des nécropoles plutôt insubriennes que galatiques, d'une époque seulement plus récente que les vieilles nécropoles du type de Golasecca. La plupart des sépultures dites du iv⁰ siècle ou postérieures à cette époque sont elles-mêmes, le plus souvent, mêlées aux sépultures insubriennes antérieures et, sinon dans leur voisinage immédiat, du moins dans un rayon assez rapproché pour que l'on ait le sentiment que ces tribus voisines n'étaient point hostiles les unes aux autres. Nous rendons ici l'impression de M. Castelfranco, qui est d'ailleurs conforme à la nôtre.

Cette espèce de confusion entre les diverses populations qui, avant les Romains — les Étrusques toujours à part, — ont occupé l'Insubrie, est un caractère distinctif de ces petites nécropoles. Un autre caractère plus significatif encore, c'est que toutes ces sépultures, sauf deux, sont à incinération, conformes au vieux rite des populations celtiques ; et pourtant l'armement du défunt, quand nous avons affaire à un guerrier, ne diffère en rien de celui des inhumés de la Cispadane ou des inhumés de notre Belgium.

Les épées du type de la Marne, plus souvent du type de la Tène, se sont en effet rencontrées accompagnées des fibules caractéristiques :

1° A *Casargo*[1]. — Lame d'épée en fer avec son fourreau, toute tordue; redressée, elle mesurait au moins 0ᵐ,90.

---

1. Castelfranco, *op. <laud.>*, p. 207.

2° A *Introbbio*[1]. — Grande épée de fer recourbée sur elle-même, lame et fourreau. Dans la même tombe, deux pointes de lance et deux couteaux de fer spécifiquement gaulois.

3° A *La Gazetta* (Marino-Ticino). — Longue et large lame de fer tordue à dessein, avec la chaîne et un crochet d'attache.

4° A *Magenta*. — Cinq ou six épées, la plupart en fragments, existent au Musée Brera à Milan et proviennent de la nécropole gauloise de Magenta. Les fourreaux sont identiques à certains fourreaux de la Tène publiés par le docteur Gross[2]. Deux chaînes accompagnaient ces épées.

5° A *San-Stefano* (Lodi-Vecchio). — Grande épée de fer de cette provenance. Autrefois dans la collection Ancona à Milan. Longueur 0m,75. Chaîne de ceinturon.

6° *Povigliano Veronese*. — Autre épée de même caractère (fouilles du comte Ceppola), brisée à quelques centimètres au-dessous de la poignée, mais bien reconnaissable[3].

Le nombre des épées est encore plus restreint ici qu'en Cispadane (une douzaine en tout, suivant le compte de M. Castelfranco). Mais nous avons lieu de croire que les fers de lance caractéristiques, dont il n'a pas dressé la liste, se sont rencontrés plus abondamment que les épées.

Quoi qu'il en soit, nous voyons qu'en Transpadane, au-dessus des tombes insubriennes, comme en Cispadane, au-dessus des tombes ombriennes, une seconde couche franchement gauloise, mais beaucoup moins riche et composée de nécropoles plus clairsemées, indique l'introduction d'un élément nouveau dans le pays. Cet élément assez peu nombreux se noya bientôt dans le fond de la population antérieure.

---

1. Castelfranco, *op. laud.*, p. 204.
2. Gross, *La Tène*, Paris, 1886, pl. II, fig. 2, 4, 7, 8 ; pl. III, fig. 3 ; pl. IV, fig. 1.
3. *Notizie degli Scavi*, 1880, pl. VIII, fig. 1 et p. 240.

Sommes-nous là en présence d'un fait exceptionnel ? N'est-ce pas, au contraire, un fait d'un caractère presque général, propre à la majorité des conquêtes dont le but est une simple occupation plutôt qu'une prise de possession réelle du sol ?

Les Étrusques ont dominé pendant trois siècles au moins en Transpadane, plus longtemps et avec plus de suite que les Gaulois. Où sont leurs nécropoles au nord du Pô ? Y a-t-on jamais signalé une de ces *camere* dont l'Étrurie propre est remplie à la même époque ?

Il est difficile de ne pas admettre, avec M. Brizio, qu'en Cisalpine, en Transpadane et en Cispadane les Gaulois n'ont fait que passer comme un ouragan ou comme une nuée de sauterelles. L'éclat et la terreur des armes des *Galates* avaient rejeté dans l'ombre les premiers occupants. Il semble, à lire les historiens, qu'il n'y a jamais eu en Cisalpine que des Boïens, des Cénomans, des Senones. Les Insubres et les Ombriens eux-mêmes ont disparu de la scène. Les seuls qui aient laissé dans le sol des traces profondes sont les seuls dont les textes ne parlent pas. L'archéologie les remet à leur place.

Au début de ces études, nous avons établi que c'était sur le haut Danube et surtout en Italie (Cisalpine) que nous devions aller étudier les Celtes primitifs, dont on trouve si peu de traces en Gaule avant le cinquième siècle. La question se retourne quand il s'agit des Galates. Les Galates sont originaires du nord, du nord des Alpes sans doute, mais plus particulièrement du centre de la Germanie quand il s'agit des Gésates, du nord de la Germanie et du nord-est de la Gaule quand il s'agit des Belges. C'est là qu'ils sont chez eux, comme plus tard les Francs ; c'est là que leurs grandes *ligues* se forment. Là est le centre de leur puissance, à partir du v° siècle avant notre ère. C'est de là qu'ils partent pour leurs grandes expéditions guerrières et c'est là peut-être que leurs chefs les plus puissants exigeaient que l'on rapportât leur dépouille mortelle. Aussi est-ce là, dans leurs immenses nécropoles situées entre la Seine, la Marne et le Rhin, que l'archéologue doit aller les étudier.

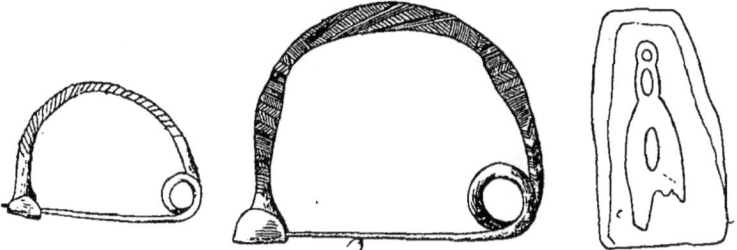

Fig. 113. — Fibules et moule à rasoir de Bismantova [1].

1. *Bull. di Paletnologia italiana*, t. I, pl. II, 1 ; t. II, pl. VIII, 12 ; t. I, pl. II, 7.

ANNEXE A

EXTRAITS DE MES CARNETS[1]

Voyage de Milan, Pérouse, Vienne

Milan, 30 mai 1873. — Note écrite au Musée Brera, en présence de la vitrine où sont déposés les objets provenant de la tombe gallo-italique de *Sesto-Calende*.

« Un seul coup d'œil jeté sur cette belle découverte conduit à la conviction que nous avons devant nous des spécimens de l'art et de la civilisation de Hallstatt. L'épée est *en fer* à antennes, avec fourreau de bronze. La lance est en fer et de la forme des belles lances de la Marne. Les crosses(?) du char sont également en fer et d'un travail exquis. Le casque rappelle celui de Hallstatt. Enfin, les débris de vase en terre portent exactement les mêmes ornements que les vases de Giani à triangles remplis de blanc dessinés par M. Abel Maître.

« Le mors de bride rappelle celui de Vaudrevanges. Les cnémides sont de forme tout à fait grecque et ressemblent à celles que j'ai vues chez Vaganay, le marchand de Lyon, provenant, disait-il, des environs de l'étang de Berre. Nous sommes toujours dans un courant celtique.

« Je ressens de plus en plus l'impression que toutes les époques dites des métaux, lacustre, Golasecca, Villanova, Hallstatt, Alaise, Magny-Lambert et même La Marne, se touchent. La découverte de Sesto-Calende, en particulier, montre que le fer devait être connu en Gaule comme dans la Haute-Italie dès l'époque la plus reculée de l'âge des métaux.

Parme, 1ᵉʳ juin 1873. — La chaîne des Apennins se dessinant nettement à la droite du chemin de fer, dans le lointain, donne une idée très précise de la séparation de l'Italie en deux zones : l'une aux Gaulois, ou Celto-Gaulois (cisalpine, ou plutôt *trans-apennine*) et populations analogues, sœurs au moins par la civilisation ; l'autre aux Étrusques et Italo-Grecs. Il est probable que les populations primitives (indigènes) se sont réfugiées dans les Apennins. C'est là qu'il faut les aller chercher.

Zurich, lundi 16 février 1874. — Je suis préoccupé de la question de l'incinération qui semble liée à l'introduction du métal en Gaule et probablement en rapport avec les premières migrations celtiques sur la

---

1. Voir *supra*, p. 94.

rive gauche du Rhin. Je demande au Dr Keller son sentiment sur les cimetières à *incinération* de la Suisse. Il me répond :

« L'on trouve, en Suisse, dans un certain nombre de tumulus, des urnes cinéraires avec les cendres. Quelquefois l'urne est posée au fond du tumulus sur le sol, quelquefois dans un sac creusé en terre. Les urnes sont, en général, protégées par de petites murettes[1] ou pierres amoncelées. La proportion des tumulus à incinération est à peu près de la moitié des ensevelissements. Dans un certain nombre de tumulus, l'inhumation s'est rencontrée à côté de l'incinération. Les objets recueillis de part et d'autre seraient, toujours d'après le Dr Keller, absolument les mêmes[2]. »

« Ces tumulus se trouvent partagés à peu près également entre la Suisse orientale et la Suisse occidentale. Mais ceux de la Suisse occidentale paraissent les plus riches. Il est bon de noter que l'attention ne paraît pas s'être suffisamment arrêtée sur cette distinction capitale des deux rites : *incinération, inhumation*, à laquelle il faut, selon moi, attacher la plus grande importance. »

Neuchâtel, jeudi 20 février 1874. — Desor me donne l'hospitalité. Je lui expose mes idées relativement au récit du chapitre XLV du Ve livre de Tite-Live. Il les accepte complètement. Mais sur la question de l'introduction des métaux en Gaule, il tient beaucoup à l'idée que le bronze a pénétré en Suisse par voie d'Italie (voie bien détournée). Il admet du reste que l'importation des métaux est due à des migrations orientales.

Voyage de Mayence, Nuremberg, Sigmaringen

21 *mars* 1878, *à Augsbourg*. — *Réflexions*. — Insister sur ce fait que depuis le moyen âge, Augsbourg et Nuremberg ont servi de centre, de point de ralliement pour le commerce entre l'Italie, Venise spécialement, le Levant et le Nord. La France n'a jamais participé à ce mouvement, de mémoire d'homme. L'influence italienne a dominé dans ces contrées sans interruption depuis des siècles. Elle se fait encore sentir aujourd'hui en toutes choses. Les *fresques des appartements* — et presque tous les appartements sont peints à fresque, on n'y connaît pas les tentures en papier — *sont italiennes*. Les modes italiennes dominent et à Augsbourg et à Nuremberg. Il y a là un courant traditionnel.

La Souabe, avec ses lacs dont quelques-uns gèlent facilement, est certainement le pays touchant aux sources du Danube dont parle Hérodote et qu'il attribue aux *Celtes*. Ces pays sont relativement froids, c'est ce qui explique la réputation que la *Celtique* avait du temps d'Aristote. Si la Celtique avait été plus spécialement en rapport à cette époque (v^e et ive siècles)

---

1. Comme à Villanova.
2. Voir *Antiquaires de Zurich*, t. III, p. 47 : *Notes générales sur les tumulus de la Suisse*, par le Dr Ferdinand Keller.

avec les Grecs par l'intermédiaire des navigateurs touchant à Marseille et commerçant avec les Phocéens, elle aurait eu la réputation d'un pays ayant un climat voisin de celui de la Thessalie ou du Péloponnèse. Les renseignements venus par la vallée du Danube expliquent, au contraire, très bien le sentiment unanime des anciens relativement à la rigueur du climat. Aristote pensait certainement à la Germanie celtique, plutôt qu'à la Gaule proprement dite, quand il affirmait que le *froid qui y règne ne permet pas aux ânes de s'y reproduire.*

Du 15 au 25 mars 1878, la neige ne nous a pas quittés de Stuttgard à Sigmaringen, en passant par Nuremberg, Ratisbonne, Landshut et Augsbourg. Le patinage est dans toutes ces villes un exercice annuel très suivi. En serait-il de même en France, même dans le nord ?

La civilisation celtique primitive a dû prendre corps dans ces régions *semi-alpestres*. Puis, à côté et toujours sur la rive droite du Rhin, s'est développée la ligue guerrière à laquelle les Galates, les Gaesates ont donné leur nom. Là a été forgée la première épée de fer à l'aide du fer des Noriques. Cette révolution ne paraît pas devoir remonter au delà du vii° siècle avant notre ère.

Dimanche 24 mars 1878, à Sigmaringen — *Propositions découlant de mes observations.* — 1° Les premières populations aryennes, venues s'établir sur le Danube, en Italie et en Gaule, *incinéraient sans exception*. Elles connaissaient le fer, mais le considéraient comme un métal maudit ; — ces populations étaient agricoles et pastorales.

2° Une révolution, sociale et religieuse à la fois, dont la conséquence fut la substitution du rite de *l'inhumation* à celui de *l'incinération*, avec formation des tribus guerrières, met fin à ce préjugé contre le fer, qui devient le *métal guerrier*, le *métal cher aux chefs*. L'épée de fer calquée sur l'épée de bronze, la longue épée à crans au-dessous de la poignée paraît avoir été le premier type d'épée de fer et être restée l'épée des chefs.

3° Les tribus guerrières, après cette révolution, imposent leur domination aux tribus agricoles (voir un texte de Strabon, dont je ne me rappelle pas exactement les termes). Le centre de la puissance de ces premiers condottières est la vallée du haut Danube, la Carniole, la Souabe, la Franconie, la Hesse et quelques vallées de la Suisse. Elles ne sont descendues que très tard (iv° siècle) en Italie.

4° Vers l'an 400, ces tribus guerrières, Galates et Gaesates, passent les Alpes et s'établissent en Cisalpine à titre de conquérants.

5° A la même époque elles passent le Rhin, mais elles éprouvent plus de résistance qu'en Italie et pendant quelque temps restent cantonnées dans les Vosges et quelques cantons de la Bourgogne, tandis que des tribus sœurs également guerrières (les *Belgae*) pénètrent par le nord-est et envahissent les contrées comprises entre la Seine, la Marne et le Bas-Rhin. L'archéologie démontre que le premier habitat de ces tribus avait été le Hanovre, le Holstein, le Meklembourg, la Hesse et pour quelques tribus la Bohême.

Voyage de Milan, Bologne, Este, Come

18 septembre 1883, *Este.* — Du nouvel examen des musées de la Cisalpine découle la nécessité d'établir au Musée de Saint-Germain une salle de la *Gaule cisalpine* ; une autre salle serait aussi nécessaire : salle de la *Gaule transrhénane*.

Voyage de Laybach, Vienne

3 septembre 1884. — *En Carniole, sur la route de Laybach.* — La culture du pays, en dehors des prairies qui sont nombreuses, est exclusivement maïs, sarrazin, millet. On ne sème presque pas de céréales. Le blé vient de Hongrie, en passant par la Croatie qui en produit aussi une certaine quantité.

Dans l'antiquité, tout ce pays devait être un pays de grands pâturages, et les populations des populations pastorales. Ce sont probablement quelques-unes de ces populations qui, chassées par la famine ou par des émigrants mieux armés, ont poussé jusqu'aux Pyrénées où elles ont trouvé des conditions topographiques analogues. Nous retrouvons leurs sépultures dans les plaines de Ger et à Garin.

Peut-être les populations des stations lacustres se livraient-elles alors à l'agriculture plus spécialement et doivent-elles être, à cause de cela, distinguées des populations pastorales.

Toute cette contrée des Alpes Noriques est admirablement découpée en vallées distinctes, particulièrement favorables au développement de petites nationalités. Dans ces conditions, les tribus *celtiques primitives* ont pu facilement développer leur personnalité, se personnaliser définitivement.

Ces populations ont dû de très bonne heure travailler le fer *à la catalane*. Les minerais ne manquent pas encore aujourd'hui, dans les environs de Tarvis, station de *Račak* (province de Račak). On y exploite par les procédés anciens un minerai dont le fer est très estimé. Même exploitation à *Eisen-Capel* (Carinthie), au dire de l'un de nos compagnons de voyage qui est du pays.

Remarquer que nous sommes dans les contrées des grands lacs. Carniole : lac de *Veldes* (prononcez Seldes) ; Carinthie : lacs de *Worth*, d'*Ossaker*, de *Saint-Léonard*, de *Goritschach*, de *Saker*, de *Mulshat*.

Mardi, 9 *septembre* 1884. — Il est de plus en plus évident pour moi que la civilisation, à l'*époque celtique*, a remonté le Danube et bifurqué à Belgrade, suivant d'un côté la vallée de la Drave, de l'autre la vallée de la Save, dans des directions parallèles, tandis que certaines autres tribus ne quittaient pas la vallée du Danube elle-même, dans laquelle elles s'avancèrent jusqu'aux sources du fleuve pour y faire halte, avant de passer le Rhin.

Des deux côtés des Alpes se trouvent des populations ayant la tradition des *cités lacustres* ; des deux côtés on travaillait le bronze, puis le fer, d'une manière uniforme quoiqu'avec des variétés.

21 juillet 1891. — *Musée d'Este.* — Cette nouvelle visite au Musée d'Este, après un long intervalle, ne fait que me confirmer dans ma première impression.

L'impression qui me reste de l'ensemble des antiquités recueillies et classées par M. Prosdocimi est que les *trois périodes* (II° IIIe, IVe), c'est-à-dire tout l'ensemble de l'histoire *euganéenne*, telle qu'elle se présente à nous dans ce musée, ne forme qu'un seul tout, homogène au fond, dérivant d'un art oriental qui se modifie et se développe, grandit et déchoit sous des influences diverses sans que le fond change. Les Ire et V^o périodes seules, c'est-à-dire l'âge de la pierre (Ire période), l'époque romaine (V^e période) se distinguent radicalement des trois autres. La période gauloise elle-même ne se présente que comme un épisode de cette grande unité.

Il y a là un groupe de tribus qui, du x^o ou xiie siècle au ii^o siècle avant notre ère, n'a pas bougé, n'a pas changé. Au début se trouve la civilisation de Golasecca et de Villanova, comme à Bologne. Les Grecs, puis les Étrusques apportent des éléments nouveaux qui se greffent sur les anciens. Les Gaulois y jettent le trouble un instant, sans laisser grande trace ; avec les Romains, l'art oriental reparaît, mais pour se *romaniser* et s'éteindre dans la grande uniformité de l'*art impérial*. Il se forme un art euganéo-romain, comme en Gaule un art gallo-romain. La sève euganéenne, illyrienne ou celtique était épuisée, car cet art, comme en Gaule, mérite plutôt la qualification d'*art romain* tout court.

Bologne, 27 *juillet* 1891. — Comparer la situation respective des Celtae-Umbri-Galli à celle des divers groupes slaves de l'Allemagne du Sud, de même civilisation générale, de même langue, sauf des différences dialectiques et, cependant, formant de petites nationalités distinctes.

Laybach, Agram, Gratz présentent au voyageur des centres slaves, avec des variétés très sensibles sur un fond commun, comme Côme, Este, Reggio d'Émilie, Bologne, Florence aux époques primitives.

Rome, 17 *mai* 1892. — Résumé des idées de Pigorini (écrit sous sa dictée), touchant la migration des premières tribus aryennes en Italie :

« Quelques-unes de ces tribus seulement se montrent à l'état du bronze pur ; elles se rencontrent, ou plutôt les débris qu'elles ont laissés se rencontrent seulement dans les *terramares* de la vallée du Pô et les *palafittes* orientales (*vénétiques*), dans lesquelles apparaissent cependant, à la fin de la période, des objets *mycéniens*, fibules, animaux en argile, etc., appartenant au premier âge du fer.

Puis les Italiotes (*sic*), déjà *à l'âge du fer*, arrivent, occupent la Vénétie et les provinces voisines, Mantouan, Plaisance, Parme, Reggio, Modène, où ils construisent à leur tour des palafittes (terramares), mais bientôt passent le Passaro, franchissent les Apennins et s'avancent jusqu'à Veies et Corneto, où ils importent l'art et les formes de Villanova. [Où les avaient-ils prises ? (A. B.).] Leur migration s'explique par la pression exercée sur elles par les tribus *hallstattiennes* à l'est et les tribus golaseccienes (celtiques), à l'ouest, toutes deux au premier âge du fer, qu'elles font connaître aux populations antérieures des terramares du bronze.

Pendant ce temps, l'âge de la pierre se maintient chez les populations primitives des Alpes Juliennes et chez les Ligures de la montagne.

Helbig (me dit Pigorini) adhère à ces vues qui sont, paraît-il, les siennes depuis longtemps. Il demande seulement qu'à côté des Italiotes et des Celtes, on fasse une large part aux Étrusques.

Bologne, 27 mars 1892. — Au Musée Civique. — L'impression que je reçois après trois visites au Musée Civique (*trois en dix ans*) est que la civilisation *villanovienne*, telle qu'elle nous apparaît ici, dénote un état de société bien plus avancé qu'on ne se le représente généralement et qui se développe tranquillement jusqu'à l'arrivée des Étrusques (vi^e siècle), pendant une période qui peut avoir duré quatre ou cinq cents ans. Il y a eu là, certainement, un premier foyer de civilisation intense qui a passé les Apennins où les Étrusques l'ont rencontrée et modifiée. Je suis d'accord avec Brizio pour y voir la civilisation ombrienne. Ces *Villanoviens* travaillaient parfaitement le bronze fondu ou martelé. Leurs mors de bride dénotent des chevaux de luxe, très probablement des chars de parade. De beaux fuseaux montrent que dans la haute société on estimait le travail de la matrone, au foyer domestique. Les vases à appliques de métal et même à appliques d'étain, comme dans les stations lacustres, témoignent d'un grand luxe à l'intérieur des habitations. Les Étrusques n'ont guère apporté, en plus, que les vases peints et l'usage de vivre dans des villes fermées (*Marzabotto*). Il y a toujours, cependant, le rite de l'inhumation qui les sépare nettement des populations vraiment villanoviennes et que nous sommes très disposé à regarder avec M. Brizio comme des populations *ombriennes,* c'est-à-dire PROTO-CELTIQUES.

Alex. BERTRAND.

ANNEXE *B*

L'AMENTUM ET LA CATEIA [1]

SUR UNE

PLAQUE DE CEINTURE EN BRONZE AVEC FIGURES

DU CIMETIÈRE GAULOIS DE WATSCH (CARNIOLE)

Au moment où M. Salomon Reinach donnait à l'impression son intéressant article sur les *Fouilles exécutées dans les nécropoles de Watsch et de Sanct-Margarethen* (*Carniole*) [2], une lettre de M. Ferdinand de Hochstetter m'apprenait que les nouvelles fouilles entreprises en 1883 avaient donné des résultats aussi curieux, pour le moins, que ceux dont M. Reinach rendait compte. Cinquante sépultures à inhumation et un grand nombre de sépultures à incinération avaient été explorées durant cette nouvelle campagne archéologique. Les premières tombes, les tombes à *inhumation*, sont en général, me disait-il, des tombes de guerriers ensevelis avec leurs armes : lances et pointes de flèches. Quarante-deux pointes de flèches ont été recueillies dans une seule de ces tombes, trente-huit dans une autre : provisions préparées, selon les rites, en vue de la nouvelle vie que les guerriers allaient mener dans l'autre monde. On reconnaissait les tombes de femmes à des bracelets et à des colliers de tout genre, où brillaient des perles d'ambre et de verre. Les femmes emportaient ce qu'elles avaient de plus précieux : leurs parures, arsenal féminin, comme les guerriers leurs armes. Il y aura là une étude de détail à faire que MM. de Hochstetter ou M. Deschmann ne tarderont certainement pas à nous donner et que nous attendrons avec d'autant plus d'impatience que ces cimetières de Watsch et de Sanct-Margarethen nous paraissent définitivement bien être des cimetières celtiques ou gaulois, comme on voudra, nous dirions volontiers celtiques et gaulois, les sépultures à incinération devant être, suivant nous, des sépultures celtiques, les sépultures à inhumation étant des sépultures gauloises. Nous ne pouvons et n'avons pas l'intention de développer dans une note aussi courte que la présente une thèse d'un caractère aussi nouveau et qui certainement étonnera plus d'un lecteur au premier abord. Nous ne dirons rien aujourd'hui des tombes à incinération ; mais M. le prince Ernest de Windisch-Grætz nous

---

1. Voir *supra*, p. 107.
2. Voir *Revue archéologique*, numéro de novembre 1883.

en ayant gracieusement donné l'autorisation, sur la demande de mon confrère à l'Institut, le marquis de Vogüé, nous n'avons pu résister au plaisir de publier sans plus tarder un document de premier ordre : une plaque de ceinture en bronze, ornée au repoussé, sur laquelle figurent certainement des guerriers gaulois, cavaliers et fantassins, et que M. de Hochstetter, dans sa lettre, signalait déjà tout particulièrement à mon attention.

L'importance exceptionnelle que j'attache à ce monument ne vient pas seulement de ce qu'il sort d'un milieu gaulois, de ce qu'il nous met en présence de costumes, boucliers et casques, analogues à ceux que nous ont déjà fait connaître les situles de la Certosa, de Matrai et la situle de Watsch elle-même, dont M. Reinach a donné le dessin d'après M. de Hochstetter[1], de ce qu'enfin le travail de cette plaque appartient à une industrie et à un art qui paraît avoir été particulièrement florissant chez les tribus celtiques du Danube et du Pô, et cela dès une époque relativement très ancienne; mais encore et surtout parce que nous y trouvons une représentation très nette de deux armes qu'aucun monument figuré ni en Allemagne, ni en Italie, ni en France n'avait encore mis sous nos yeux : le *javelot à amentum* et la *cateia* (voir pl. III de la *Revue*)[2].

Or, la cateia était l'arme gauloise par excellence. Le javelot à amentum ne paraît pas avoir été d'un usage aussi commun dans nos contrées occidentales. Les Romains ne s'en servaient qu'exceptionnellement. Mais nous avons quelques raisons de croire que ce javelot (le javelot à *amentum*) était l'arme de jet qui avait fait donner aux *Gæsates*, les célèbres mercenaires gaulois, le nom qu'ils portaient.

L'AMENTUM

La célébrité de l'amentum est due surtout à la phrase des *Commentaires* où César raconte, B. G., V, xlviii, comment il s'y prit pour faire parvenir à Quintus Cicéron, assiégé chez les Nerviens, la nouvelle qu'une légion accourait à son secours.

« Ayant appris par des prisonniers ce qui se passait dans le camp de Cicéron et en quel péril il y était, César fit partir un cavalier gaulois que la promesse d'une forte récompense décida à porter une lettre au légat : cette lettre était écrite en grec, afin que si l'ennemi l'interceptait il ne pût en connaître le contenu. Dans le cas où le Gaulois ne pourrait pénétrer jusqu'à Cicéron, il devait attacher la lettre à la courroie d'une tragule et la lancer dans le camp. »

Si adire non posset, monet ut tragulam cum epistola ad amentum deligata intra munitionem castrorum abjiciat.

1. *Revue archéol.*, l. c., 1883, pl. XXIII.
2. Le javelot à amentum ne s'était rencontré jusqu'ici que sur des vases grecs ou étrusques.

Pline, VII, LVII, attribue à Œtolus, fils de Mars, la découverte de l'amentum : *Lanceas Oetolus, jaculum cum amento Oetolum Martis filium invenisse dicitur*.

Tite-Live (XXXVII, XLI) fait allusion au javelot à amentum à propos de la bataille livrée par les Romains au roi Antiochus, près de Magnésie du Sipyle. Or, il résulte du texte que les soldats d'Antiochus seuls se servaient de l'amentum. Il n'y avait point de javelots à amentum dans l'armée romaine.

« Un brouillard épais, dit Tite-Live, couvrait les deux armées ; mais, tandis que les troupes romaines pesamment armées en souffraient peu, l'humidité ne pouvant émousser ni le tranchant de leurs épées, ni la pointe de leurs javelots, l'armée du roi en était paralysée, car la pluie avait relâché les cordes des arcs et des frondes ainsi que les courroies des javelots. » *Jaculorum amenta emollierat*.

Virgile ne parle qu'une fois de l'amentum, et c'est dans un passage où il met en scène les guerriers à la tête desquels est le jeune Iule (*Aen.*, IX, 685) :

   Intendunt acres arcus, amentaque torquent.

Mention de l'amentum se retrouve dans un vers d'Ovide (*Metam.*, XII, 321) et un autre vers de Silius Italicus (IX, 508), mais également dans des circonstances qui ne permettent pas d'y voir une arme romaine.

On se demandait encore il y a quelques années en quoi consistait l'amentum et quelle était sa puissance. Le javelot à amentum n'avait été signalé, en effet, sur aucun monument antique. Les commentateurs de César et de Virgile n'en avaient donné aucune description claire, quand Prosper Mérimée en découvrit une représentation non douteuse sur une amphore panathénaïque du British Museum[1].

Je fis faire sur ce modèle, au Musée de Saint-Germain, de concert avec le général de Reffye, des essais qui réussirent parfaitement et dont le résultat fut qu'un javelot qui, lancé par une main quelque peu exercée, portait seulement à 25 mètres de distance, conservait, lancé par la main à l'aide de l'amentum, le même degré de puissance jusqu'à 65 mètres.

La plaque du prince Ernest de Windisch-Graetz nous montre aujourd'hui l'amentum sous deux aspects : 1° flottant en l'air attaché à un javelot lancé à toute vitesse ; 2° bouclé entre les deux doigts, index et médius, d'un cavalier dont le bras est à très peu de chose près dans la même attitude que le bras de l'athlète grec du vase panathénaïque.

Derrière l'adversaire de notre cavalier est un servant avec deux javelots qui doivent également être *amentés* et qui rappellent les vers du VIII° livre de l'*Énéide* où Virgile dépeint l'attaque du Capitole par les Gaulois :

   ...duo quisque alpina coruscant
  Gaesa manu[2].

---

1. Ce dessin de Mérimée a été publié dans la *Revue* en 1860. Il est exposé (salle VI) au Musée de Saint-Germain.
2. Virgile, *Aen.*, VIII, 662.

vers à propos desquels le commentateur de Virgile nous avertit que le gæsum était un long javelot, propre aux Gaulois des Alpes : *jaculum grande, longe feriens, proprium Gallorum Alpes incolentium.*

Le *longe feriens* ne permet guère de douter que le gæsum fût un javelot amenté.

N'est-il pas curieux de retrouver le javelot avec amentum figuré sur la ceinture d'un guerrier des Alpes juliennes ?

LA CATEIA

On avait été bien moins heureux encore jusqu'ici dans l'interprétation de la *cateia*.

Les deux dictionnaires archéologiques qui ont aujourd'hui le plus de réputation et une réputation méritée, le *Dictionnaire* anglais d'Antony Rich (verbo *Cateja*) et le grand *Dictionnaire des antiquités grecques et romaines* publié sous l'habile direction de M. Saglio, se sont également trompés à cet égard.

Je cite Rich, traduit par M. Chéruel :

CATEJA. — « Trait employé en temps de guerre par les Germains, les Gaulois, les Hirpins, etc. C'était *une épée* d'une longueur considérable et d'*un bois mince* à laquelle était attachée une longue corde comme au harpon. De cette manière, celui qui l'avait lancée pouvait la ramener à soi. » A l'appui de cette définition, Antony Rich cite Virg., *Aen.*, VII, 742; Servius, *ad l.*; Sil., III, 277; Isidore, *Orig.*, XVIII, VII, 7.

Je n'ai même pas essayé de faire construire dans les ateliers du Musée de Saint-Germain l'arme ainsi décrite. Il est évident qu'une pareille arme ne répond à rien de pratique ni même de réel.

J'ouvre le *Dictionnaire des antiquités grecques et romaines,* p. 968; ici le mot est écrit *Cateia* et non *Cateja* :

CATEIA. — « Arme dont on rencontre le nom pour la première fois dans Virgile (*Aen.*, VII, 741). Il la met dans les mains des Campaniens, mais en lui attribuant une origine teutonique. Après lui, d'autres poètes, ses imitateurs, Valérius Flaccus (VI, 82), Silius Italicus (III, 27), les scoliastes Servius (*ad Aen.*, VII, 741), Donatus, Isidore (*Orig.*, XVIII, 7), Papias (*sub verbo*), en font une arme de peuples très différents : Scythes, Gaulois, Espagnols, Africains, Perses même, en lui donnant, quand ils s'expliquent à ce sujet, une origine germanique ou celtique.

« Des termes dont se servent ces auteurs, il paraît résulter que la cateia était une arme de jet, emmanchée d'un bois très flexible, long d'une coudée ou d'une coudée et demie, à l'extrémité duquel *une pointe ou un tranchant était fixé par des clous;* une courroie y était adaptée, *au moyen de laquelle on la lançait.* D'après Isidore, elle ne pouvait être envoyée à une très grande distance, à cause de son poids, mais elle frappait avec beaucoup de force et brisait ce qu'elle atteignait; on la ramenait ensuite à soi à l'aide de la courroie qui y était attachée. »

Cette description est plus conforme aux textes. Pourtant M. Saglio sent bien qu'elle ne représente à l'esprit rien de bien net, puisqu'il ajoute en note : « Nous n'essayerons pas de reconnaître la *cateia* dans aucun type connu »; et il se contente de renvoyer à une brochure belge, intitulée : *Essai de solution philologique d'une question d'archéologie généralement réputée insoluble*, par J.-H. Bormans, professeur émérite à l'Université de Liège.

D'après M. Bormans, la *cateia* est la hache de bronze à douille carrée et à anneau, la hache dite de type breton, parce que c'est en Bretagne qu'elle s'est jusqu'ici rencontrée en plus grand nombre. La dissertation de M. Bormans est bien longue et bien confuse. C'est lui, cependant, qui, selon nous, s'est approché le plus près de la vérité. La cateia était en effet une hache, la hache que sur notre plaque brandit le cavalier de droite, le servant de gauche. Telle est du moins notre conviction, et nous pensons que telle sera également la conviction de tous ceux qui, en présence de l'arme ainsi représentée, voudront se donner la peine de relire avec attention les textes qui s'y rapportent.

Que dit le seul texte présentant quelque netteté : « Cateia est genus gallici teli ex materia quam maxime lenta, quae jacta quidem non longe propter gravitatem evolat, sed quo pervenit vi nimia perfringit. Quod si ab artifice mittatur rursum venit ad eum qui misit. Hujus meminit Virgilius dicens :

  Teutonico ritu soliti torquere cateias.

« Unde et eos Hispani et Galli *teutonos* vocant. » (Isid., *Orig.*, XVIII, vii, 7.)

Analysons les diverses expressions de ce texte.

L'arme est lourde, elle brise plutôt qu'elle ne perce ou ne coupe, le manche est fait d'un bois flexible. Il est évidemment court, sans quoi l'arme ne serait pas maniable; Servius, ad *Aen.* VII, 741, dit que la cateia avait seulement une coudée ou une coudée et demie de long; on la lançait de près, car, vu son poids, elle ne portait qu'à une petite distance. Enfin, dernier trait, si elle était maniée par une main habile, elle pouvait par un mouvement rotatoire revenir dans la direction de celui qui la lançait.

« Si *ab artifice* mittatur rursum venit ad eum qui misit. »

Il n'est point ici question de corde ou de lien qui serve à la ramener en arrière comme le harpon.

L'effet produit est celui du *boumerang*. Il est impossible de tirer autre chose du texte d'Isidore.

Ni les vers de Virgile, ni ceux de Silius Italicus n'ajoutent rien à ces renseignements. Mais Valérius Flaccus, liv. VI, v. 79-83 des *Argonautiques*, fait allusion à un détail curieux de l'éducation des populations voisines de l'Hyrcanie, qui ne doit pas passer inaperçu. Valérius Flaccus représente les enfants de ces contrées s'exerçant sur le timon des chars à lancer la *cateia* :

  Et puer e primo torquens temone cateias.

Le maniement de la cateia exigeait donc un long exercice; il fallait s'y habituer dès l'enfance. On y devait lutter d'adresse. Le retour de l'arme vers celui qui la lançait était le comble de l'art : *si ab artifice mittatur*. Il est très probable que ce tour de force n'était destiné qu'aux jeux guerriers si familiers à ces populations dont la vie se passait à guerroyer comme les *Gæsates*, où florissait également le combat du ceste, représenté sur la situle découverte dans une sépulture voisine de celle qui a livré la plaque du prince de Windisch-Grætz. Et, en effet, l'arme ne pouvait revenir sur elle-même qu'autant qu'elle n'avait pas rencontré d'obstacle ; si elle frappait le but, elle déviait forcément; le manche devait le plus souvent se briser; il en est de même du boumerang. Servius parle de *clous de fer* dont l'arme était pourvue : *clavis ferreis illigata*. Ces clous se voient très distinctement sur la *cateia* du cavalier de droite.

En tout cas, on ne peut nier que l'arme que tiennent à la main notre fantassin et notre cavalier ne soit faite d'un bois flexible, pliant légèrement sous le poids du fer, d'une coudée ou d'une coudée et demie de long et destinée à être lancée de près, puisque les deux champions se touchent presque. Elle ressemble singulièrement à la *cateia* des textes, si l'on n'y veut pas voir cette arme même.

Alex. Bertrand.

ANNEXE C

LA *CATEIA* ET LA FRANCISQUE

La *cateia*, selon Virgile[1], est une arme teutonique, et le témoignage des auteurs s'accorde à en faire une arme de jet. Or, il existe, chez les envahisseurs germains du v⁰ siècle, une arme de jet parfaitement caractérisée, la *francisque*. Je propose de rapprocher la *cateia* de la francisque et je pense que ce rapprochement confirme, loin de les contredire, les considérations exposées plus haut par M. Bertrand.

Quand on étudie l'armement des barbares du v⁰ siècle, on est étonné des analogies qu'il présente avec celui des populations de l'Europe centrale dix siècles plus tôt, à l'époque que l'on est autorisé à qualifier de *celtique*, parce que la civilisation qui dominait alors, depuis le fond de l'Espagne jusqu'à la mer Noire, était celle des Celtes.

La grande épée mérovingienne, la *spatha*, ne dérive pas du court *gladius* des Romains. Nous savons, au contraire, que les Romains de l'époque impériale avaient emprunté la *spatha* à l'armement des barbares, suivant en cela cet instinct d'imitation que l'on constate à toutes les périodes de leur histoire militaire. Or, la *spatha* est presque identique à la grande épée celtique du type dit *de La Tène*, à tel point qu'il est souvent fort difficile de les distinguer[2].

Ce qui est vrai de la *spatha* paraît l'être également de l'*angon*, qu'Agathias décrit comme une arme redoutable propre aux Francs[3]. L'historien byzantin dit que les angons sont à la fois des javelots et des lances, dont on se sert pour combattre de loin comme de près. Ils sont presque entièrement recouverts de fer, de sorte qu'on n'aperçoit qu'une petite partie de la hampe en bois. La partie supérieure de l'arme est garnie de deux barbelures qui augmentent la gravité des coups[4] ; lorsque l'angon a pénétré dans le corps de l'ennemi, il lui est impossible de l'en extraire.

---

1. Virgile, *Aen.*, VII, 741 : *Teutonico ritu soliti vibrare cateias.*
2. Témoin la confusion commise par Quicherat, qui a pris les épées gauloises d'Alise pour des *spathae* (*Revue archéol.*, 1865, I, p. 83).
3. Agathias, *Histor.*, II, 5.
4. Ces barbelures, καμπύλαι ἀκίδες, sont très prononcées dans les armes de Nydham (Engelhardt, *Nydam Mosefund*, pl. XI) et dans l'angon du Musée d'artillerie à Paris (Wylie, *Archaelogia*, t. XXXV, p. 51). Les armes de Nydham sont des produits barbares du III⁰ siècle après J.-C., où Lindenschmit voulait voir des armes romaines.

Quoi qu'en ait dit Lindenschmit[1], l'angon franc ne dérive certainement pas du *pilum*, dont on a rapporté, sans preuves suffisantes, l'invention aux Étrusques[2]. Les barbelures dont est muni le fer de l'angon en sont le caractère essentiel, alors qu'il n'y en a pas dans le *pilum*[3]. Tandis que le *pilum* est un javelot, l'angon, comme son nom l'indique déjà, est surtout un harpon[4]. S'il fallait admettre un emprunt, nous croirions plus volontiers que le *pilum* est une imitation étrusque ou romaine d'une arme barbare analogue au *gaesum*. La présence d'un fer de pilum dans une tombe étrusque à Vulci, sur laquelle a beaucoup insisté Lindenschmit, ne prouve rien : ce pouvait être l'arme d'un mercenaire ou d'un auxiliaire gaulois. D'ailleurs, les populations primitives de l'Italie centrale possédaient des armes dites *veru* ou *falarica* qui étaient fort analogues au *pilum* romain[5]. Entre elles et le *gaesum* barbare, il pouvait exister comme un rapport de cousinage, mais rien n'autorise à admettre une dépendance directe, une filiation.

Le passage du VIe livre des *Argonautiques* où Valérius Flaccus énumère

1. *Sammlung Sigmaringen*, p. 21 ; *Alterthümer*, I, 11, 5 ; *Revue archéol.*, 1865, I, p. 387.
2. Voir A. Müller, dans les *Denkmaeler* de Baumeister, t. III, p. 2047.
3. Il est vrai que Polybe (VI, 23) parle du « fer en hameçon » du *pilum*, βέλος σιδηροῦν ἀγκιστρωτόν; mais il n'y a trace de crocs ni dans le pilum de Vulci, ni dans celui du mausolée de Saint-Rémy ; sur les monuments de l'époque impériale, c'est à peine si le pyramidion qui surmonte l'arme semble parfois barbé à sa partie inférieure (Lindenschmit, *Alterthümer*, t. III, 6, *Beilage*, p. 8). L'expression dont se sert Polybe est donc impropre.
4. Cf. l'allemand *Angel*, ligne à pêcher, et le grec ἄγκιστρον, hameçon.
5. Veru : Virg., *Géorg.*, II, 168 ; *Aen.*, VII, 665. Falarica : *Aen.*, IX, 705. La même arme est signalée chez les Sagontins par Tite-Live, XXI, 8. En revanche, je crois que Wylie se trompe quand il allègue le trophée dit *Horatia pila* comme une preuve de l'usage du *pilum* chez les Romains dès l'époque royale (*Archaeologia*, XLII, 2, p. 329). Il est vrai que les anciens eux-mêmes paraissent l'avoir quelquefois compris ainsi, témoin ce que Properce dit d'Ennius (III, 3) : *Et cecinit Curios fratres et Horatia pila*. Cf. Liv., I, 26, 10 : *verbera vel intra pomoerium, modo inter illa pila et spolia hostium*. Mais, en réalité, *Horatia pila* n'est pas un pluriel neutre : c'est un féminin singulier. Il s'agit d'un pilier commémoratif, situé dans la VIIIe région de Rome, qui s'appelait « la colonne Horatienne », *Horatia pila*. Ce pilier était l'équivalent exact de ces menhirs des îles Britanniques que l'on appelle *cath-stones*, c'est-à-dire « pierres de bataille » (*Revue archéol.*, 1893, I, p. 204). Par une sorte d'étymologie populaire, on en vint à prendre *pila* pour le pluriel de *pilum*. Les passants croyaient que ce monument avait été décoré d'un trophée d'armes, bien qu'il n'en restât plus trace : τὰ μὲν οὖν ὅπλα ἠφάνισται διὰ μῆκος χρόνου (Denys, III, 22). C'est à peu près l'équivalent de ce qui s'est passé au Louvre, où la *Salle des sept mètres* est devenu la *Salle des sept maîtres*, dont on prétend y désigner les chefs-d'œuvre. Du reste, Denys d'Halicarnasse ne s'y est trompé qu'à moitié (III, 22) : τὴν δ' ἐπίκλησιν ᾗ στυλὶς φυλάττει τὴν αὐτήν, Ὁράτια καλουμένη πῖλα. Cf. le scoliaste de Bobbio sur la *Milonienne*, p. 277 : *loco celebri, cui pilae Horatiae nomen est*. — Dans le dictionnaire latin-allemand de Georges, on trouve *pila*

les guerriers de la Scythie est fort intéressant pour la question qui nous occupe. Il est évident que ses descriptions s'appliquent à des tribus celtiques ou *celtisées* dont l'armement, aux yeux des Grecs et des Romains, était celui des barbares en général. Voici d'abord les chariots couverts de cuir des Coralètes ou Cœlalètes, d'où les enfants lancent la *cateia* :

Et puer e primo torquens lemone cateias (VI, 83.)

Plus loin, ce sont les Coralles, voisins de Tomi, qui ont pour enseignes des roues (les rouelles celtiques) [1] et des sangliers :

Densique levant vexilla Coralli,
Barbaricae quis signa rotae, serrataque [2] *dorso*
Forma suum...

C'est ensuite Teutagonus qui conduit les Baternes, nom où l'on croit reconnaître celui des Bastarnes ; ils sont armés de boucliers d'écorce et de lances dont le fer est aussi long que la hampe :

Quos, duce Teutagono, crudi mora corticis armat
Aequaque nec ferro brevior nec rumpia ligno.

L'arme appelée ici *rumpia* était déjà mentionnée par Ennius, au livre XIV de ses *Annales*, comme le javelot des Thraces. Nous savons cela par Aulu-Gelle [3], qui donne une liste de noms d'armes que l'on trouvait dans les anciens auteurs latins ; dans cette liste, les mots *cateiae* et *rumpiae* sont juxtaposés [4]. La preuve que la *rumpia*, aussi dite *rhomphaea*, ressemblait à l'angon, c'est qu'un poème du VIIIe siècle désigne encore ainsi le javelot d'un guerrier franc : *cecidit vir fortis in proelio... cruentata romphea* [5].

Les Lusitaniens, parmi lesquels Strabon mentionne expressément une tribu de *Celtici* [6], portaient, au dire de Diodore de Sicile [7], des javelots tout

---

Horatia une première fois à l'article *pila, æ*, une seconde fois à l'article *pilum, i*, avec la traduction : *Die Wurfspiesse der Horatier*. Cf. Jordan, *Topographie der Stadt Rom*, t. 1, 2, p. 395.

1. Les commentateurs se sont imaginé qu'il s'agissait de roues de chars, trophées des victoires des Coralles : *Forsan igitur rotas curribus exemptas pro signis Scythae habuerunt* (éd. Lemaire). Cf. cependant la note de la même édition, t. II, p. 70.

2. Les éditions portent *ferrata*, qui ne donne qu'un sens forcé. L'épithète de *serrata* s'applique aux dentelures des soies hérissées sur le dos du sanglier comme les dents d'une scie. Il faut de la bonne volonté pour interpréter ici avec Lemaire : *Sues quibus pro setis aculeos ferreos addiderant*; cependant Ovide compare les soies hérissées d'un sanglier à des *hastilia* (*Metamorph.*, VIII, 286).

3. Aulu-Gelle, *Noctes atticae*, X, 25.

4. On y trouve aussi la *framea* et la *spatha*, armes barbares que les Romains ont entrevues vers le IIIe siècle avant J.-C. et dont ils ont refait la connaissance plusieurs siècles après.

5. *Paulini versus de Herico duce*, dans les *Poetae latini aevi Carolini*, éd. Duemmler, t. 1, p. 132.

6. Strabon, éd. Didot, p. 117 et 125.

7. Diodore, V, 34 : χρῶνται δὲ καὶ σαυνίοις ὁλοσιδήροις ἀγκιστρώδεσι. A rapprocher de la *falarica* attribuée par Tite-Live aux Sagontins (XXI, 8).

en fer terminés en forme d'hameçon ; l'historien ajoute que leurs casques et leurs épées sont semblables à ceux des Celtibères.

Ces *javelots tout en fer* rappellent le *gaesum* celtique, qu'Hésychius définit ainsi : γαῖσος, ἐμβόλιον ὁλοσίδηρον. Nous avons vu que l'angon des Francs, suivant la description d'Agathias, est également une arme en fer, où le bois servant de hampe est à peine visible. Aucun texte, à ma connaissance, n'indique que le *gaesum* fût muni d'un hameçon, comme le javelot des Lusitaniens ; cependant il faut observer qu'au dire d'Athénée[1] les Romains empruntèrent le *gaesum* aux Ibères : καὶ παρὰ Σαυνιτῶν δὲ ἔμαθον θυρεοῦ χρῆσιν, παρὰ δὲ Ἰβήρων, γαίσων. Ces *gaesa* attribués aux Romains par Athénée ne peuvent guère être que les *pila*, qui n'avaient pas de crocs ; aussi ne faut-il pas serrer ce texte de trop près. Il prouve simplement que les Ibères, ou plutôt les Celtibères, avaient des armes analogues aux *pila*, c'est-à-dire de longs javelots. Or, comme Diodore attribue aux Lusitaniens, qui possédaient le même armement que les Celtibères, des javelots tout en fer munis d'hameçons, il est permis d'en conclure que le type de l'angon est très voisin de celui du *gaesum*.

Lindenschmit, dans son ardeur à voir partout, chez les Barbares, des emprunts faits à la civilisation italienne, écrit à ce sujet les lignes que voici [2] : « Tout cela pourrait incliner à considérer ces formes spéciales de javelots, dont l'usage se constate depuis l'Atlantique jusqu'au Pont-Euxin à travers l'Europe centrale, comme une particularité des peuples septentrionaux et occidentaux ; mais il existe des témoignages et même des monuments qui attestent, à une époque bien antérieure, l'existence de ces armes chez les populations de l'Italie. Les renseignements touchant le javelot à longue hampe de fer chez les barbares appartiennent pour la plupart au IIIe et au IIe siècle et ne sont pas plus anciens que le début de l'époque impériale, époque où les armes romaines étaient déjà familières à tous les peuples de l'Europe. Mais le *pilum* romain, qui, je l'ai démontré, est le prototype de l'angon, ne peut, même sous sa forme plus ancienne décrite par Polybe, être considéré que comme une imitation du javelot étrusque, dont un spécimen resté longtemps inaperçu nous a été fourni par une tombe de Vulci » (*Museum Gregorianum*, pl. XXI, fig. 6).

Le directeur du Musée de Mayence n'avait qu'une connaissance incomplète et superficielle des textes. Il ne s'est jamais demandé si un renseignement donné par Aulu-Gelle ou par Diodore ne remonte pas à un auteur beaucoup plus ancien. Mais il est inutile de discuter en détail ses assertions. Sa manière de voir l'oblige à supposer que les Gaulois qui brûlèrent Rome avaient emprunté leurs *gaesa* aux Étrusques ; or, s'il en était ainsi, les Clusiens n'auraient pas été frappés de la « nouveauté » des armes gauloises[3]. Nous concluons que l'angon, comme la *spatha*, est une vieille arme des tribus celtiques ; elle reparaît au Ve siècle après notre ère entre les mains de Barbares en qui survivait la civilisation matérielle

---

1. Athénée, VI, p. 273.
2. Lindenschmit, *Handbuch*, p. 182.
3. Tite-Live, V, 35.

jadis empruntée aux Celtes du rameau oriental par les Germains et d'autres peuples de l'Europe.

Dans le combat acharné que César soutint contre les Helvètes, ces derniers, retranchés derrière leurs chariots, blessaient les Romains en lançant des *matarae* et des *tragulae*[1] : *Nonnulli inter carros rotasque mataras et tragulas subjiciebant nostrosque vulnerabant*. On a généralement pris la *matara* ou la *mataris* pour un javelot, mais Holtzmann, suivi par Lindenschmit, a pensé qu'il fallait y voir un « couteau de jet » (*Wurfmesser*), analogue au *sax* ou *sahs* qui servait, chez les Francs, au même usage[2]. Tacite décrit les exercices des jeunes Germains, dansant au milieu des glaives qu'ils se jettent : *nudi juvenes, quibus id ludicrum est, inter gladios se atque infestas frameas saltu jaciunt*. Lindenschmit fait observer que l'usage des couteaux de jet s'est encore conservé en Italie et en Espagne[3]. On peut donc compter le *sax* au nombre des armes que les Celtes de l'époque de l'indépendance ont transmises aux Francs. D'ailleurs, les grands et les petits couteaux de guerre, qui tiennent une grande place dans l'équipement des guerriers du v⁰ siècle, sont essentiellement des armes barbares, bien que les Grecs et les Romains aient pu quelquefois les adopter. C'est ce que prouve avec évidence l'emploi de l'épithète μαχαιροφόρος, qui est toujours appliquée à des Barbares, Asiatiques, Thraces ou Africains.

Revenons à la *cateia*. Les exemples qui précèdent montrent que nous sommes autorisés, par analogie, à chercher cette arme des anciens Germains parmi celles des envahisseurs de l'époque franque. C'est, du reste, ce qu'ont déjà fait Dieffenbach et Lindenschmit[4], mais ces savants ont eu l'idée de retrouver la *cateia* dans la massue en bois durci au feu dont se servaient les Goths en 377[5] : *Barbari ingentes clavas in nostros conjicientes ambustas, sinistrum cornu perrumpunt*. Mais si la *cateia* n'avait été qu'une massue de bois, on se demande pourquoi on l'aurait faite, au témoignage d'Isidore, en bois très flexible, *ex materia quam maxime lenta*, alors qu'on comprend parfaitement ce détail s'il s'agit d'une tige en bois garnie, à une extrémité, d'une hache en métal. En outre, les armes qu'Ammien attribue aux Goths sont en bois durci au feu, qui a cessé, par conséquent, d'être flexible. Or, nous connaissons, à l'époque franque, des haches de fer emmanchées servant d'armes de jet : ce sont les francisques, dont le nom même est significatif, puisque la *cateia* s'appelait encore *teutona* au moyen âge : *Clava vel cateia vel teutona, id est genus teli*[6] ; *unde et eas Hispani et Galli teutonas vocant*[7]. Si la *cateia* n'est pas identique à la *francisca*, elle est avec elle dans le même rapport que l'épée gauloise avec la *spatha*.

1. César, *Bell. Gall.*, I, 26.
2. Voir Lindenschmit, *Handbuch*, p. 206.
3. Lindenschmit, *Handbuch*, p. 208.
4. Dieffenbach, *Origines Europaeae*, p. 287; Lindenschmit, *Handbuch*, p. 185.
5. Ammien Marcellin, XXXI, 7.
6. *Aelfrici Glossarium saxonicum*, s. v. *Categia* (cité par Lindenschmit, *Handbuch*, p. 184).
7. Isid., *Origin.*, XVIII, 7.

Que la francisque ait été par excellence une arme de jet, c'est ce que prouve, à défaut des textes, la forme même de cette arme. Lorsque les Francs de Théodebert envahissent l'Italie, Procope nous dit qu'ils portent une épée, un bouclier et une hache de fer à manche de bois très court ; au signal donné, ils jettent leurs haches et rompent ainsi les boucliers de leurs adversaires[1]. Nous savons d'ailleurs par Sidoine Apollinaire que les Francs lançaient leurs haches avec une telle précision qu'ils pouvaient désigner à l'avance l'endroit qu'elles frapperaient :

> *Excussisse citas vastum per inane bipennes*
> *Et plagae praescisse locum, clypeosque rotare*
> *Ludus, et intortas praecedere saltibus hastas,*
> *Inque hostem venisse prius*[2].

Il est vrai que le poète qualifie, ici comme ailleurs, les haches franques de *bipennes*, alors qu'elles ne sont jamais à double tranchant ; mais, dans la langue du ve siècle, *bipennis* était devenu un simple synonyme de « hache », et avait perdu sa signification précise. Déjà Tibulle emploie *bipennis* dans le sens de couteau ou de rasoir :

> *Ipsa bipenne suos caedit violenta lacertos*[3].

Samuel Fergusson, Specht et Lindenschmit ont depuis longtemps invoqué, à propos du texte d'Isidore sur la *cateia*, le projectile australien et africain appelé *boumerang*[4], arme en bois de forme coudée, que l'on a d'ailleurs imitée en fer. On sait que le *boumerang*, habilement lancé, peut revenir presque à son point de départ. C'est ce que dit Isidore de la *cateia* : *Si ab artifice mittatur, rursus venit ad eum qui misit*. Mais il est bon de rappeler que, dans la mythologie germanique, le marteau lancé par le dieu Thor revient se placer, après chaque coup, dans la main du dieu[5] ; on pourrait donc penser que le renseignement donné par Isidore est moins la constatation d'un fait usuel que l'écho d'une tradition poétique ou le résultat d'une comparaison ambitieuse entre le guerrier germain et le dieu des combats qui le protégeait.

Salomon Reinach.

1. Procope, *Guerre des Goths*, II, 25.
2. Sidoine, *Panégyrique de Majorien*, v. 246 sq.
3. Tibulle, II, 6, 47.
4. Cf. *Sammlung Sigmaringen*, p. 190 ; Specht, *Geschichte der Waffen*, t. I, p. 417 ; t. II, p. 28 ; A. Emo, *Archivio per l'Antropologia*, 1886, t. XVI. p. 1 (cf. *Revue d'antropologie*, 1886, p. 730).
5. Lindenschmit, *Handbuch*, p. 187 ; H. Paul, *Grundriss der germanischen Philologie*, t. I, p. 1092.

ANNEXE D

LE ROI AMBICATUS ET L'UNITÉ POLITIQUE

CHEZ LES CELTES CONTINENTAUX AU Ve ET AU IVe SIÈCLE AVANT J.-C.

L'unité monarchique paraît avoir existé chez les Celtes à l'époque de leur établissement dans l'Italie septentrionale.

L'invasion celtique en Italie est de peu d'années antérieure à la prise de Rome par les Gaulois, 390. Nous avons établi que la domination étrusque en Campanie dura de 471 à 424. Elle fut, nous dit Polybe, contemporaine de la suprématie étrusque dans le bassin du Pô. Alors il y avait entre les Étrusques et les Celtes établis au nord des Alpes les relations commerciales amenées par le voisinage ; mais tout à coup, séduits par la beauté de la plaine qu'arrose le Pô, les Celtes, sous un prétexte futile, arrivèrent avec une grande armée dans ce pays, en chassèrent les Étrusques et s'en emparèrent[1] : tel est le récit de Polybe. Cette conquête, suivant le même auteur, précéda de peu de temps la prise de Rome par les Celtes, 21 juillet 390 avant J.-C. Si l'on s'en rapportait à la chronologie d'Appien, l'invasion celtique en Italie aurait commencé dans le cours de l'Olympiade 97 où les Celtes entrèrent à Rome. L'Olympiade 97 correspondant aux années 392-389 avant J.-C., ce serait au plus tôt en 392 que les Celtes seraient entrés en Italie[2].

La chronologie de Diodore de Sicile s'accorde avec celle d'Appien pour présenter l'entrée des Celtes en Italie et la prise de Rome comme deux événements qui se seraient suivis immédiatement......

Quand la mode des récits érotiques s'introduisit à Rome avec les contes d'Aristide de Milet, vers l'an 100 avant J.-C., on expliqua l'invasion celtique en Italie par la vengeance d'un mari. L'Étrusque Arruns dont Lucumon avait séduit la femme était allé, dit-on, sous prétexte de commerce, conduire au delà des Alpes des chariots chargés de vin, d'huile et de figues. Les Celtes à cette époque assaisonnaient leurs aliments avec de la graisse de porc, leur boisson fermentée était la bière ; ils ne connaissaient pas plus l'huile et le vin que les figues. Quand ils en goûtèrent, ils furent ravis, et Arruns n'eut pas de peine à leur persua-

1. Polybe, l. II, c. XVII, § 3 ; édition Didot, p. 80.
2. Appien, De rebus Gallicis, c. II ; édition Didot, p. 25, 26. Appien écrivait vers l'an 160 après J.-C.

der de venir s'installer en maîtres dans le pays qui produisait de si bonnes choses. Ils entrèrent donc en Italie et firent le siège de Clusium, aujourd'hui Chiusi, province de Sienne en Toscane, d'où ils gagnèrent Rome. Tel est le récit que nous lisons chez Denys d'Halicarnasse, dont les *Antiquités romaines* ont été terminées l'an 8 avant J.-C.[1]. Ce récit a été reproduit par Plutarque qui mourut vers l'an 120 de notre ère[2]. Il s'accorde avec la doctrine de Polybe, IIe siècle avant notre ère, avec celle de Diodore de Sicile vers l'an 40 avant notre ère, avec celle d'Appien 160 après notre ère, pour faire de l'invasion celtique en Italie et du siège de Rome deux événements qu'un très court intervalle sépare.

Tite-Live écrivait le livre V de son *Histoire romaine* entre les années 27 et 20 avant notre ère, peu après la rédaction de la *Bibliothèque* de Diodore de Sicile, et antérieurement à la publication des *Antiquités romaines* de Denys d'Halicarnasse. Il a connu la vieille chronologie adoptée par les auteurs de ces deux grands ouvrages; elle a plusieurs fois pénétré dans son récit. Mais il déclare donner la préférence à une chronologie nouvelle. Cette chronologie met vers l'an 600 avant J.-C. la conquête de l'Italie du nord par les Gaulois sur les Étrusques; il supprime ainsi le synchronisme établi par Polybe entre la domination étrusque dans le bassin du Pô et la domination étrusque en Campanie, 471-424[3]. Toutefois, par une contradiction singulière, Tite-Live parle en deux endroits comme s'il tenait pour l'ancienne doctrine[4], seule admise par les autres écrivains de l'antiquité, seule soutenable aujourd'hui.

Malgré ce grave défaut le récit de Tite-Live est très intéressant.

Il nous rapporte probablement d'après Timagène, dont la source devait être ici quelque chant épique gaulois, un fait historique important dont

1. Denys d'Halicarnasse, l. XIV, c. x, xi; édition Didot, p. 699, 700; cf. Tite-Live, l. V, c. xxxiii, § 3.
2. Plutarque, *Camille*, c. xv; édition Didot, p. 160. Il n'y a pas, chronologiquement parlant, contradiction entre ce récit et celui de Pline, qui met de côté les malheurs conjugaux d'Arruns : « Produnt, Alpibus coercitas et tum inexsuperabili munimento, Gallias hanc primam habuisse causam superfundendi se Italiae, quod Helico, ex Helvetiis civis earum, fabrilem ob artem Romae commoratus, ficum siccam et uvam oleique ac vini praemissa remeans secum tulisset. » Pline, l. XII, § 5.
3. « Legati ab Clusinis veniunt, auxilium adversus Gallos petentes. Eam gentem traditur fama, dulcedine frugum maximeque vini nova tum voluptate captam, Alpes transisse agrosque Etruscis ante cultos possedisse; et invexisse in Galliam vinum inliciendae gentis causa Arruntem Clusinum ira corruptae uxoris ab Lucumone cui tutor is fuerat ipse, praepotente juvene et a quo expeti poenae, nisi externa vis quaesita esset, nequirent. Hunc transeuntibus Alpes ducem auctoremque Clusium oppugnandi fuisse » (Tite-Live, l. V, c. xxxiii). « Clusini, novo bello exterriti, cum multitudinem tum formas hominum invisitatas cernerent et genus armorum » (*Ibid.*, c. xxxv, § 6). « Invisitato atque inaudito hoste terrarumque ultimis oris bellum ciente » (*Ibid.*, c. xxxvii, § 2).
4. Tite-Live, l. V, c. xxxv, § 6; c. xxxvii, § 2.

aucun autre écrivain ne parle. A l'époque de l'invasion des Celtes en Italie, le régime monarchique avait prévalu chez eux, Ambigatus ou mieux Ambicatus était roi du *Celticum*, c'est-à-dire — non pas de la petite Celtique de César, qui est au Iᵉʳ siècle avant notre ère, une partie de la Gaule barbare entre la Seine, la Marne et la Garonne, — mais de la Celtique des géographes grecs au ivᵉ siècle avant J.-C., c'est-à-dire de la Celtique d'Éphore, qui, à l'ouest, comprend la plus grande partie de l'Espagne jusqu'à Cadix, et qui, à l'est, touche au pays des Scythes.

Après que les Celtes eurent conquis sur les Illyriens une grande partie de la région du Danube central, ivᵉ siècle avant notre ère; après leur établissement dans le bassin du Rhône et dans les régions voisines restées jusque-là ligures, commencement du iiiᵉ siècle, quand enfin les Carthaginois eurent soumis l'Espagne à leur domination, 236-220 avant J.-C., on put donner de la Celtique la définition qu'on trouve encore chez Denys d'Halicarnasse à la fin du Iᵉʳ siècle avant J.-C. « La Celtique est située dans la partie occidentale de l'Europe entre le pôle boréal et le couchant d'équinoxe[1]. Elle est en forme de rectangle; elle touche au levant les Alpes qui sont les montagnes les plus hautes de l'Europe; au midi et là où souffle le vent du sud, elle atteint les Pyrénées; au couchant elle a pour limite la mer qui est au delà des colonnes d'Hercule; les races scythique et thrace la bornent au nord et là où coule le Danube qui prend sa source dans les Alpes, qui est le plus grand des fleuves de la région et qui, après avoir traversé tout le continent septentrional, se jette dans le Pont-Euxin. La Celtique est assez grande pour qu'on puisse dire qu'elle comprend presque le quart de l'Europe. C'est un pays arrosé de nombreuses rivières, il est fertile, les récoltes y sont abondantes et ses pâturages nourrissent de nombreux troupeaux. Il est divisé en deux parties égales par le Rhin, qui après le Danube paraît être le plus grand des fleuves d'Europe. » Telle est la Celtique où, suivant Denys d'Halicarnasse, Arruns aurait été conduire du vin, de l'huile et des figues au commencement du ivᵉ siècle avant J.-C.[2].

La Celtique ou le *Celticum* où régnait Ambicatus vers l'an 400 avant J.-C. était plus étendue au sud-ouest puisqu'elle comprenait une grande partie de l'Espagne, elle avançait moins loin à l'est puisque les Celtes n'avaient pas encore conquis la Pannonie, mais elle renfermait toute l'Allemagne moderne sauf la région nord-est; elle ne comprenait ni le bassin du Rhône ni les côtes françaises de la Méditerranée, ni la Suisse, contrées

---

1. Non plus le couchant d'été comme chez Éphore, sa limite à l'ouest est modifiée depuis la perte de l'Espagne.
2. Denys d'Halicarnasse, l. XIV, c. 1; édition Didot, p. 700-701, à comparer le passage suivant de Plutarque, *Marius*, c. xi, § 6, édition Didot, p. 490, l. 38-24 : « Certains auteurs prétendent que la Celtique est assez grande pour s'étendre de la mer extérieure (océan Atlantique) et des régions septentrionales dans la direction du levant jusqu'à la Méotide (mer d'Azov), en sorte que la Celtique touche la partie de la Scythie qui borde le Pont-Euxin (mer Noire) et que là les Celtes sont mêlés aux Scythes. »

alors toutes habitées par les Ligures ; elle n'avait donc pas la forme de rectangle que prit plus tard la Celtique dans les *Antiquités romaines* de Denys d'Halicarnasse[1]. Mais c'était un très grand pays qui n'avait aucun rapport avec la petite Celtique de César; Tite-Live croyant à l'identité des deux circonscriptions géographiques commet un gros anachronisme[2].

On peut donc pour cette époque parler de l'empire celtique. Les Celtes continentaux paraissent avoir possédé à cette époque une sorte d'unité politique qui semble avoir déjà existé dès le ve siècle et avoir continué jusque vers la fin du ive siècle avant notre ère. Cette unité politique explique l'unité de leur langue, la stabilité de leur politique extérieure, leurs succès dans les guerres.

. . . .

Antérieurement au iiie siècle avant J.-C., le système politique unitaire que nous voyons prévaloir en Celtique et en Belgique au iie siècle et au i[er] et que l'habileté romaine sut détruire, paraît avoir prévalu dans l'ensemble des Celtes continentaux et avoir donné naissance à un grand État. Mais cet État n'était semblable ni à l'État romain, ni à l'empire de Napoléon, ni en général à la France moderne. Si on veut trouver une conception gouvernementale analogue, il faut se transporter en Allemagne. L'empire celtique était un groupement de petits États, de petits peuples parlant la même langue et au milieu desquels un peuple un peu plus puissant que les autres avait l'hégémonie. C'est ce que dit formellement le passage de Tite-Live relatif à Ambicatus. « Chez les Celtes, le pouvoir souverain appartenait aux *Bituriges*. Les *Bituriges* désignaient le roi du *Celticum*. Ce roi était Ambigatus[3], » lisez Ambi-catus.

Dans cette formule empruntée à la tradition celtique, il y a un détail qui peut sembler singulier, c'est le nom du peuple. Il paraît bizarre que Bourges ou Bordeaux fût la capitale de l'empire celtique, il est plus naturel de placer cette capitale à l'est de ces villes : Appien racontant l'invasion celtique en Italie fait venir des deux rives du Rhin ces nouveaux maîtres du nord de la péninsule[4]. Les *Insubres* qui fondèrent Milan étaient des *Aedui*; le nom sous lequel ils s'établirent en Italie était le nom d'un *pagus* des *Aedui*[5] ; or, les *Aedui* n'habitaient point alors dans le bassin du

---

1. Denys d'Halicarnasse, l. XIII, c. x, p. 699, 50-52.
2. César avait écrit : « Gallia est omnis divisa in partes tres, quarum unam incolunt Belgae, aliam Aquitani, tertiam, qui ipsorum lingua Celtae, nostra Galli appellantur. Hi omnes lingua, institutis, legibus inter se differunt. Gallos ab Aquitanis Garumna flumen, a Belgis Matrona et Sequana dividit » (*De bello Gallico*, l. I, c. i, § 1, 2). Voici les paroles de Tite-Live : « *Prisco Tarquinio regnante* (616-578 av. J.-C.), Celtarum, *quae pars Galliae tertia est*, penes Bituriges summa imperii fuit, ii regem Celtico dabant. Ambigatus is fuit » (livre V, c. xxxiv, § 1-2). Il y a dans ce texte deux grosses erreurs : 1º synchronisme avec le règne de Tarquin l'Ancien ; 2º identification de la Celtique d'Ambicatus avec celle de César.
3. Tite-Live, l. V, c. xxxiv, § 1.
4. Appien, *De rebus Gallicis*, c. ii, édition Didot, p. 26.
5. « Fusisque acie Tuscis haud procul Ticino flumine, cum, in quo consede-

Rhône, encore ligure à cette date ; ils devaient être établis sur la rive gauche du Rhin, au nord de la Marne, région qu'ils ne paraissent avoir quittée que vers l'année 300 quand ils furent refoulés vers le midi par l'invasion belge. Les *Conomani*, qui s'emparèrent de Vérone, en Italie, et qui fondèrent Trente en Tyrol, venaient, comme nous l'avons vu déjà, du pays des *Volcae*, c'est-à-dire de l'est du Rhin au nord du Main. Les *Boii*, qui s'établirent au sud du Pô, à Bologne, envoyaient en même temps une colonie en Bohême. Les *Lingones*, dont Langres, Haute-Marne, a conservé le nom, et qui devinrent en Italie les voisins orientaux des *Boii*, devaient alors en Gaule atteindre le Rhin que les Belges n'avaient point encore passé.

C'est donc sur les bords du Rhin que nous devons chercher le centre de l'empire celtique. Le nom des *Bituriges* mêlé à la tradition que Tite-Live rapporte peut être simplement emprunté au titre que prenait Ambicatus, *biturix* « toujours roi », comme « toujours auguste » *semper Augustus*, titre que pendant des siècles les empereurs allemands ont porté dans les actes de leur chancellerie.

H. D'ARBOIS DE JUBAINVILLE.

(Extrait du tome deuxième de l'ouvrage intitulé : *Les premiers habitants de l'Europe d'après les écrivains de l'antiquité et les travaux des linguistes*, 2ᵉ édit., 1894).

rant, agrum Insubrium appellari audissent, cognomine Insubribus pago Aeduorum ibi omen sequentes loci considere urbem ; Mediolanium appellarunt » (Tite-Live, l. V, c. xxxiv, § 9). Il est peu vraisemblable que le nom des Insubres existât déjà près de Milan avant l'arrivée des Celtes. Alors on était peu difficile sur les consonances de nom.

ANNEXE *E*

LE RÉCIT DE TITE-LIVE SUR LA MIGRATION GAULOISE

Dans le second volume des *Premiers habitants de l'Europe* (1894), M. d'Arbois de Jubainville est revenu sur le récit de Tite-Live, touchant la migration de Bellovèse et de Sigovèse, récit dont il ne suffit pas de récuser le caractère historique, mais dont il importe de découvrir l'origine. M. d'Arbois pense, avec Müllenhoff, que la source de Tite-Live, dans ce passage, a été Timagène et que ce dernier s'est fait l'écho d'une tradition épique gauloise, le *cycle d'Ambicatus*, appelé en Gaule *Biturix*, c'est-à-dire *semper Augustus*, ce que Timagène, et Tite-Live d'après lui, ont interprété par « le Biturige ».

L'auteur des *Gallische Studien* et du recueil des inscriptions de la Gaule méridionale, M. Otto Hirschfeld, vient de reprendre la même question avec grand détail dans une communication faite à l'Académie de Berlin, le 12 avril 1894. Comme le mémoire de M. Hirschfeld, publié dans un recueil peu lu en France, risque de rester inconnu de ceux qu'il pourrait le plus intéresser, nous croyons devoir lui consacrer une analyse qui, par moments, sera presque une traduction.

I

Au Ve livre de son *Histoire*, Tite-Live a fait précéder son récit de la défaite des Romains par les Gaulois, d'un exposé de ce qu'il croyait savoir sur l'immigration des Gaulois en Italie. Cet exposé est évidemment emprunté à une source tout autre que les annales romaines, car il est en contradiction avec ce qui précède comme avec ce qui suit. En effet, tandis que Tite-Live, racontant le premier conflit entre Gaulois et Romain, suit la tradition vulgaire, qui faisait apparaître alors pour la première fois les Barbares en Italie, il recule, dans sa digression, leur arrivée dans ce pays de deux cents ans, jusqu'à l'époque de la fondation de Marseille, et admet une colonisation graduelle de l'Italie supérieure, dont la dernière phase serait marquée par l'immigration de ces Sénons auxquels il était réservé de brûler Rome.

M. Hirschfeld estime, avec Niebuhr et M. Mommsen, qu'aucun homme de bon sens ne voudra considérer le récit de Tite-Live comme historique; il regarde aussi comme établi que le synchronisme avec la fondation de Marseille est le résultat d'une interpolation postérieure. Il n'en est pas moins vraisemblable que le pays entre les Alpes et le Pô a été occupé par des Celtes longtemps avant le IV° siècle et M. Hirschfeld croit tout à fait insuffisantes les objections présentées contre cette hypothèse par Niebuhr d'abord, et puis, avec plus de développement, par Müllenhoff. Mais, ajoute-il, nos documents littéraires ne remontent pas assez haut pour nous permettre d'arriver sur ce point à des résultats solides et les découvertes dites préhistoriques, faites jusqu'à présent dans l'Italie du nord, n'ont pas encore donné d'indications suffisantes pour établir une chronologie des plus anciens établissements gaulois dans la péninsule. La seule question que nous devions donc nous poser, c'est celle de la source à laquelle Tite-Live a pu puiser.

Déjà Niebuhr affirmait que la tradition rapportée par cet écrivain est certainement d'origine gauloise. La partie de la tradition qui est relative à l'immigration vers la Germanie était déjà connue de César (VI, 24), mais Denys d'Halicarnasse qui, avec Tite-Live, est la source de la *Vie de Camille* de Plutarque, n'est instruit des migrations gauloises que par une source grecque qui ne paraît avoir rien su d'une immigration gauloise en Italie antérieurement à la prise de Rome. Tite-Live ne consacre qu'une mention rapide à l'immigration des Gaulois en Germanie, alors qu'il s'arrête longuement sur le passage des Alpes et l'invasion celtique en Italie. On pourrait croire que Tite-Live, Padouan de naissance, a appris à connaître cette tradition dans sa patrie et qu'il a été le premier à l'introduire dans la littérature. Les termes dont il se sert au début : *De transitu in Italiam Gallorum haec accepimus*, pourraient être allégués à l'appui de cette hypothèse. Mais il ne faut pas oublier que Tite-Live travaille toujours de seconde ou de troisième main et qu'il se montre partout peu disposé à des enquêtes personnelles; d'ailleurs, le terme *accipere* ne s'emploie pas seulement quand il s'agit d'une tradition orale. En second lieu, la patrie de Tite-Live se vantait d'être d'origine grecque et elle était située dans le pays des Vénètes, de tout temps en état d'hostilité avec les Celtes. Aussi s'est-on à peu près accordé à penser que la tradition de la migration gauloise n'a pénétré dans l'ouvrage de Tite-Live que par l'entremise d'un autre historien, et l'on est disposé, d'après certains indices, à penser que cet historien était un Grec. Duncker n'hésite pas à nommer Posidonius, cet auteur ayant inséré dans son œuvre historique des traditions et des observations qu'il avait recueillies lui-même en Gaule. Mais, comme Duncker le reconnaît lui-même, il est bien douteux que Tite-Live, quand il écrivait sa première *Décade*, ait eu connaissance de Posidonius; d'autre part, la forme que prend la tradition en question dans le récit de Tite-Live trahit nettement une époque postérieure à celle de Posidonius. En effet, à côté des grands peuples gaulois, on y voit paraître les tribus assez peu importantes des Aulerques et des Ambarres, auxquelles les expéditions de César en Gaule ont seules donné droit de cité dans la littérature. Cette observation a déjà été faite en 1877 par M. d'Arbois de Jubainville, dans la première édition des *Premiers habitants de l'Europe*. Soltau a insisté sur la mention, dans le même récit, de l'*Alpis Julia*, qui n'aurait reçu ce nom que depuis César. Il est vrai que Madvig, se fondant sur le texte de l'*Harleianus*, qui donne *Juriae* au lieu de *Juliae*, a corrigé *Juliae Alpes* en *Duriae*; mais M. Hirschfeld considère cette correction comme très douteuse et incline à maintenir le texte traditionnel.

On a déjà souvent remarqué que les mots de Tite-Live : *Celtarum, quae pars Galliae tertia est*, trahissent évidemment la connaissance du début de l'ouvrage de César, où cette division tripartite de la Gaule est indiquée pour la première fois.

Par conséquent, Duncker a tort et Posidonius ne peut être la source de Tite-Live.

Müllenhoff a mis en avant le nom d'un autre historien grec, Timagène d'Alexandrie. Il s'est contenté de jeter cette indication en passant, sans se demander de quel ouvrage de Timagène Tite-Live aurait fait usage. Cette question étant d'une haute importance, M. Hirschfeld s'est appliqué à l'étudier et il croit pouvoir conclure de son étude, comme nous le verrons plus loin, que l'hypothèse de Mullenhoff n'est pas justifiée.

Nous savons peu de chose touchant l'activité littéraire de Timagène, qui appartenait à l'époque d'Auguste. Suidas, qui a emprunté ses renseignements à Hermippos de Berytos, contemporain d'Hadrien, écrit seulement : βιβλία δὲ ἔγραψε πολλά. A quoi il ajoute : Τιμαγένης ἱστορικὸς περίπλουν πάσης θαλάσσης ἐν βιβλίοις ε' (ou γ', suivant d'autres manuscrits), mots qui se rapportent sans doute à l'historien. Puis il en cite un autre, Τιμαγένης ἢ Τιμογένης Μιλήσιος ἱστορικὸς καὶ ῥήτωρ, auquel il attribue des lettres et un écrit sur Héraclée Pontique. Les deux Sénèque mentionnent une histoire d'Auguste par Timagène l'Alexandrin, histoire que l'auteur aurait brûlée après avoir été disgracié par l'empereur. Sénèque le philosophe dit encore : *historias quas postea* (après sa disgrâce) *scripserat, recitavit*. Qu'il ait écrit un ouvrage sur la Gaule, c'est ce qu'indique la notice du Pseudo-Plutarque (*De fluviis*, VI, 3), au sujet de l'Arar : Καθὼς ἱστορεῖ Καλλισθένης ὁ Συβαρίτης ἐν ιγ' Γαλατικῶν, παρ' οὗ τὴν ὑπόθεσιν εἴληφεν Τιμαγένης ὁ Σύρος. L'explication ὁ Σύρος, alors qu'il s'agit d'un Alexandrin, ne suffit pas à faire mettre en doute l'authenticité de cette référence. C'est bien au même ouvrage que doit songer Ammien Marcellin (XV, 9), lorsqu'il déclare puiser ses renseignements dans Timagène : *et diligentia Graecus et sermone haec quae diu sunt ignorata collegit ex multiplicibus libris, cujus fidem secuti obscuritate dimota eadem distincte docebimus et aperte*. Il semble, en effet, certain, d'après les paroles mêmes d'Ammien, qu'il a en vue un ouvrage spécial sur la Gaule, et M. Hirschfeld refuse de croire, avec Wachsmuth, qu'il se soit agi d'une subdivision du livre de Timagène Περὶ βασιλέων, connu seulement par cette citation d'Étienne de Byzance : Μιλύαι, οἱ πρότερον Σόλυμοι, ὡς Τιμαγένης πρώτῳ βασιλέων. Rien n'est moins prouvé que l'hypothèse de Gutschmid et de Wachsmuth, d'après laquelle cet écrit Περὶ βασιλέων aurait été l'œuvre capitale de Timagène. M. Hirschfeld pense, avec Daub, qu'il est question du même ouvrage dans la notice de Suidas sur Timée : ἔγραψε περὶ Συρίας καὶ τῶν ἐν αὐτῇ πόλεων καὶ βασιλέων βιβλία γ'. Un livre sur ce sujet ne peut, en effet, être attribué au Sicilien Timée, qui s'est occupé exclusivement de l'ouest de l'Europe. Déjà Carl Müller, sans tenir compte de ce passage de Suidas, et seulement d'après le contenu des fragments de Timagène, a supposé que ce dernier avait écrit un ouvrage spécial sur la Syrie. Ainsi s'expliquerait fort bien que le Pseudo-Plutarque ait pu qualifier Timagène de Σύρος. Il y a donc eu, chez Suidas, confusion entre Timée et Timagène. M. Hirschfeld croit avoir découvert, chez Pline, une seconde confusion portant sur les mêmes noms : l'ouvrage cité par Pline, *Timaeus historicus de medicina metallica*, serait en réalité de Timagène qui, au § 118 du livre XXXIII, est allégué comme autorité pour l'existence du cinabre en Éthiopie.

Le livre de Timagène sur les villes et les rois de Syrie, cité par Suidas, est-il identique à celui que mentionne Étienne de Byzance sous le titre Περὶ βασιλέων? M. Hirschfeld est disposé à le croire, sans vouloir rien affirmer à ce sujet. Il est possible qu'il ait écrit aussi une histoire d'Alexandre, à laquelle Tite-Live paraît faire allusion dans sa diatribe contre les *levissimi ex Graecis* qui exaltent Alexandre le Grand pour diminuer les Romains, et même *Parthorum contra nomen Romanum gloriae favent*. Mais il n'est pas nécessaire de voir là une allusion aux βασιλεῖς de Timagène. Son histoire d'Alexandre pouvait aussi bien faire partie d'une histoire universelle, à la manière de celle d'Éphore, qui remontait jusqu'aux origines et faisait une grande part à ce que nous appelons aujourd'hui l'histoire de la civilisation et des mœurs.

Gutschmid a soutenu l'hypothèse que l'ouvrage de Trogue-Pompée, connu par l'extrait de Justin, n'était autre qu'une rédaction latine du Περὶ βασιλέων de Timagène. Cette hypothèse a été reprise par Wachsmuth, d'après lequel Trogue-Pompée aurait toutefois utilisé, outre Timagène, de nombreux historiens grecs depuis Éphore jusqu'à Posidonius. Si l'on admet en principe que Trogue-Pompée s'est servi de Timagène et si l'on suppose que Timagène est la source de Tite-Live dans le passage relatif aux invasions gauloises en Italie, il faut nécessairement instituer une comparaison entre ce passage et la rédaction de Trogue-Pompée telle que nous l'a conservée Justin.

Or, Justin parle en deux endroits de l'invasion des Gaulois en Italie. Au Vᵉ chapitre du XXᵉ livre, il mentionne une ambassade que les Gaulois, après avoir brûlé Rome, envoyèrent à Denys qui assiégeait Crotone et il ajoute : *his autem Gallis causa in Italiam veniendi sedesque novas quaerendi intestina discordia et adsiduae domi dissensiones fuere, quarum taedio cum in Italiam venissent, sedibus Tuscos expulerunt et Mediolanium, Comum, Brixiam, Veronam, Bergomum, Tridentum, Vicetiam condiderunt*. Cette tradition n'a en commun, avec celle de Tite-Live, que la fondation de Mediolanium, Brixia et Verona (Tite-Live ne nomme pas les autres villes), mais diffère complètement de celle-ci par les motifs allégués. En revanche, la seconde mention que fait Justin de l'invasion gauloise (XXIV, 4) présente des concordances tout à fait frappantes avec Tite-Live :

JUSTIN

Galli ABVNDANTE MVLTITVDINE, *cum eos non caperent terrae quae genuerant, trecenta milia hominum ad sedes novas quaerendas velut ver sacrum miserunt. Ex his portio in Italia consedit, quae et urbem Romanum captum incendit, portio Illyricos sinus* DVCIBVS AVIBVS (*nam augurandi studio Galli praeter ceteros callent*), *per strages barbarorum penetravit et in Pannonia consedit : gens aspera, audax, bellicosa,* quae PRIMA POST HEFCVLEM, *cui ea res virtutis admirationem et immortalitatis fidem dedit, Alpium* INVICTA IVGA *et frigore intractabilia loca transcendit.*

TITE-LIVE

Gallia adeo frugum hominumque fertilis fuit, ut ABVNDANS MVLTITVDO *vix regi videretur posse...*
Ambigatus... Bellovesum ac Segovesum... missurum se esse, in quas dii dedissent AVGVRIIS *sedes ostendit...*
Alpes inde oppositae erant; quas inexsuperabiles visas haud equidem miror, nulladum via, quod quidem continens memoria sit, nisi de HERCVLE *fabulis credere libet, superatas... ibi cum... circumspectarent, quanam per* IVNCTA CAELO IVGA... *transirent...*

La coïncidence entre les idées et les expressions est indéniable, bien que Trogue-Justin, qui traite de l'invasion des Celtes du Danube en Macédoine et en Grèce, considère plutôt la migration septentrionale, tandis que Tite-Live s'occupe de l'invasion vers le sud. M. Hirschfeld ajoute : « Même pour l'origine de l'assertion déraisonnable de Tite-Live, qui assigne comme motif à l'immigration non seulement la surabondance des habitants, mais celle des fruits de la terre, les mots de Justin : *cum eos non caperent terrae quae genuerant*, offrent peut être une indication. » Je ne comprends pas bien ici la pensée du savant allemand, qui cite en note le passage de César (VI, 24) : *propter hominum multitudinem agrique inopiam*. Ce passage seul, à défaut du bon sens, suffirait à prouver, ce me semble, qu'un mot s'est perdu dans le texte de Tite-Live et qu'il faut lire : *Gallia adeo* FFVGVM INOPS HOMINVMQVE FERTILIS FVIT. Mais ce n'est là qu'un détail. Aux *aves duces* de Justin correspondent les *auguria* de Tite-Live ; chez les deux auteurs, il est question du passage d'Hercule par les Alpes, *invicta iuga* dans Trogue-Justin, *caelo iuncta iuga* dans Tite-Live. Mais il ne peut être question d'une dépendance directe de Tite-Live à l'égard de Trogue-Pompée, car il est très probable que les premières Décades ont paru un peu avant les Histoires de Trogue. Faut-il admettre que Trogue-Pompée ait suivi Timagène? Dans le premier passage, c'est impossible, puisque le motif allégué pour l'immigration est tout différent de celui que donne Tite-Live. Dans le second passage, la mention du *ver sacrum* paraît montrer que Trogue a suivi un auteur latin plutôt qu'un auteur grec.

II

Cela posé, M. Hirschfeld se demande sur quoi se sont fondés O. Müller, Müllenhoff et d'autres pour admettre que la digression de Tite-Live dérive d'une source grecque. Parmi les arguments assignés à cet effet, il y a d'abord les mots : *ii regem Celtico dabant*, où *Celticum* répond au grec τὸ Κελτικόν, puis les formes plus grecques que latines *Mediolanium* et *Salyes*, enfin la description emphatique des Alpes. Le dernier argument est sans valeur, comme Müllenhoff l'a reconnu lui-même, en rappelant la description hyperbolique que fait Tite-Live du passage des Alpes par Hannibal. En second lieu, l'emploi de la forme grecque *Salyes* par Tite-Live n'est pas certaine, car si l'on trouve une fois *Saluum* ou *Salyum* (c. XXXIV, 7), on a plus loin la forme latine *Salluvii* (c. XXXV, 2). D'ailleurs, César lui-même paraît avoir écrit *Sallyes* et si Tite-Live en avait fait autant, cela ne prouverait pas qu'il eût un auteur grec sous les yeux. Quant à *Mediolanium*, Mommsen a montré que c'était la forme la plus correcte de ce nom. Reste donc *Celticum*. Mais on a des exemples de la même formation dans les désignations d'*Illyricum* et de *Noricum*, qui faisaient partie de la terminologie romaine officielle, et il est bien possible que *Celticum* se serait introduit de même dans l'usage, si le nom même de *Celtae* n'était rapidement tombé en désuétude.

M. Hirschfeld conclut que l'assertion si formelle de Müllenhoff, que Tite-Live aurait puisé à une source grecque, laquelle ne serait autre que Timagène, est tout à fait dénuée de preuves et qu'il faut se demander si l'hypothèse d'une source latine n'est pas plus vraisemblable.

Comme l'a vu Müllenhoff, la tradition qui nous occupe ne peut remonter à la ville vénète de Padoue, patrie de Tite-Live, mais provient très probablement de Mediolanium, dont la fondation par les premières tribus celtiques immigrées aura pu donner naissance à toute la légende. Après avoir passé les Alpes, les Gaulois trouvent, non loin du Tessin, *agrum Insubrium cognominem Insubribus, pago Haeduorum; ibi omen sequentes loci condidere urbem; Mediolanium appellarunt*. Nous n'avons pas la moindre connaissance d'une peuplade d'Insubres dans la Gaule propre, et nos sources sont également muettes sur l'hégémonie que Tite-Live attribue, dans le même passage, aux Bituriges, bien que leur ville d'Avaricum fût déjà importante au temps de César. Toute l'intervention des Bituriges dans cette histoire est assurément singulière ; cependant le fait qu'il existait sur leur territoire une ville nommée *Mediolanum* ne doit pas être perdu de vue quand on essaie de la justifier. La même coïncidence peut avoir dicté le choix des autres peuplades gauloises citées dans le même passage, sans parler des Arvernes et des Éduens, qui, étant célèbres, ne pouvaient manquer d'y être nommés. M. Hirschfeld remarque, en effet, qu'il y a un Mediolanum chez les Aulerques (Évreux) et que la carte de Peutinger en signale un autre entre Lyon et Roanne, peut-être dans le territoire des Ambarres. Déjà Sigonius a voulu, dans le texte de Tite-Live, remplacer le nom des *Senones*, qui sont appelés plus loin *recentissimi advenarum* (c. xxxv), par celui des *Santones*, dont le chef-lieu était précisément aussi un Mediolanum. M. Hirschfeld pense cependant que les Santons étaient fixés trop loin vers l'ouest et il est disposé à considérer, avec Madvig, la première mention des Senones dans Tite-Live comme une simple interpolation.

Tout cela n'explique pas encore que l'hégémonie ait été attribuée par

Tite-Live aux Bituriges, alors qu'il était beaucoup plus naturel de nommer en cette qualité les Éduens, dont les Insubres étaient les clients. Donc, conclut M. Hirschfeld, nous sommes ici en présence d'une ancienne tradition gauloise, ou plutôt, M. d'Arbois de Jubainville a raison d'admettre un malentendu portant sur le mot *biturix*, épithète celtique d'un roi puissant qui a été prise plus tard pour la désignation d'un peuple celtique homonyme. Rappelons que la théorie de M. d'Arbois avait déjà été indiquée par lui en 1877, dans la première édition, seule connue de M. Hirschfeld, des *Premiers habitants de l'Europe*.

Quoi qu'il en soit, avant de pénétrer dans la littérature, cette tradition sur la fondation de Mediolanium doit avoir été mise en œuvre par un écrivain natif de cette région. Cet écrivain, suivant M. Hirschfeld, *n'est autre que Cornelius Nepos*. Il est insubre de naissance, de Ticinum suivant Mommsen, de Mediolanium suivant Unger (Pline l'appelle *Padi accola*, Cicéron *Insuber*). Il a écrit un grand ouvrage géographique, que Pline a cité, entre autres, au sujet de l'étendue des Alpes et aussi dans le passage où il est dit que Melpum a été détruite par les Boïens et les Sénons le jour même où Camille a pris Veïes. On peut en conclure que l'invasion gauloise dans l'Italie du nord était étudiée avec détail dans cet ouvrage; c'est là sans doute que Pline a puisé la notice, pour laquelle il cite également Nepos, sur la parenté des Vénètes de l'Italie avec les Énètes paphlagoniens. Cet ouvrage géographique de Nepos ne peut être antérieur à l'an 695, puisqu'il y mentionnait le proconsulat de Metellus Celer en Gaule, datant de cette année. Schwabe a placé la rédaction des *Chronica* de Nepos entre 687 et 690. En tous les cas, sa *Géographie* doit être postérieure à la conquête de la Gaule par César. D'autre part, comme nous l'avons dit plus haut, on s'accorde à considérer comme une interpolation de la légende, c'est-à-dire comme une hypothèse de savant, le rapport établi, dans le récit de Tite-Live, entre l'invasion des Gaulois en Italie et la fondation de Marseille. Or, nous venons de rappeler que Nepos était précisément l'auteur d'un synchronisme analogue, entre la prise de Melpum et celle de Veïes. M. Hirschfeld conclut que Tite-Live a emprunté son récit directement à Cornelius Nepos, sans avoir recours à Timagène, et que le récit parallèle de Trogue-Pompée peut fort bien remonter immédiatement à la même source.

Tite-Live paraît suivre une vieille source annalistique lorsqu'il raconte que le Clusien Aruns, pour se venger d'une infidélité, initia les Gaulois à la séduction des fruits et des vins de l'Italie et les décida ainsi à passer les Alpes. La même histoire revient, avec de légères variantes, dans Denys et dans Plutarque. M. Hirschfeld pense qu'elle remonte tout au moins aux *Origines* de Caton. Aulu-Gelle a cité le passage suivant du second livre des *Origines* : *Neque satis habuit, quod eam in occulto vitiaverat, quin ejus famam prostitueret*. On a remarqué depuis longtemps que cette phrase revient presque littéralement dans Denys (XIII, 50) : καὶ οὐκέτι κρύβδα ἀλλ' ἀναφανδὸν ἐζήτει αὐτῇ διαλέγεσθαι, et qu'elle doit se rapporter à l'histoire d'Aruns et de Lucumo. A côté de cette tradition légendaire, il y en a une autre, où ce n'est plus un Clusien, mais un Helvète ayant habité Rome, qui invite les Gaulois à envahir l'Italie : *Produnt Alpibus coercitas et tum inexsuperabili munimento Gallias, hanc primam habuisse causam superfundendi se Italiae, quod Helico ex Helvetiis civis eorum fabrilem ob artem Romae commoratus ficum siccam et uvam oleique ac vini praemissa remeans secum tulisset; quapropter haec vel bello quaesisse venia sit* (Pline, XII. 5).

L'auteur auquel Pline a emprunté cette histoire est certainement Varron. Car dans l'indication des sources de son XII⁰ livre, il mentionne en tête Varron, puis Mucianus, Vergilius et Fabianus. Or, Mucianus est cité dès le §9, et comme on sait, depuis Brunn, que Pline énumère ses autorités dans l'ordre même où il les met à contribution, l'extrait de Varron ne peut avoir trouvé place que dans un des huit premiers chapitres du livre XII. Le récit que nous venons de transcrire, précédé du mot *produnt*, est le seul qui puisse être attribué à Varron. Reitzenstein a récemment démontré que le XI⁰ livre des *Antiquitates* de Varron était consacré à la géographie de l'Italie : c'est donc à ce livre que le passage en question serait emprunté. Macrobe (III, 16, 12) nous apprend que Varron y vantait les produits de l'Italie : *ad victum optima fert ager Campanus frumentum, Falernus vinum, Cassinas oleum, Tusculanus ficum, mel Tarentinus, piscem Tiberis*. L'anecdote de l'ouvrier helvète pouvait facilement trouver place dans un pareil chapitre : Varron montrait que le vin, l'huile et les figues de l'Italie en avaient jadis enseigné la route aux Gaulois.

Quant au fait lui-même, M. Hirschfeld le juge très invraisemblable ; si cette histoire est d'invention romaine, ce dont il doute, elle ne doit pas être antérieure à la guerre des Cimbres, époque à laquelle les Romains connurent pour la première fois les Helvètes. Mais on peut n'être pas d'accord sur ce point avec le savant allemand. L'Helvète Hélicon a séjourné à Rome *fabrilem ob artem*. Cela ne veut sans doute pas dire qu'il y soit venu pour apprendre un métier, mais pour exercer le sien. Or, les découvertes faites dans la station de La Tène, sur le lac de Neuchâtel, nous ont montré quelle était, en pays helvète, l'excellence de l'industrie du fer, *ars fabrilis*, vers le IV⁰ siècle avant J.-C.[1]. Il n'y aurait donc rien d'impossible à ce qu'un artisan de ce pays eût été attiré à Rome, comme les ouvriers de certaines industries allemandes l'ont été de nos jours à Paris, et qu'il fût revenu chez les siens en faisant une description séduisante des richesses du pays où il avait séjourné. Si donc la tradition recueillie par Varron a quelque valeur, elle attesterait la présence des Helvètes au nord des Alpes dès le IV⁰ siècle avant notre ère et serait un argument de plus à l'encontre de la théorie de M. d'Arbois de Jubainville, qui ne les fait arriver dans la Suisse actuelle qu'à l'époque de l'invasion cimbrique, où ils auraient remplacé les Ligures[2].

Salomon REINACH.

---

1. On a déjà émis l'hypothèse que le nom de l'épée romaine, *gladius*, est un emprunt fait au celtique *claideb*, dont la forme primitive serait *cladivo (Schrader, *Sprachvergleichung*, 2⁰ éd. p. 332).

2. Cf. notre compte rendu de l'ouvrage de M. d'Arbois, *Revue critique*, 1894, I, p. 361-373.

ANNEXE F

GÉOGRAPHIE DES CISTES A CORDONS

En 1872, à propos de la découverte de la ciste à côtes ou à cordons du tumulus du Monceau-Laurent (Côte-d'Or), M. Al. Bertrand rappelait l'attention des archéologues sur l'intérêt que présentent les objets de cette série, tour à tour qualifiés d'étrusques et de celtiques, et dressait une liste provisoire de ceux dont la provenance était connue[1]. Depuis cette époque, les découvertes de cistes à cordons se sont multipliées; nous nous proposons de réunir ici quelques renseignements à ce sujet, pouvant servir de matériaux à la confection d'une carte analogue à celle que nous avons dressée pour les rasoirs de bronze[2]. Nous ne nous occupons que des exemplaires dont l'origine est attestée avec quelque précision et nous laissons de côté les cistes cylindriques qui ne sont pas caractérisées par la présence des bourrelets horizontaux appelés cordons[3].

I. — Italie

Sesto-Calende. — Un exemplaire (*Antiqua*, 1884, pl. XXVIII).
Golasecca. — Un exemplaire (*Annali dell' Instit.*, 1880, p. 242).
Castelletto-Ticino près de Golasecca. — Un exemplaire (*Notizie degli Scavi*, 1885, pl. I; *Matériaux*, t. XIX, p. 472).
Caverzano près de Bellune. — Trois exemplaires (*Annali*, 1880, p. 242).
Este. — Deux exemplaires (*Archéol. celt. et gaul.*, 2ᵉ éd., p. 309).
Rivoli près de Vérone. — Un exemplaire (*Atti del R. Inst. Veneto*, sér. VI, t. III, pl. XXIV, 3).
Fraore (Parmesan). — Un exemplaire (*Bullett. dell' Instit.*, 1875, p. 144).

---

1. Voir A. Bertrand, *Archéologie celtique et gauloise* (2ᵉ édition, p. 305).
2. *Ibid.*, p. 440.
3. La liste dressée en 1886 par M. Wosinsky (*Ungarische Revue*, 1886, p. 320) et reproduite avec un supplément d'erreurs dans les *Matériaux* (t. XXI, p. 150), est à la fois inexacte et incomplète, étant fondée sur le livre déjà ancien de Genthe (*Ueber den etruskischen Tauschhandel*, p. 21). En revanche, il y a de bons éléments dans les travaux de M. Helbig, *Annali dell' Instituto*, 1880, p. 240; *Das Homerische Epos*, 2ᵉ édition, p. 34, et dans un article de M. Hoernes, *Mittheilungen* de la Société d'anthropologie de Vienne, 1886, p. 49°. Les indications données par M. Tröltsch (*Fundstatistik der vorrömischen Metallzeit*, p. 60), sont, comme à l'ordinaire, sujettes à caution.

Bologne, dans le jardin public. — Deux exemplaires (*Annali*, 1880, p. 242).

Certosa (Bologne). — Treize exemplaires (*Annali*, 1880, p. 242).

Terrain Arnoaldi (Bologne). — Trois exemplaires (*Annali*, 1880, p. 241).

Toiano près de Bologne. — Un exemplaire (Gozzadini, *Scavi Arnoaldi*, p. 40).

Bagnarola près de Bologne. — Un exemplaire douteux (*Annali*, 1880, p. 242).

Monteveglio près de Bologne. — Un exemplaire (Gerhard, *Etruskische Spiegel*, t. I, pl. I, 4).

Castelvetro (Modenais). — Un exemplaire (*Annali*, 1842, p. 68).

Marzabotto. — Trois exemplaires (Gozzadini, *Ulteriori scoperte*, pl. II).

Orvieto. — Un exemplaire (Wosinsky, p. 321, sans référence).

Tolentino. — Deux exemplaires (*Annali*, 1880, p. 241 ; 1881, p. 219).

Vulci. — Un exemplaire (*Annali*, 1885, p. 36).

Allifae (Samnium). — Un exemplaire (*Annali*, 1884, p. 267).

Cumes près de Naples. — Deux exemplaires (*Annali*, 1880, pl. IV, 3 ; *Verhandl. berl. Ges.*, t. XIX, p. 558).

Nocera. — Un exemplaire (Minervini, *Bullett. napolitano*, 1857, pl. III).

Gnathia. — Un exemplaire (*Gazette archéol.*, t. VII, p. 93).

Rugge, près de Lecce. — Un exemplaire (*Gazette archéol.*, t. VII, p. 93 ; *Bullett. dell' Instit.*, 1881, p. 193).

Tarente. — Deux exemplaires (*Gazette archéol.*, t. VII, p. 93).

M. Tröltsch écrit (*Fundstatistisk*, p. 61) que ces objets sont très nombreux en Étrurie, où l'on en aurait recueilli plus de cinquante. Il y a là le résultat d'une confusion évidente avec les cistes cylindriques ornées de gravures au trait.

En résumé, et sans faire état des provinces italiennes qui appartiennent à l'Autriche, nous trouvons pour la péninsule 47 exemplaires, sur lesquels 21 proviennent de la région de Bologne.

II. — Suisse

Grauholz (canton de Berne). — Un exemplaire dans un tumulus (Bonstetten, *Recueil d'antiq. suisses*, *Supplém.*, 1, pl. XV).

Les auteurs signalent des cistes à cordons découvertes dans le tumulus d'Anet (Ins) et à Russikon près de Zurich ; mais en se reportant à Bonstetten (*Supplément*, I, p. 21), on voit qu'il ne peut s'agir là que de seaux romains ou mérovingiens.

III. — Autriche-Hongrie

Byčiskala près de Blansko (Moravie). — Un exemplaire découvert avec une statuette de bronze représentant un taureau (Much, *Atlas*, pl. LXXV).

Hallstatt (Basse-Autriche). — Six exemplaires (Tröltsch, p. 60 ; Sacken, *Grabfeld von Hallstatt*, pl. XXII).

Kurd (comté de Tolna en Hongrie). — Quatorze exemplaires découverts dans un énorme vase en forme de tronc de cône, mesurant 0m,82 de hauteur (*Ungarische Revue*, 1886, p. 316; *Mittheilungen* de Vienne, 1886, p. 48*).

Frögg (Carniole). — Un exemplaire (Much, *Atlas*, pl. L, 4).

Santa-Lucia près de Tolmino (Istrie). — Six exemplaires (Marchesetti, *Scavi nella necrop. di Santa-Lucia*, 1893, pl. II).

Moritzing (Tyrol). — Un exemplaire (Tröltsch, *Fundstatistik*, p. 60). Douteux.

Aquilée (Istrie). — Un exemplaire (*Mittheilungen* de Vienne, 1886, p. 49*).

San Daniele (Istrie). — Un exemplaire (*ibid.*).

Vermo (Istrie). — Deux exemplaires (*Mittheilungen* de Vienne, 1886, p. 49*; *Verhandl. der berl. Gesellschaft*, t. XIX, p. 547).

En résumé, 33 exemplaires, dont 12 proviennent des régions de l'empire austro-hongrois qui se rattachent géographiquement à l'Italie du nord. La trouvaille de Kurd est la plus considérable que l'on ait encore faite; elle a paru à M. Hoernes porter le « coup de grâce » à la théorie de la provenance italienne des cistes, conclusion que M. Virchow a contestée.

IV. — ALLEMAGNE

Panstorf près de Lubeck (Mecklembourg). — Un exemplaire (*Congrès de Pesth*, p. 689).

Meyenburg (Brandebourg). — Un exemplaire (*Verhandl. der berl. Ges.*, t. VI, p. 162).

Luttum près de Verden (Hanovre). — Quatre exemplaires (Lindenschmit, *Alterthümer*, II, 3, 5, 8; *Annali*, 1880, p. 243).

Nienburg (Hanovre). — Un exemplaire (*Archéol. celt. et gaul.*, 2e éd., p. 306).

Primentdorf (Posen). — Un exemplaire (*Verhandl. der berl. Ges.*, t. VI, p. 141).

Mayence (Environs de). — Un exemplaire (Lindenschmit, *Alterthümer*, II, 3, 5, 7).

Doerth près de Sanct-Goar (Prusse Rhénane). — Un exemplaire douteux dans un tumulus (*Dictionnaire de la Gaule*, art. *Doerth*).

Belleremise près de Ludwigsburg (Wurtemberg). — Deux exemplaires dans un tumulus (Tröltsch, *Fundstatistik*, p. 60).

Hundersingen (Wurtemberg). — Deux exemplaires dans un tumulus (Tröltsch, *ibid.*).

Klein-Aspergle près de Ludwigsburg (Wurtemberg). — Un exemplaire dans un tumulus (Tröltsch, *ibid.*; Lindenschmit, *Alterthümer*, III, 12, 4, 3).

Uffing (Bavière). — Un exemplaire (Tröltsch, p. 61).

Fridolfing (Bavière). — Un exemplaire (Tröltsch, p. 61).

On arriverait ainsi à un total de dix-sept exemplaires découverts en Allemagne, mais dans ce nombre figurent, d'après M. Tröltsch, cinq exemplaires découverts en Wurtemberg, alors que M. Helbig n'en énumère que trois (*uno cioè presso Hundersingen, due presso Ludwigsburg*). Il y a probablement quelque double emploi dans la statistique de M. Tröltsch.

V. — BELGIQUE ET HOLLANDE

Eygenbilsen (Tongres). — Un exemplaire dans un tumulus (*Revue archéol.*, 1873, pl. XII, 4).

M. Wosinsky cite encore, mais sans références, un exemplaire provenant du « Brabant septentrional ».

VI. — FRANCE

Monceau-Laurent (commune de Magny-Lambert, Côte-d'Or). — Un exemplaire dans un tumulus (*Archéol. celt. et gaul.*, 2ᵉ édit., p. 304).

Gommeville (Côte-d'Or). — Un exemplaire (*ibid.*, p. 505).

Reuilly près d'Orléans (Loiret). — Un exemplaire dans un tumulus (Boucher de Molandon et A. de Beaucorps, *Le tumulus de Reuilly*, Orléans, 1887.)

Chaumoy (commune de Subdray, Cher). — Un exemplaire dans un tumulus (O. Roger et H. Ponroy, *Ciste en bronze découverte en 1889 au Chaumoy*, Bourges, 1890).

Dames (commune de Saint-Éloy de Gy près de Bourges, Cher). — Un fond de ciste (*ibid.*, p. 10).

RÉCAPITULATION :

ITALIE	47 exemplaires.
SUISSE	1 —
AUTRICHE-HONGRIE	33 —
ALLEMAGNE	17 —
BELGIQUE ET HOLLANDE	1 —
FRANCE	5 —
TOTAL	104 exemplaires.

Nous publions ici deux croquis rendant sensible la distribution géographique des cistes comparée à celle des rasoirs, qui se sont trouvés parfois dans les mêmes tumulus. On reconnaîtra qu'il existe une similitude frappante entre la répartition de ces objets, qui font défaut l'un et l'autre dans la presqu'île des Balkans, au sud du Danube. La théorie de l'origine italienne étant écartée, du moins en ce qui concerne le centre et le sud de la péninsule, on peut se demander seulement s'ils sont illyriens ou celtiques. Pour les cistes à cordons, l'hypothèse illyrienne peut trouver une confirmation dans leur fréquente occurrence à Santa-Lucia, où, en revanche, il n'y a pas de rasoirs. Mais, après ce qui a été dit dans le présent volume, il n'y a guère lieu de douter de l'existence d'une civilisation illyro-celtique, antérieure à l'établissement, dans les mêmes contrées, de

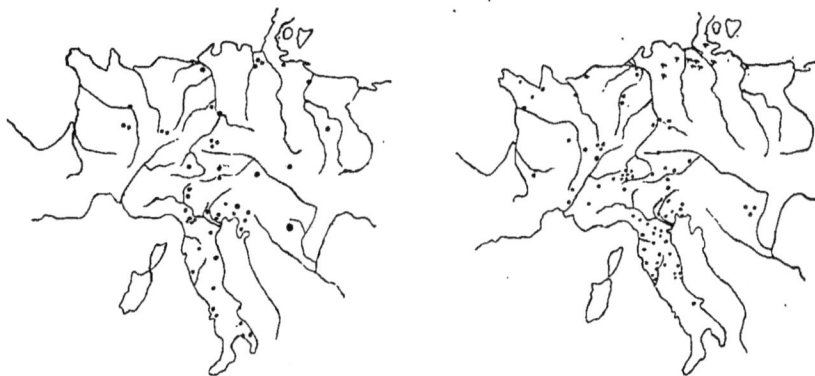

Fig. 114.
Distribution des cistes à cordons.

Fig. 115.
Distribution des rasoirs[1].

la civilisation celto-galatique dite de La Tène, qui trouva, dans la couche celtique antérieure, un terrain tout préparé pour sa diffusion.

Salomon REINACH.

1. Le signe en forme de T indique les rasoirs du type septentrional.

ANNEXE G

LE BOUCLIER D'ACHILLE ET LES SITULES CELTO-ILLYRIENNES

Il y a une vingtaine d'années, l'histoire de l'art grec commençait, ou peu s'en faut, avec la description du Bouclier d'Achille dans l'*Iliade*[1]. Grâce aux fouilles de Schliemann et de ses émules, elle remonte aujourd'hui beaucoup plus haut et nous possédons des œuvres du xiv° ou du xv° siècle avant l'ère chrétienne qui peuvent déjà être considérées comme helléniques. Mais ces découvertes, en élargissant notre horizon, ont, en même temps, précisé nos connaissances et si une restitution complète du bouclier homérique est encore impossible, nous pouvons, du moins, en deviner le style et reconstituer quelques épisodes des scènes multiples qui le décoraient.

Pendant longtemps, on s'est demandé si la description homérique n'était pas entièrement de fantaisie, tout en admettant qu'il pouvait exister, à cette époque, des œuvres présentant une lointaine analogie avec elle et lui ayant servi de point de départ.

Otfried Müller écrivait en 1835 : « Sur une de ces œuvres d'art, le bouclier d'Achille fait par Hephaestos, Homère décrit de grandes compositions comprenant de nombreuses figures; mais justement la grande abondance et l'étendue de ces représentations et le peu de compte que le poète y tient de ce qui est réellement représentable[2], éloignent l'idée d'œuvres humaines d'une étendue analogue, bien que l'on puisse cependant concéder que l'on sût, dès lors, fixer en petit des figures sur des plaques de métal. Le procédé a dû consister à découper avec des instruments tranchants le métal amolli et réduit en feuilles, puis à fixer ces découpages sur un fond avec des clous ou des pointes[3]. »

Bursian, en 1864, s'exprimait sur le même sujet comme il suit : « L'ouvrage le plus merveilleux de ce genre, le bouclier d'Achille, dont la description appartient certainement aux parties les plus récentes de l'*Iliade*, *est essentiellement une simple création de la fantaisie*, qui ne peut fournir aucune mesure pour l'appréciation de l'habileté artistique au temps d'Homère. Cependant, tant dans la disposition des images sur des bandes

1. On en trouvera plus loin une traduction.
2. O. Müller oublie que la description d'Homère ne doit pas être prise à la lettre : c'est comme le commentaire qu'un tableau ou une estampe suggère à un enfant et où l'imagination du spectateur naïf ajoute mille traits à celle de l'artiste.
3. O. Müller, *Handbuch der Archaeologie*, 1835, § 59.

circulaires parallèles, avec correspondance exacte des représentations particulières, que dans plusieurs de ces représentations (telles que les combats d'animaux et les danses, que l'on trouve sur les anciennes peintures de vases, et la ville assiégée, motif que fournissent les bas-reliefs assyriens), on peut reconnaître des réminiscences d'œuvres d'art qui existèrent réellement[1]. »

Ainsi Otfried Müller, en 1835, concédait seulement la *possibilité* de prototypes partiels de la description homérique ; en 1864, on est déjà plus avancé, puisque, dans l'intervalle, les bas-reliefs des palais assyriens ont été ramenés à la lumière et que l'on a appris à mieux connaître les vases peints grecs du style oriental.

Vers la même époque, l'attention des archéologues était appelée sur les coupes d'argent doré, travaillées au repoussé et ornées de gravures, qui furent découvertes à Chypre, à Agylla, à Préneste, à Ninive même. Ces monuments de « l'imagerie phénicienne », comme l'appela M. Clermont-Ganneau, présentent, sur une surface assez restreinte, un grand nombre de figures, souvent disposées en groupes qui suggèrent l'idée des épisodes successifs d'une même histoire. Comme l'on avait quelque raison de croire que les œuvres d'art homériques sortaient de fabriques phéniciennes, l'opinion s'accrédita que le bouclier d'Achille devait se rattacher à la même série que les patères historiées de Curium, d'Amathonte et de Caere. C'est le sentiment que l'on trouve exprimé dans la plupart des livres d'archéologie publiés entre 1865 et 1880.

Citons d'abord l'opinion de M. Clermont-Ganneau [2] :

« Nos monuments phéniciens nous fournissent le moyen de résoudre pratiquement une question homérique qui a préoccupé les critiques de toute époque : *la description du bouclier d'Achille*. Homère nous montre les personnages se livrant à des *actes successifs et variés*. On admettait généralement que le poète s'était laissé entraîner par son imagination et avait ajouté à sa description des traits, des actes même qui ne devaient pas, qui ne pouvaient pas être exprimés... La coupe de Palestrina nous fait immédiatement toucher du doigt le simple procédé à l'aide duquel la variété et la succession des actes devaient être figurées sur le prototype du bouclier d'Achille : *la répétition des acteurs*. Ce qu'il y a de plus curieux, c'est que certaines scènes du bouclier d'Achille se retrouvent littéralement sur quelques-uns des vases phéniciens venus jusqu'à nous, vases dont Homère a certainement connu les analogues, d'après ce qu'il dit lui-même. Par conséquent, rien ne peut nous donner une idée plus précise du bouclier d'Achille que la coupe de Palestrina et les autres monuments congénères, avec leurs sujets variés se déroulant, *moment par moment*, dans des zones concentriques. »

« Lors même qu'Homère décrit des œuvres qui paraissent imaginaires, écrivait un peu plus tard M. Saglio[3], il ne s'éloigne pas beaucoup de ces

---

1. Bursian, *Griechische Kunst*, dans l'*Encyclopaedie* d'Ersch et Gruber, p. 397.
2. *Revue critique*, octobre 1878 (*Imagerie phénicienne*, t. I, p. xxxi).
3. Saglio, *Dictionnaire des antiquités*, article *Caelatura*, p. 783.

modèles assyriens, égyptiens, phéniciens qui étaient alors tant admirés. Celle même qui a été l'objet de plus de discussions, le bouclier d'Achille, est conforme à un type que nous pouvons imaginer d'après celui des rondaches qui servaient alors à la défense et à celles qui ont été retrouvées en Étrurie, à Chypre, à Rhodes ; les sujets représentés sont distribués dans des zones de la même manière que sur les boucliers de Caere et à l'intérieur des coupes ; l'analogie est suffisante pour que nous ne rejetions pas dans le domaine de la fantaisie pure les descriptions du poète. »

L'art des coupes dites phéniciennes est éminemment éclectique : les motifs assyriens et égyptiens se trouvent réunis sur les mêmes œuvres et les représentations de la vie réelle y voisinent avec celles de la fable. C'est ainsi qu'on y trouve des hommes et des animaux ailés à côté de guerriers, de danseurs et de musiciens, des sphinx et des griffons à côté de lions, de taureaux et de chevaux. Rien de tel sur le bouclier homérique : à l'exception de deux divinités, qui ne se distinguent des hommes que par leur taille[1], et de trois figures où il reconnaît des démons, Homère n'entre pas dans le domaine de la fantaisie. Il y avait donc entre le bouclier et ses prétendus prototypes une différence essentielle et rien n'autorisait à répéter, comme on le faisait de confiance, que l'œuvre décrite dans l'*Iliade* était assyrienne, égyptienne ni surtout phénicienne par ses éléments.

Survinrent les découvertes de Schliemann à Mycènes. Parmi les trésors recueillis par ce chercheur, on ne trouva rien d'analogue aux coupes de Curium ; en revanche, le nettoyage d'une lame de poignard (par M. A. Koumanoudis) fit paraître une série de figures incrustées, représentant une scène de chasse, où les personnages et les animaux s'enlèvent en or sur le fond de bronze. Au lieu de la technique du repoussé ou de la gravure, on avait là de très anciens exemples d'incrustation, avec des nuances délicates de coloration obtenues par l'emploi d'un métal plus ou moins pur.

M. Milchhœfer, en 1883, montra l'importance de cette découverte pour la question qui nous occupe[2]. Il commença par établir que la description homérique du bouclier ne pouvait pas s'appliquer à une œuvre au repoussé : comment comprendre, dans cette hypothèse, la vigne aux rameaux d'*or* pliant sous le faix de grappes de raisin *aux teintes sombres* et soutenue par des pieux d'*argent* bien alignés[3] ? Comment comprendre le troupeau où les bœufs étaient alternativement en *or* et en *étain*, ou les glaives d'*or* suspendus aux baudriers d'*argent* ? L'incrustation, combinée avec la gravure, permettait seule d'obtenir les effets décrits par Homère. Or, les lames de poignards de Mycènes satisfont pleinement à toutes ces données littéraires ; les tons variés de l'or, tantôt éclatants, tantôt sombres, sont le commentaire le plus exact de la description du « champ

---

1. Comme l'a vu M. Reichel, ce sont sans doute des chefs d'armée qu'Homère aura pris pour des dieux (*Homerische Waffen*, Vienne, 1894).
2. Milchhoefer, *Die Anfaenge der Kunst*, p. 144 et suiv.
3. *Iliade*, XVIII, 561 et suiv.

d'or » (*Iliade*, XVIII, 548), où les sillons prennent une teinte noirâtre comme celle de la terre labourée :

Ἡ δὲ μελαίνετ' ὄπισθεν, ἀρηρομένη δὲ ἐῴκει
χρυσείη περ ἐοῦσα...

« Déjà Brunn, continue M. Milchhœfer, a montré jusqu'à l'évidence que la décoration du bouclier d'Homère est conçue dans un esprit essentiellement artistique et digne des Hellènes[1]. Cela passe aujourd'hui pour une vérité indiscutable. En ce qui concerne les modèles techniques et les sujets, on s'en est généralement tenu aux bas-reliefs assyriens et surtout aux coupes d'argent et de cuivre repoussées et gravées, dont on possède de nombreux spécimens provenant de Chypre, de l'Italie et de Ninive[2]. Et c'est sur de pareils ouvrages que serait fondée la description homérique ? Je considère comme un grand bien que nous puissions maintenant nous émanciper du recours à cet art mixte et sans esprit (*jener geistlosen Mischkunst*). » M. Milchhœfer ajoute que la provenance phénicienne des armes mentionnées dans l'*Iliade* n'est rien moins qu'établie : même l'armure d'Agamemnon, présent de Cinyras de Chypre (*Iliade*, XI, 19), peut avoir été fort bien chypriote sans être phénicienne. D'autre part, comme les gemmes dites insulaires et les chatons gravés des bagues en or mycéniennes n'ont rien qui rappelle l'art phénicien ou assyrien, on commence à comprendre que l'on s'égare en cherchant dans les pays d'Orient, en particulier dans l'Orient sémitique, l'origine de l'art dont le bouclier d'Achille est un témoin.

Dans la seconde édition de son *Homerisches Epos*, publiée en 1887, M. Helbig trahit l'influence d'idées analogues[3] :

« Le bouclier, dans son ensemble, est une œuvre de la fantaisie poétique. Mais les descriptions des scènes particulières ont souvent été suggérées par des représentations figurées. On doit admettre que ces représentations se trouvaient surtout sur les vases métalliques importés par les Phéniciens ou sur des imitations grecques de ceux-ci. Toutefois, il faut aussi, semble-t-il, reconnaître ici *l'intervention du souvenir d'œuvres grecques, dans lesquelles l'esprit national s'était déjà élevé à une expression individuelle.* » Cette solution est éclectique ; elle marque cependant, même chez un savant aussi prudent que M. Helbig, un commencement de réaction contre la part exclusive faite aux modèles orientaux dans la genèse de la description homérique.

Mais il y a plus : si l'on veut trouver des œuvres dont le caractère et les sujets rappellent de très près le bouclier homérique, ce n'est ni à l'Égypte ni à l'Assyrie qu'il faut s'adresser.

M. Brunn, après avoir mis en lumière, dès 1868, par la simple analyse

---

1. Brunn, *Die Kunst bei Homer*, dans les *Abhandlungen* de l'Académie de Munich, t. XI (1868).

2. Un spécimen du Musée d'Athènes, portant une inscription phénicienne, aurait été découvert près d'Olympie (Furtwaengler, *Bronzen aus Olympia*, p. 54).

3. Helbig, *Das homerische Epos*, 2e édition, p. 415.

des motifs et de leurs contrastes, le caractère hellénique et non oriental du bouclier d'Achille, fut frappé, en 1887, de l'analogie que présentent ces motifs avec ceux des situles de l'Italie septentrionale. Laissons parler l'illustre historien de l'art antique. Il vient de rappeler les découvertes des situles de la Certosa, du terrain Arnoaldi et de Watsch, ajoutant, comme une chose évidente et inutile à démontrer, que l'art dont ces objets sont l'expression n'a absolument rien à voir avec l'art étrusque et que le groupe auquel ils appartiennent a été plusieurs fois qualifié d'*ombrien*. Voici maintenant ses propres paroles[1] :

« Dans la conception des figures humaines et animales, dans l'ensemble de l'indication des formes, on sent moins le caractère particulier d'une école d'art que, d'une manière générale, celui d'une individualité ethnique. Brizio a justement signalé, dans bien des détails, la trace d'influences grecques postérieures et montré aussi que, malgré leur apparence très archaïque, ces œuvres ne peuvent pas avoir été fabriquées à une époque bien différente de celle à laquelle appartiennent les autres objets des tombes de la Certosa. D'autant plus étonnante est leur concordance avec l'art grec le plus ancien dans toute la conception tectonique, poétique et artistique. *Il n'existe pas un second groupe de monuments que l'on pût utiliser aussi directement, pour la restitution du bouclier homérique, que les situles de Bologne et de Watsch.* Tout d'abord, à cause du choix des représentations : scènes d'agriculture et de chasse, cortèges de fêtes et de sacrifices, musique, jeux gymniques, marches de guerriers, etc.; puis dans l'expression simple de la pensée rendue par l'image, comme dans l'économie des moyens représentatifs du dessin ; enfin, dans la disposition générale par bandes parallèles. Et cependant, entre le bouclier homérique et les situles, il s'est écoulé peut-être cinq siècles, alors qu'une préhistoire de l'art, jetant comme un pont sur cet intervalle, n'existe pas ou existe à peine pour ces dernières, alors encore que la continuation de cet art serait enveloppée d'une obscurité complète si le hasard ne nous fournissait à cet égard une indication précieuse dans un monument déjà anciennement connu. Il s'agit du fauteuil en marbre du palais Corsini, découvert en 1732 à Rome près du Latran (*Monum. dell' Instit.*, t. XI, pl. 9), qui occupait jusqu'à présent une place tout à fait isolée et indéterminée parmi les monuments romains. Tout récemment, M. Benndorf a remarqué (*Mittheilungen* de la Société d'anthrop. de Vienne, 8 mars 1884) que les fauteuils tressés de la situle de Watsch ressemblent tout à fait à ceux de la *sedia Corsini*, dont les reliefs présentent aussi des analogies très dignes d'attention avec ceux des situles. Mais nous devons aller plus loin. Les guerriers qui s'avancent à pied ou à cheval, la chasse, le cortège de sacrifice, les jeux, dans leur relief peu accusé, leur répartition en bandes, font tout l'effet d'une situle traduite en pierre, si ce n'est que dans le rendu des figures le

---

1. Brunn, *Ueber die Ausgrabungen der Certosa*, Munich, 1887, p. 26 [170]. On voudra bien considérer que la prose de M. Brunn est à peu près intraduisible en français.

style qui prédomine est celui de l'art gréco-romain postérieur ; cependant les personnages enveloppés dans leurs manteaux rappellent encore nettement leurs prédécesseurs en bronze et, en outre, l'emploi ornemental des branches de lierre et des postes fait immédiatement penser à la décoration des stèles de Bologne.

« Nous nous trouvons ici devant une série de problèmes qui, dans bien des parties essentielles, attendent encore leur solution de l'avenir. Mais les faits suffisent pour nous indiquer, et cela est important, que l'art ne peut être mesuré au même étalon à la périphérie de la civilisation grecque et italique qu'au centre même de son développement L'art « ombrien » est un rejeton né à l'origine des racines (un drageon), qui s'est sans doute élevé d'un vieux tronc commun, mais qui, alors que l'arbre lui-même, ennobli par l'hellénisme, avait déjà achevé tout son développement, a continué à vivre d'une vie isolée, sans avoir la force d'accomplir à son tour un développement semblable, bien plus, qui a marché rapidement à son déclin par l'effet d'une fécondation partielle et d'un essai de transposition de ses principes dans une langue artistique postérieure[1]. »

« La désignation de cette civilisation comme *ombrienne* repose sur l'hypothèse que les Ombriens ont été refoulés sinon complètement, du moins en grande partie par les Étrusques, des environs de Bologne vers le nord et la région des Alpes. Mais tout récemment on en a proposé une autre, qui semble surtout motivée par les découvertes dans les régions déjà plus éloignées de la Carinthie (voir A. B. Meyer, *Gurina im Obergailthal*, Dresde, 1885, et Orsi, *Bullett. di paletnol. ital.*, t. XI, 1885). Des populations illyriennes auraient été poussées des rives orientales de la mer Adriatique vers le nord et vers l'ouest, et ainsi la civilisation illyrienne de la Grèce du nord serait arrivée, par voie de terre, dans l'Italie septentrionale. Des découvertes ultérieures pourront seules décider entre ces deux désignations. Mais, dès à présent, on peut dire que l'hypothèse de la durée plusieurs fois séculaire d'un certain état de civilisation paraît singulièrement perdre en invraisemblance, lorsque nous envisageons l'état de choses qui subsiste encore aujourd'hui précisément dans des régions voisines de celles-là.

« Tandis qu'en Italie et dans toute l'Europe occidentale, l'art, depuis Giotto, a accompli plus qu'une évolution complète, l'art byzantin reste presque inaltéré dans les pays des Balkans et, plus loin encore, dans tout le domaine de l'Église gréco-orientale. Si un jour il essaie de rompre les liens dont il est actuellement enserré, il lui sera bien difficile de traverser à nouveau les mêmes phases que l'art occidental, mais il disparaîtra en lui et s'éteindra, comme l'art ombrien ou illyrien a disparu dans l'art gréco-romain. »

M. Brunn est revenu sur les mêmes idées en 1893, dans la première partie de son *Histoire de l'art grec*[2]. Il a commencé par montrer que, dans le détail des scènes, dans le choix même des sujets, il y a beaucoup

---

1. Cela ressemble à du galimatias, mais, en y regardant de près, on reconnaîtra quelles pensées profondes se cachent sous cette forme amphigourique et compliquée.

2. Brunn, *Griechische Kunstgeschichte*, Munich, 1893, p. 77 et suiv.

de points communs entre le bouclier d'Achille et les bas-reliefs assyriens du palais de Sanherib. Mais si les ressemblances particulières sont frappantes, l'esprit de la composition homérique est tout différent de celui des œuvres assyriennes. Celles-ci juxtaposent les éléments figuratifs à la façon d'un chroniqueur, tandis que l'artiste du bouclier d'Achille compose et dispose les siens comme un poète. M. Brunn admet, cependant, que l'art hellénique primitif a puisé largement dans le répertoire des formes assyriennes, mais il a su transformer ce qu'il empruntait en l'assimilant. De même, dans un autre domaine, les Grecs ont reçu les caractères de leur alphabet des Phéniciens, mais ils ne doivent leur littérature qu'à eux-mêmes.

Sur un bas-relief assyrien publié par Layard, que M. Brunn avait déjà allégué en 1868, on voit une ville assiégée, entourée de combattants, qui rappelle un épisode analogue du bouclier homérique. Ce bas-relief n'est pas antérieur à l'an 700 avant J.-C. Mais, en 1890, le nettoyage d'un fragment de vase d'argent, découvert par Schliemann dans la quatrième tombe royale de Mycènes, nous a mis en possession d'une scène en relief beaucoup plus voisine encore de celles qui sont décrites dans les *Boucliers* d'Homère et d'Hésiode[1]. Comme l'a dit M. Perrot[2], « ce qui fait l'importance et l'intérêt du monument, c'est le thème que l'artiste y a traité. Ce thème, celui d'un combat livré entre deux partis ennemis, sous les murs d'une ville assiégée, nous l'avons souvent rencontré chez les peuples de l'Asie antérieure, dans les bas-reliefs de l'Égypte et de l'Assyrie, ainsi que sur les coupes phéniciennes ; mais rien ne nous autorisait jusqu'ici à penser qu'il appartint au répertoire de l'art mycénien. Sans doute, en lisant les poètes épiques, on avait soupçonné qu'ils s'étaient inspirés d'ouvrages réels, vus et admirés par eux, pour décrire le Bouclier d'Achille et le Bouclier d'Hercule; on s'était avisé qu'ils avaient dû emprunter à ces ouvrages la plupart des traits et des couleurs dont ils se sont servis pour peindre les scènes diverses qu'ils groupent dans le champ de l'orbe décoré par la main d'un dieu ; mais, faute de connaître l'art mycénien et la variété de ses ressources, c'était uniquement du côté de la Phénicie que l'on s'était avisé de chercher les modèles qui auraient éveillé l'imagination d'Homère et d'Hésiode. Il y a sans doute quelque chose de fondé dans cette hypothèse : ce que ces poètes ont pu devoir aux tasses historiées d'argent et de bronze doré que les ateliers de Sidon répandaient sur tous les marchés de la Méditerranée, c'est cette division en zones concentriques qui définit l'ordonnance de leur composition; mais pour ce qui est du choix même des objets et de l'esprit dans lequel ils sont traités, on y goûte un sens de la vie et une vérité concrète que l'on chercherait en vain dans les produits routiniers de l'industrie syrienne[3]. »

On pourrait demander à M. Perrot sur quoi il se fonde pour admettre

1. Perrot et Chipiez, *Histoire de l'art*, t. VI, fig. 365.
2. *Ibid.*, p. 777.
3. M. Reichel (*Homerische Waffen*, p. 43) va plus loin et traite les coupes phéniciennes de « misérables » (*die elende phönikische Bildschalen*).

que les artistes mycéniens ont dû emprunter aux Phéniciens la division en zones concentriques; mais l'hypothèse d'influences exercées par l'art de l'Orient comporte des objections d'un caractère plus grave et plus général.

En plaçant la rédaction des poèmes homériques, avec Hérodote, vers l'an 850 avant J.-C., on se croyait autorisé à faire intervenir, pour en expliquer les détails archéologiques, des œuvres orientales d'une époque voisine. Mais ces œuvres, on était toujours conduit à les vieillir un peu, et cette tendance est encore sensible dans l'usage courant, où les mots d'*assyrien* et de *phénicien* éveillent, chez les gens du monde, l'idée d'une très haute antiquité, antérieure aux premiers balbutiements de l'esprit grec. Or, les bas-reliefs assyriens qu'on a rapprochés du bouclier homérique ne sont pas antérieurs à l'an 700. Quant aux coupes dites phéniciennes, M. Saglio nous apprend, en citant ses auteurs[1], que l'époque généralement assignée à leur exécution « est le viie ou le viiie siècle ». Il ajoute cependant que la coupe d'Amathonte « est sans doute une des plus modernes parmi celles du même caractère que l'on possède actuellement, même si l'on n'accepte pas la date du ve siècle avant J.-C., indiquée par M. Colonna Ceccaldi d'après l'interprétation qu'il donne du sujet. » Assurément, il peut paraître gênant d'expliquer un texte littéraire du ixe siècle par des bas-reliefs et des gravures du viie ou du viiie, mais, quand il s'agit d'une différence d'époque relativement aussi peu considérable, on se tire d'affaire en admettant des « prototypes » antérieurs aux objets similaires que nous possédons.

Les choses ne se présentent plus de même aujourd'hui. Les bas-reliefs assyriens et les coupes dites phéniciennes n'ont pas vieilli, mais il est devenu évident, par suite des progrès de l'archéologie mycénienne, que les poèmes homériques, rédigés ou coordonnés, si l'on veut, vers l'an 850, plongent leurs racines jusque dans le passé pré-dorien. Quant à la civilisation mycénienne, dont la connexion étroite avec la civilisation homérique n'aurait jamais dû être contestée[2], nous savons qu'elle était dans tout son éclat entre 1400 et 1200 environ avant notre ère. Nous voilà loin des coupes dites phéniciennes et des bas-reliefs assyriens !

Les plus anciens bas-reliefs historiques que l'on ait recueillis dans un palais assyrien sont ceux qui décoraient la demeure d'Assournazirpal à Nimroud[3]; or, ces bas-reliefs sont postérieurs au xe siècle. Je sais bien que les sculptures chaldéennes de Tello sont attribuées à une antiquité beaucoup plus haute, mais ce n'est pas dans ces monuments que l'on a cru pouvoir chercher des points d'attache pour expliquer l'origine de l'art homérique. Que l'art chaldéen du troisième ou du quatrième millénaire avant notre ère — à supposer que la chronologie admise soit exacte —

---

1. Saglio, *Dictionnaire*, article *Caelatura*, p. 783.
2. Voir maintenant l'excellent mémoire de M. Reichel, *Homerische Waffen*, Vienne, 1894.
3. Perrot et Chipiez, *Histoire de l'art*, t. II, p. 42.

ait pu exercer quelque influence sur le bassin de la Méditerranée, cela est possible, mais n'est encore démontré par rien. Il existe, toujours dans la même hypothèse, un intervalle de temps si immense entre l'art de Tello et celui d'Hissarlik ou de Mycènes, qu'on peut, à l'exemple de M. Brunn, laisser de côté les monuments chaldéens quand il s'agit de l'art mycénien ou homérique.

En étudiant certains bas-reliefs assyriens du plus récent des palais de Koujoundjik, celui d'Assourbanipal (667-647), notamment les *chiens de chasse* et la *lionne blessée*, M. Brunn n'a pu retenir une hypothèse qui, au premier abord, paraît bien hardie[1] : il s'est demandé si l'influence qui s'y faisait sentir n'était pas celle du génie grec. « Nous trouvons, dit-il, dans l'art homérique, justement les deux éléments qui nous frappent comme nouveaux dans la dernière période de l'art assyrien... » Il y aurait donc eu, antérieurement au VIIIe siècle, date du bas-relief assyrien qui représente une ville assiégée, influence de l'Assyrie sur la Grèce et, au VIIe siècle, époque des bas-reliefs d'Assourbanipal, action en retour de la Grèce sur l'Assyrie. La discussion de cette thèse nous entraînerait trop loin ; elle n'est d'ailleurs pas essentielle à notre sujet.

En effet, depuis la découverte de la « ville assiégée » sur un vase d'argent qui peut remonter au XIVe siècle, ne semble-t-il pas que l'on puisse hardiment reprendre l'offensive pour revendiquer la priorité du génie grec? D'influence phénicienne, on ne devrait vraiment plus parler. Aucune fouille ne nous a encore rien appris sur la civilisation de la Syrie avant l'an 1000 ; mais quand les envoyés et les tributaires de ce pays sont figurés sur les peintures égyptiennes contemporaines de l'éclat de Mycènes, ils sont vêtus comme des Mycéniens, portent des vases analogues à ceux de Mycènes et de Vaphio, et ne présentent aucun caractère extérieur qui les rattache à l'Égypte ou à l'Assyrie. On est donc obligé d'admettre soit que la civilisation mycénienne a eu la Syrie pour centre, soit qu'elle a rayonné des îles de l'Archipel vers les côtes de l'Asie. Mais si la première hypothèse était la vraie, la part apparente de l'Égypte dans la civilisation de Mycènes ne se réduirait pas à quelques bibelots importés ; on devrait, à des indices nombreux et irrécusables, reconnaître son influence dans toute la civilisation mycénienne, et c'est ce qu'aucun archéologue ne voudra plus tenter aujourd'hui. En un mot, dans l'état actuel de nos connaissances, il ne peut plus être question de civilisation phénicienne à Mycènes, mais seulement de civilisation mycénienne en Phénicie[2].

Si donc il existe certaines analogies incontestables entre les coupes gravées dites phéniciennes et le bouclier homérique, il faut, ou bien attribuer ces analogies au hasard, ce qu'on n'a pas songé à faire jusqu'ici, ou considérer les coupes en question comme des imitations dégénérées de modèles mycéniens. Cette dernière conclusion est la nôtre. On a admis

---

1. Brunn, *Griechische Kunstgeschichte*, t. I, p. 111.
2. Voir *Le mirage oriental*, p. 67; *Revue archéologique*, 1892, I, p. 406; *Revue critique*, 1894, I, p. 305.

universellement que les coupes dites phéniciennes étaient des espèces de pastiches, dont l'Égypte et l'Assyrie avaient fourni les éléments ; il faut ajouter, croyons-nous, que l'éclectisme de leurs auteurs a été poussé plus loin encore et qu'à côté des Assyriens et des Égyptiens ils ont imité, et imité de préférence, les vieilles œuvres grecques dont ils continuaient la tradition.

Ainsi *l'action en retour* de la Grèce sur la Phénicie, que M. Heuzey a si brillamment constatée au vi^e siècle, n'aurait pas été un fait nouveau dans l'histoire de l'art méditerranéen : l'art dit phénicien dériverait de l'art achéen et n'aurait rendu, à la Grèce post-dorienne, que ce que la Grèce pré-dorienne lui avait donné — altéré, il est vrai, par des influences orientales dont le génie hellénique mettra plusieurs siècles à s'affranchir.

Nous avons écrit à dessein, dans ce qui précède, l'art *dit* phénicien, les coupes *dites* phéniciennes. En effet, quand on accole au mot *art* une désignation ethnique, on risque fort d'être victime d'une illusion. C'est un fait avéré que plusieurs des coupes dont il s'agit portent des inscriptions phéniciennes, mais cela ne suffit pas à prouver que leurs auteurs fussent des Phéniciens. Ce pouvait fort bien être des Grecs orientalisés, dont le commerce phénicien, suivant l'ingénieuse hypothèse de M. Brunn, exportait et démarquait les produits. Dans l'île de Chypre, nous trouvons deux systèmes d'écriture : l'un local, qui n'est certainement pas phénicien et dans lequel on transcrit le grec, l'autre phénicien, qui est celui des textes sémitiques. Si Chypre avait été phénicienne dès une époque très reculée et n'était devenue grecque que plus tard, on ne comprendrait pas l'existence, dans cette île, de deux systèmes d'écriture tout différents, alors que l'alphabet phénicien, comme l'expérience l'a prouvé, devait se montrer bien plus propre à la transcription du grec que le système indigène. Cette seule considération devrait faire admettre que l'hellénisme est plus ancien à Chypre que le sémitisme. Mais d'autres témoignages ne nous disent pas autre chose. On rencontre à Chypre, dans des textes indigènes, la mention d'un Apollon *Heleitas* (d'Hélos en Laconie) à côté de celle d'un Apollon *Amycléen*. Le phénicien *Elyith* n'est qu'une transcription du grec *Heleitas*[1]. La fondation de Paphos était attribuée à une colonie d'Arcadiens, qui auraient émigré après la guerre de Troie sous la conduite d'Agapénor de Tégée ; d'autres indices nous font entrevoir les Achéens du Péloponnèse fuyant devant l'invasion dorienne et venant chercher refuge à Chypre. C'est ainsi, notamment, que la poésie homérique et cyclique, tradition héroïque des Achéens, s'est développée de très bonne heure à Chypre, témoin le poème des Κύπρια de Stasinos. M. Deecke a montré que les traces de la langue épique sont nombreuses dans le dialecte grec de Chypre, et l'on sait depuis longtemps qu'il existe une analogie étroite entre ce dialecte et l'arcadien. Il est probable *a priori* que les Achéens, qui guerroyaient contre l'Égypte dès le xiie siècle, n'ont pas attendu,

---

1. Observations de M. Deecke. Cf. *Revue archéol.*, 1887, I, p. 82.

pour prendre pied à Chypre, d'y être refoulés par l'invasion des Doriens[1].

Ainsi, suivant nous, ce n'est pas seulement la tradition épique, mais la tradition artistique de la Grèce mycénienne qui a été introduite à Chypre antérieurement à la domination phénicienne dans cette île. Les descendants des ouvriers achéens continuèrent à travailler pour l'aristocratie marchande des Phéniciens; mais, comme l'a fait observer M. Brunn, ils durent tenir compte des goûts éclectiques de leurs maîtres, à un moment surtout où l'art de la Grèce propre ne pouvait plus leur fournir d'inspiration : c'est ainsi que l'art mycénien se mêla, à Chypre comme en Crète, où les boucliers de l'Ida en sont une preuve, d'éléments empruntés à l'Égypte et à l'Assyrie. Le style mixte qui naquit ainsi était peut-être déjà formé à l'époque où fut rédigée, sous la forme où nous la possédons, la description du bouclier d'Achille dans l'*Iliade*, époque de la domination commerciale des Phéniciens ; mais le prototype de cette description, loin d'être inspiré de ces œuvres bâtardes et médiocres, qui ne présentent même pas, comme l'a montré M. Milchhœfer, une technique correspondante, remonte, suivant nous, à des travaux en métal d'une perfection supérieure, analogues aux poignards des Mycènes, dont les coupes chypriotes ne sont que des souvenirs dégénérés.

De ce rayonnement et de cette survivance de l'art mycénien, l'art illyro-celtique du Danube et de l'Italie du nord vient porter un éclatant témoignage. Mais il s'en faut que ce soit le seul. Si la tradition des ouvrages en métal de Mycènes s'est continuée à Chypre jusqu'au VI° ou au V° siècle, nous avons encore, sur les rives du Bosphore cimmérien, des constructions en coupole, absolument mycéniennes de type, qui ne sont pas antérieures au IV° siècle, et nous trouvons dans les tombeaux de cette région la coutume mycénienne de protéger le visage des défunts par un masque d'or. Les types décoratifs mycéniens survivent, jusqu'à une époque relativement récente, dans bien des produits de l'art scandinave. En tenant compte de ces faits, auxquels on pourrait en ajouter d'autres, il devient moins surprenant de constater, avec M. Brunn, l'analogie du bouclier d'Achille et des situles celto-illyriennes, comme de celles-là même avec une œuvre romaine, la *sedia Corsini*. Cette transmission du Mycénien à l'Illyrien et de l'Illyrien au Romain a pour pendant, dans une autre partie de l'Europe, la continuité de tradition, indéniable à nos yeux, entre le Mycénien et le Scandinave d'une part, le Scandinave et le Mérovingien de l'autre. Les formes de l'art n'ont pas la vie moins dure que celles du langage ; à côté des traditions dont on peut retracer l'histoire, il y a des continuités obscures, et ce n'est pas seulement par la vertu des poèmes homériques que quelque chose de la civilisation mycénienne est encore vivant au milieu de nous.

Salomon REINACH.

1. « J'estime que les Aqaïousha du texte de Minéphtah sont les Achéens qui colonisèrent Chypre » (Maspero, *Histoire de l'Orient*, 4° édit., p. 640).

APPENDICE

Voici la traduction du passage de l'*Iliade* où est décrit le bouclier d'Achille. Nous l'empruntons à M. Giguet, en y apportant quelques modifications de détail.

XVIII, 477 : « Héphaestos fabrique d'abord un bouclier vaste et solide, l'orne partout et le borde d'un triple cercle d'une blancheur éblouissante, d'où sort le baudrier d'argent. Cinq lames forment le bouclier et Héphaestos fait sur la surface nombre de figures habiles. Il représente la Terre, le Ciel, la Mer, le Soleil infatigable et la pleine Lune ; il représente tous les signes dont le ciel est couronné : les Pléiades, les Hyades, le fort Orion, l'Ourse que l'on appelle aussi le Chariot, qui tourne aux mêmes lieux, en regardant Orion, et seule n'a point de part aux bains de l'Océan.

XVIII, 490 : « Héphaestos représente encore deux belles villes, demeures des hommes ; dans l'une on célèbre des noces et l'on fait de grands festins. A la lueur des flambeaux, on conduit les épousées par la ville, hors de la chambre nuptiale, et l'on invoque à grands cris l'hyménée ; de jeunes danseurs forment de gracieuses rondes ; au centre la flûte et la lyre frappent l'air de leurs sons et les femmes, attirées sous les portiques, admirent le spectacle. Plus loin, à l'agora, une grande foule est rassemblée ; de violents débats s'élèvent : il s'agit du rachat d'un meurtre ; l'un des plaideurs affirme l'avoir entièrement payé et le déclare aux citoyens ; l'autre nie l'avoir reçu[1]. Tous deux désirent que les juges en décident. Le peuple, prenant parti pour l'un ou pour l'autre, applaudit celui qu'il favorise. Les hérauts réclament le silence et les anciens, assis dans l'enceinte sacrée, sur des pierres polies, empruntent les sceptres des hérauts à la voix retentissante. Ils s'appuient sur ces sceptres lorsqu'ils se lèvent et prononcent tour à tour leur sentence. Devant eux sont deux talents d'or, destinés à celui qui aura exprimé le meilleur avis[2].

XVIII, 490 : « Autour de l'autre ville sont rangées deux armées dont les armes étincellent[3]. Les assiégeants agitent un double projet qui leur

1. Il est évident qu'Homère cherche à expliquer ici, tant bien que mal, une scène qu'il ne comprend qu'à moitié.
2. La traduction de M. Giguet : « destinés à celui qui a le mieux prouvé la justice de sa cause » n'est pas conforme au sens généralement admis ; mais M. Reichel a fait observer récemment que les deux talents d'or doivent représenter le *wehrgeld* litigieux et qu'Homère, de quelque façon que l'on entende le texte, n'a pas compris la scène qui ne laisse pas de rester obscure pour nous.
3. M. Murray a très bien vu qu'il ne pouvait s'agir de deux armées, mais de deux groupes de guerriers représentés de part et d'autre d'une ville. Ici encore, la réalité du modèle est confirmée par les incertitudes de l'interprétation du poète.

plaît également : ou de tout détruire, ou d'obtenir la moitié des richesses que renferme la noble cité. Mais les assiégés refusent de se rendre; ils s'arment pour une embuscade; ils laissent à la garde des remparts leurs épouses chéries, leurs tendres enfants et les hommes que la vieillesse accable; puis ils franchissent les portes. A leur tête marchent Pallas et Mars, tous les deux d'or, revêtus de tuniques d'or; à leur grande taille, à l'éclat de leurs armures, on reconnaît des dieux ; le peuple est un peu moindre[1]. Arrivés au lieu de l'embuscade, au gué du fleuve limpide où se baignent les troupeaux, ils s'arrêtent sans se dépouiller de l'airain brillant et placent en avant deux sentinelles, pour leur signaler l'approche des brebis et des noirs taureaux. Bientôt le bétail s'avance, deux pâtres le conduisent et le son de la flûte charme leur labeur, ne soupçonnant point d'embûches. Les citoyens les voient les premiers, s'élancent, saisissent les bœufs, les blanches brebis et massacrent les bergers. Cependant la rumeur, le mugissement des bœufs parviennent jusqu'à l'assemblée des assiégeants. Soudain ceux-ci montent sur leurs chars rapides et atteignent en un moment le bord du fleuve, où le combat s'engage. Les javelines d'airain se croisent et portent de terribles coups. On distingue dans la mêlée la Discorde, le Tumulte et la Destinée destructive qui frappe l'un d'une cruelle blessure, épargne celui-ci et tire par les pieds, sur le champ de bataille, cet autre que la mort vient de terrasser; un vaste manteau enveloppe ses épaules et ruisselle de sang humain. L'art d'Héphaestos anime ces figures; on les voit combattre; on les voit, des deux parts, emporter les morts.

XVIII, 541 : « Vient ensuite une vaste et molle jachère, terrain fertile qui se façonne trois fois; plusieurs hommes le labourent; ils retournent le joug et se dirigent tantôt dans un sens, tantôt dans un autre; à leur retour vers la limite du champ, un serviteur leur verse une coupe d'un vin délicieux ; puis ils recommencent de nouveaux sillons, impatients de revenir encore au terme du profond guéret. Prodige de l'art ! le champ d'or prend sous leurs pas une teinte noire, comme celle de la terre fraîchement labourée.

XVIII, 550 : « Plus loin, le dieu représente un enclos couvert d'une abondante récolte. Les moissonneurs y travaillent, la faucille à la main, et, le long des sillons, jettent à terre de nouvelles poignées d'épis que, derrière eux, des enfants ramassent, portent à bras et tendent sans relâche à trois botteleurs, occupés à lier en gerbes celles qui sont déjà tombées. Au milieu de ses serviteurs, le roi de ce champ, debout sur les sillons, appuyé sur son sceptre, les regarde en silence et se réjouit en son cœur. A l'écart, les hérauts préparent sous un chêne un abondant repas ; ils ont sacrifié un énorme taureau qu'ils apprêtent; les femmes les secondent en saupoudrant les chairs de blanche farine.

XVIII, 561 : « Héphaestos représente encore une belle vigne dont les rameaux d'or plient sous le faix des grappes de raisin pourpré; des pieux

---

1. Cette observation achève de prouver que le poète décrit et interprète, mais n'imagine rien.

d'argent bien alignés la soutiennent; un fossé d'émail et une haie d'étain l'entourent. Un seul sentier la traverse, pour les porteurs au temps de la vendange; des vierges et des jeunes gens aux fraîches pensées recueillent, dans des corbeilles tressées, le fruit délectable. Au milieu d'eux, un enfant tire de son luth de doux sons et accompagne sa voix gracieuse du léger frémissement des cordes. Les vendangeurs frappent du pied la terre en cadence et répètent en chœur ses chants.

XVIII, 573 : « Plus loin il trace un troupeau de bœufs à la tête superbe, où se mêlent l'or et l'étain ; ils se ruent en mugissant hors de l'étable et vont au pâturage sur les rives du fleuve retentissant, bordé de frêles roseaux. Quatre pâtres d'or conduisent les bœufs et neuf chiens agiles les escortent. Soudain deux lions horribles enlèvent, à la tête du troupeau, un taureau qui beugle avec force ; les chiens, les jeunes gens s'élancent; mais les lions, déchirant leur victime, hument son sang et ses viscères. Vainement les pâtres les poursuivent en excitant leurs chiens ; ceux-ci n'osent aborder les terribles bêtes et se contentent de les serrer de près en aboyant, mais en les évitant toujours.

XVIII, 587 : « Le dieu représente encore, dans un riant vallon, un vaste pré où paissent de grandes et blanches brebis ; près de là sont les étables, les parcs et les chaumières des bergers.

XVIII, 590 : « Il trace ensuite un chœur semblable à ceux que jadis, dans la vaste Gnosse, Dédale forma pour Ariane à la belle chevelure. Des jeunes gens et des vierges attrayantes, se tenant par la main, frappent du pied la terre. De longs vêtements d'un lin fin et léger, des couronnes de fleurs parent les jeunes filles. Les danseurs ont revêtu des tuniques d'un tissu riche et brillant comme de l'huile; leurs épées d'or sont suspendues à des baudriers d'argent. Tantôt le chœur entier, aussi léger qu'expert, tourne rapidement comme la roue du potier, lorsqu'il éprouve si elle peut seconder l'adresse de ses mains. Tantôt ils se séparent et forment de gracieuses lignes qui s'avancent l'une au devant de l'autre. La foule les admire et se délecte à ces jeux. Un poète divin, en s'accompagnant de la lyre, les anime par des chants. Deux agiles danseurs, dès qu'il commence, répondent à sa voix et pirouettent au milieu du chœur.

XVIII, 607 : « Enfin Héphaestos, avec la même habileté, trace au bord de ce bouclier merveilleux le grand fleuve Océan.

XVIII, 609 : « Lorsqu'il a achevé ce bouclier vaste et solide, il fait la cuirasse, dont l'éclat surpasse l'éclat de la flamme; il fabrique un casque splendide, pesant, qui doit s'adapter au front du héros; il y ajoute une crinière d'or; enfin, il fait avec le flexible étain de superbes cnémides. »

INDEX ALPHABÉTIQUE

Aborigènes, 76.
Achéens, 227.
Action en retour de la Grèce sur la Phénicie, 227.
Adige, 161.
Adria, 10.
Airoles près Larzac, 88.
Agen, 89.
Alaise, 87, 88, 92.
Albo (Cantal), 156.
Alexandre le Grand, 10.
Allifae, 214.
Allobrogie, 20.
Alpes Juliennes, 26; — Noriques, 42, 92, 124.
Alpis Julia, 207.
Amancey (plaque en bronze d'), 93.
Ambarres, 24, 210.
Ambicatus, 200, 202.
Ambigat, 24.
Ambre, 129, 145, 188.
Amentum, 189.
Ammersee, 155.
Anes dans la Celtique, 14.
Anet (Suisse), 214.
Angon, 194.
Annibal, 28, 33.
Anthropologie de la Gaule, 40.
Antico-Italici, 70.
Apollonius de Rhodes, 17, 112.
Aquilée, 95, 215.
D'Arbois de Jubainville, 26, 204, 205, 211.
Arcadiens, 227.
Argent (mines d'), 130.

Argonautes, 18.
Aristocratie de la richesse à Vetulonia, 86.
Aristote, 8, 14, 184.
Armorique (rasoirs en), 158.
Arrien, 10.
Art achéen, 227; — ombrien, 223.
Aruns, 200, 211.
Arvernes, 24.
Associations guerrières, 126.
Assourbanipal, 226.
Assournazirpal, 225.
Assyriens (bas-reliefs), 225.
Attale Ier, 37.
Attenfeld (Bavière), 155.
Augsbourg, 155, 183.
Aulerques, 24, 210.
Avezat-Prat (Hautes-Pyrénées), 83, 87, 89.
Aviénus, 35.

Bagnarola, 214.
Bagnols (Gard), 153.
Bamberg, 89.
Banquet, 116.
Barbelures, 195.
Baresia (Jura). 153, 154, 155.
Barrières (Lot), 156.
Belges, 132, 142, 144, 180, 181.
Belgium, 6.
Belisama, 15.
Belle-Remise (Bavière), 87, 215.
Bellovèse, 24.
Bellune, 86.
Benacci (terrain), 172.

Benvenuti (famille), 160.
Bingen, 152.
Biondelli, 49, 53.
Bipennes, 199.
Bismantova, 181; — (tombe de), 57.
Bituriges, 24, 203, 210.
Biturix, 204, 211.
Bocchus, 72.
Bohême, 25.
Boïens, 25, 143.
Bois de Langres, 150; — de la Perrouse, 150.
Boissia (Jura), 153.
Bologne, 86, 160, 164, 170, 173, 175, 186, 187, 214.
Borgo-Ticino, 52.
Bormans, 192.
Bosphore cimmérien, 228.
Boucles d'oreille, 173.
Bouclier d'Achille, 99, 218.
Boucliers, 106; — gaulois, 110; — de l'Ida, 228.
Boumerang, 193, 199.
Bourg (Ain), 153, 232.
Bourges, 153.
Routerolle, 154.
Bracelet gaulois, 175; — à godrons, 176; — de fer et de bronze, 173.
Brachycéphales, 39, 40.
Brandebourg, 151.
Braunsberg (Prusse orientale), 151.
Bréal, 77.
Brianza, 176.
Britanniques (îles), 14.
Brizio, 48, 78, 160, 171, 174, 180, 222.
Broca, 36.
Broderies d'or, 129.
Bruck (Bavière), 152, 155.
Brully (Côte-d'Or), 84.
Brunn, 226, 228, 321.
Buat (comte du), 21.
Bursian, 218.
Bustes ailés, 101.
Byciskala (grotte de), 214.

Cahors, 89.
Camars (Clusium), 76.

Campanie, 44.
Campfaon (Vaucluse), 153.
Camunes (Euganéens), 67.
Canapé figuré sur une situle, 108.
Cantium, 15.
Caporetto, 96.
Capoue, 31.
Caprara, 169, 172.
Caractères physiques des Gaulois, 36.
Carlsruhe, vii, 89.
Carnets de M. Bertrand, 182.
Carniole, 139.
Carnutes, 24.
Cartailhac (Émile), 89.
Casargo, 168, 178.
Casque, 106, 138, 139; — de bronze portant une inscription étrusque, 174; — à chenille, 112 — d'Oppeano, 101, 106.
Casques à inscriptions euganéennes, 101; — de Watsch et de Sanct-Margarethen, 101, 103.
Cassitérides (îles), 35.
Castelfranco, 48, 53, 60, 81, 82, 176, 177.
Castelletto-Ticino, 52, 98, 213;
Castello nella Valtravaglia, 59, 61; — (Vase de), 56.
Castelvetro, 214; — (miroir de), 97.
Cateia, 104, 189, 191, 194, 198.
Caton l'Ancien, 67, 211.
Caverzano, 213.
Ceintures en bronze, 96.
Ceinturon de Corneto, 122; — d'Este, 121; — du Predio Benacci, 120, 121; — de Watsch, 107.
Celtes, 16, 19, 71; — (origine des), 2; — Cisalpins, 28; — du Danube, 12; — de l'histoire, 36; — mercenaires, 9; — transalpins, 28.
Celtibères, 20, 34.
Celticum, 210.
Celtique, 7, 14, 15, 202; — de César, 27; — de Polybe, 32.
Celto-Galates, 133.

Celto-Ligyens, 20, 34.
Celtus, 71.
Cenomani, 47, 204.
Cercles de pierres de Garin, 82 ; — de Saint-Gaudens, 84.
Ceretolo, 174.
Certosa (Bologne), 52, 96, 160, 214.
César, 4.
Chaîne de suspension, 174.
Chaînettes gauloises, 173.
Champs sacrés, 128, 168.
Chantre (Ernest), 151.
Chapeau bizarre, 104 ; — à larges bords, 107.
Char, 120.
Chasseurs, 108.
Chaudronnerie travaillée au repoussé, 94.
Chaumoy (Cher), 216.
Chypre, 221, 227.
Cicéron, 6.
Cimmériens, 24.
Cisalpine, 44.
Cistes à cordons, 97, 98, 158 ; — (distribution des), 217 ; — (géographie des), 213.
Cités lacustres, 186.
Civilisation celtique, 160 ; — du premier âge du fer, 80.
Clans celtiques, 24.
Clava, 198.
Clermont-Ganneau, 219.
Clusium, 21. 47.
Cnémides, 182.
Cojou (Ille-et-Vilaine), 84.
Collignon (le Dr), 40.
Combat de ceste, 112, 118.
Combe d'Ain (Jura), 153.
Côme (province de), 53, 177.
Condottières, 184.
Conestabile, 51.
Confréries celtiques, 30.
Copenhague (musée de), 154.
Corail, 145.
Coralles, 196.
Cormoz (Ain), 150, 153.
Corneto, 122.

Corporations celtiques, 95.
Corveissiat (plaque en bronze de), 93.
Cosne (Côte-d'Or), 150.
Couche d'argile destinée à préserver la fosse de l'humidité, 137.
— de charbon formant corps isolant, 137.
Coupes d'argent doré, travaillées au repoussé, 219 ; — dites phéniciennes, 220, 225.
Courcelles-en-Montagne (Haute-Marne), 150.
Course de chars, 110.
Couteau d'Este, 101.
Couvercle de Grandate, 99 ; — de Hallstatt, 97.
Créancey (Côte-d'Or), 150.
Croix gammée, 163.
Cromlechs, 83 ; — de Golasecca, 81.
Cuirasse historiée, 99.
Cumes, 32, 214.
Curium, 220.
Cynètes, 8.
Cynésiens, 8.

Dames (Cher), 216.
Danube, 8.
Danubio-padouan (art), 140.
Darmstadt, 149.
Deecke, 227.
De Lucca, 174.
De mirabilibus auscultationibus, 16.
Denys d'Halicarnasse, 32, 72, 201.
Denys le Tyran, 9.
Deschmann, 94, 134.
Déols (Indre), vii.
Desor, 174, 183.
Diarville (Vosges), 150.
Dijon, 153, 155.
Diodore, 16.
Doerth (Prusse rhénane), 215.
Dolichocéphales, 39, 40.
Dompierre (Ain), 156.
Dorflingen (Bade), 88.
Doriens, 228.
Double sens donné au mot Celte par les Grecs, 17.

Drave, 92, 134.
Drôme, 156.
Dualité du type physique dans la France actuelle, 40.
Dublin, 154, 156.
Duhn (von), 51.
Duncker, 206.

Eisen-Capel (Carinthie), 185.
Elbe, 14.
Ellwangen, 152.
Empire celtique, 133, 203; — ombrien, 166.
Enceintes de pierres, 80.
Épées, 141; — à antennes, 85, 86, 139, 144; — de fer, 124, 141, 184; — de Hallstatt, vii, 125, 145, 149; — de bronze, vii, 151; — (zone géographique de l'), 154; — gauloise, 167, 168, 169, 173, 175; — de La Tène, 125, 145; — celtique du type dit de La Tène, 194.
Éphore, 13, 16.
Ératosthène, 15.
Éridan (Pô), 18.
Esclanède (Lozère), 156.
Espagne, 89.
Este, 52, 96, 97, 122, 160, 161, 186, 213.
Étain, 35; — (appliques d'), 187.
Éthiopiens, 13.
Étrusques, 21; — avec les Celtes (relations des), 31, 32, 34, 44, 49, 62, 66, 132.
Euganéens, 69.
Euganéenne (époque), 163.
Eumène II, 37.
Exaltation de la fleur, 116.
Eygenbilsen (Belgique), 216.

Falarica, 195.
Falchi (le D^r), 59, 70, 86.
Felsine, 164.
Fers de lance, 179.
Fertilité de la Cisalpine, 29.
Feux de la Saint-Jean, 135.
Fibule, 60, 159, 181; — en barque, 60, 61; — dite à bâtonnets transversaux, 61; — à côtes profondes ou crénelée, 60; — gauloise, 169, 170, 171, 172; — à nœuds de Klenik, 140; — en sangsue, 59; — serpentiforme, 60, 87, 93; — de Watsch, 142.
Finsbury, 154.
Fournet, 129.
Fourreau d'épée découvert à Hallstatt, 100; — historié d'une épée de La Tène, 124; — d'épées gauloises, 168.
Framea, 196.
Francfort-sur-le-Mein, 155.
Francisque, 194, 199.
Francs, 13, 47.
Fraore, 213.
Fréret, 24, 71.
Fresques des appartements, 183.
Friedberg (Bavière), 152.
Fridolfing (Bavière), 215.
Frögg (Carniole), 215.
Fuseaux, 187.

Gaesum, 142, 191, 197.
Gail, 11.
Gaisberger, 122.
Galas, 71.
Galates, 16, 28, 36, 45, 46, 131, 160, 176.
Galgal, 53.
Galli, 13, 36.
Garin (Haute-Garonne), 82, 185.
Garovaglio, 82.
Gaule au vi^e siècle (d'après le récit de Tite-Live), 23.
Gauloises (nécropoles), 177.
Gédinne (Belgique), 150, 152.
Gemeinlebarn (Autriche), 149.
Ger (Hautes-Pyrénées), 89, 185.
Germanie, 14.
Gésates, 132, 142, 144, 160.
Giani, 52.
Giovanelli, 64, 67.
Gladius, 212.
Gnathia, 214.

Gnipho, 72.
Golasecca, 52, 59, 64, 80, 213; — (mobilier des tombes de), 55; — (tombe de), 58; — (type de), 53; — (vase de), 56.
Gommeville (Côte-d'Or), 216.
Gozzadini, 160, 174.
Grad (Autriche), 136.
Gradisce, 134, 136.
Graeckwyl (Suisse), 101.
Gramat (Lot), 153, 156.
Grandate, 97.
Grauholz (Suisse), 214.
Grée de Cojou (Ille-et-Vilaine, 84.
Grelots, 136.
Gromilas, 135.
Gubbio, 76.
Gundlingen (Bade), 155.
Gutschmid, 208.

Haguenau, 92; — (plaques de), 90, 91.
Hallstatt, 51, 86, 87, 89, 92, 96, 122, 152, 155, 214; — (couvercle de), 97.
Hambourg (Bade), 86.
Hanovre, 149.
Hécatée de Milet, 7.
Helbig (Wolfgang), 51, 70, 78, 187, 213, 221.
Hélicon, 212.
Helvètes, 25, 142, 144, 212.
Hérault, 89.
Hercynienne (Forêt), 16.
Hercyniens (Monts), 18.
Hérodote, 7.
Heuzey (Léon), 227.
Hirschfeld (Otto), 205.
Hochstetter (F. de), 94, 100, 101, 116, 134.
Hoernes (M.), VII, 213.
Hoever (Hanovre), 152.
Horatia pila, 195.
Hundersingen (Wütemberg), 87, 215.
Hundsrück (Franconie), 155.

Ibères, 33.

Illyrie, 10.
Illyrien, 34, 71, 95, 202, 228; — (cimetière), 157.
Illyro-Celtes, 217.
Illyrius, 71.
Incinération, 52, 89, 135, 160, 182, 184; — partielle, 127.
Indice céphalique, 40.
Indiens, 13.
Inhumation, 52, 124, 127, 135, 169, 184.
Inscriptions étrusques, 63.
Insubres, 56, 71, 204.
Insubriennes (antiquités), 65; — (nécropoles), 168.
Introbbio, 167, 179.
Invasion celtique en Italie, 200.
Irlande, 154.
Istriens, 8, 10.
Istros, 8.
Italici, 71.
Italo-celte (période dite), 77.
Ivoire, 129.

Jonquières (Vaucluse), 153, 156.
Justin, 66, 208, 209.

Κασσίτερος, 35.
Keller (F.), 183.
Κελτός, 7.
Kimris, 41, 132.
Klein-Aspergle (Würtemberg), 215.
Klein-Glein (Styrie), 96; — (situle de), VII, 95.
Klenik (Styrie), 137, 138.
Korno (Bohême), 155.
Koujoundjik, 226.
Koumanoudis, 220.
Krumbach (Souabe), 88.
Kuffarn (Styrie), 96.
Kurd (Hongrie), 215.
Kysic (Bohême), 149, 155.

Laboureur sur situle, 108.
Lacs de la Haute-Italie, 19.
Laens, peuple celtique, 47.
La Gazetta, 179.

Lagobolon, 108.
La Laupie (Drôme), 153, 156.
Lamstedt (Hanovre), 152.
Landshut (Bavière), 149, 152.
La Porte du Theil, 11.
Lautrath (Bavière), 170.
Laybach, 94, 131, 134, 185.
Lazenay (Cher), 150.
Lébéciens, peuple celtique, 47.
Lengenfeld (Bavière), 155.
Lépontiens, 67, 69.
Lièvre (chasse au), 108.
Ligures, 7, 33, 34, 62, 76, 212.
Ligyens, 19.
Lindenschmit, 149.
Liste des bouterolles à ailettes, 154 ; — des cistes à cordons, 213 ; — des épées de bronze, 151 ; — des épées de Hallstatt, 149 ; — des nécropoles gauloises en Italie, 177.
Lit représenté sur une situle, 108.
Louette-Saint-Pierre (Belgique), 150.
Lucumon, 208.
Ludwigsburg (Würtemberg), 87, 215.
Lund (musée de), 154.
Luneburg (Hanovre), 154.
Lunery (Cher), 150.
Lusitaniens, 196.
Luttum (Hanovre), 215.

Mâcon, 153, 156.
Magenta, 179.
Maître (Abel), 58.
Majeur (lac), 50.
Malgesso (vase de), 57.
Malvasia (stèle), 166.
Mannheim, 149.
Mariathal (Styrie), 139.
Marseille, 16.
Marzabotto, 174, 187, 214.
Massalia, 7.
Masque d'or, 228.
Mataris, 198.
Matrai (Tyrol), 96, 112.
Mayence, 149, 152, 215.
Mediolanium, 204, 210.

Mélange des deux rites, incinération et inhumation, 51, 125.
Menhir, 83.
Mercenaires gaulois, 13, 143.
Mérovingien (art), 228.
Métis, 40.
Meyenburg (Brandebourg), 215.
Meyer (A. B.), 223.
Migrations orientales, 183.
Milan, 182.
Milchhoefer (A.), 220.
Minerais de fer, 185.
Mines (travail des), 129 ; — de sel, 128.
Miroir de Castelvetro, 98.
Mommsen (Théodore), 22, 206.
Monceau-Laurent, 149, 216.
Monceau-Milon, 150.
Moncucco, 61 ; — (tombe de), 58 ; — (vase de), 56.
Mons (Cantal), 150, 156.
Morast, 134.
Moritzing (Tyrol), 96, 118, 215.
Mors de bride, 182, 187.
Mortillet (G. de), 64, 174.
Monteveglio, 214.
Moule de fibule, 61 ; — à rasoir, 181.
Müllenhoff (K.), 16, 207.
Müller (Otfried), 218.
Munich, 155.
Musées archéologiques, 3.
Musiciens représentés sur une situle, 108.
Mycénien (art), 186, 228.
Mycènes, 220, 224, 226.

Nauquiès (Aveyron), 151.
Nécropoles gauloises en Italie, 49 ; — du type de Golasecca, 57 ; — sénonaises, 176 ; — villanoviennes, 164.
Negau (Styrie), 101, 138.
Nepos (Cornelius), 221.
Nerviens, 6.
Nessel (collection), 92.
Neuchâtel, 183.

Niebuhr, 206.
Niederaunau (Bavière), 87, 93.
Niederrad près de Francfort, 152.
Nienburg (Hanovre), 215.
Nocera, 214.
Nola, 31.
Noms de lieu rhétiques, 68.
Noricum, 140, 156.
Nouguerat (Lot), 151.
Nydham, 194.

Oberland bavarois, 159.
Oberziner, 69, 78.
Occupation gauloise dans la Cispadane, 172
Oeland (île d'), 154.
Oenochoés en bronze, 132.
Oiseau volant sur les situles, 106.
Olympie, 99, 221.
Ombrie, 42.
Ombriens, 72, 76, 78; — (textes relatifs aux), 73.
Oppeano, 61; — (casque d'), 97.
Oppida, 23, 131, 134.
Or (mines d'), 130.
Orléans, 156.
Ornementation géométrique, 129.
Ornements en S, 175.
Orsi (Paolo), 64, 69, 78, 223.
Orvieto, 214.
Ouessant (île d'), 15.
Oural, 130.

Pansdorf (Mecklembourg), 215.
Parme, 182.
Pélasges, 62, 76.
Pergame (école de), 37.
Périgueux, 88.
Perrot (Georges), 221.
Peuplement de la Gaule, 1.
Phalères, 139.
Phlégréens (Champs), 31.
Phocéens, 22.
Pickelhaube, 102.
Piette (E.), 83.
Pigorini, 62, 186.
Pilum, 195.

Plaque de ceinture en bronze, 189; — cloche, 104, 108; — Windischgraetz, 104.
Plaques estampées, 93.
Platon, 8.
Plutarque, 15.
Pô, 19.
Poignards à antennes, 87.
Poignards de Mycènes, 228.
Poignées d'ivoire, 145.
Pointes de flèche, 188.
Polybe, 4, 6, 15, 27, 34.
Pont de Poitte (Jura), 88, 153, 155.
Porte des Lions à Mycènes, 166; — monumentale de Bologne, 165.
Posidonius, 4, 14, 206.
Pothier (le général), 89.
Poviglione Veronese, 179.
Préceltique (couche), 40.
Predio Benacci (Bologne), 122.
Pré-galatiques (nécropoles), 48.
Primentdorf (Posen), 215.
Prix du combat, 108, 112.
Prosdocimi, 160, 163, 186.
Proto-Celtes, 79, 89.
Ptolémée fils de Lagus, 11.
Pusterthal (Tyrol), 97.
Pyrène, 8.
Pyrénées, 89.
Pythéas, 14, 35.

Quemigny-sur-Seine (Côte-d'Or), 155.

Racak (mines des), 185.
Rakounik (Bohême), 152.
Ramé (Alfred), 82, 84.
Ramsauer, 123, 126, 145.
Rasenas, 68.
Rasoirs, 157, 216; — (distribution des), 217.
Réate, 76.
Reffye (général de), 190.
Reichel (W.), 220.
Répétition des acteurs, 219.
Reuilly (Loiret), 216.
Rhaetus, 67.

Rhètes, 63, 66, 68, 78, 129.
Rhétiques (antiquités), 65
Rhin, 14, 19.
Rites funéraires, 51, 139.
Rivoli, 213.
Rixheim (Alsace), 150.
Rhône, 18, 19.
Robarello, 61; — (tombe de), 58.
Rochette (Drôme), 151.
Roget de Belloguet, 36, 38.
Rome (musée de), 186.
Rouelle flanquée de signes serpentiformes, 122.
Rouelles, 196.
Rügen, 151.
Reugg (Italie), 214.
Russikon (Suisse), 214.
Rumpia, 196.

Sacaze (Julien), 83.
Sacken (E. de), 123, 129.
Sacrifice (scène de), 107.
Saglio (E.), 219.
Saint-Cirq-Lapopie (Lot), 151, 156.
Saint-Éloy de Gy (Cher), 216.
Saint-Flour (Cantal), 150.
Sainte-Foy (Tarn), 89.
Saint-Gaudens (Haute-Garonne), 83.
Saint-Georges (Cantal), 156.
Saint-Just (Ille-et-Vilaine), 84.
Saint-Michel (Styrie), 136.
Saint-Oustrille (Indre), 153, 156.
Saint-Romain (Côte-d'Or), 84.
Salem (Bade), 87.
Salles-la-Source (Aveyron), 151.
Salzbourg, 152.
Salyes, 22, 210.
Sanct-Marein, 96.
Sanct-Margarethen (Carniole), 94, 102, 139, 188.
San-Daniele (Istrie), 215.
San-Stefano, 179.
Santa-Lucia, 157, 215.
Santa-Maria Maddalena di Cazzano, 174.
Santones, 210.
Saulcy (commandant de), 84.

Save, 92, 134.
Sax, 198.
Scandinave (art), 228.
Schliemann (Henri), 220.
Schonen, 154.
Schwetzingen (Bade), vii, 152, 155.
Scylax de Caryande, 9, 176.
Scythes, 13.
Seau de bronze, 105; — à côtes, vii, 149.
Sedia Corsini, vii, 222, 228.
Senones, 24, 210.
Sempronius Asselio, 26.
Sépultures de famille, 86; — homogènes, 56.
Sesto-Calende, 49, 52, 86, 96, 273; — (ciste de), 100; — (tombe de), 54.
Sigmaringen, 51, 92, 136, 184.
Sigovèse, 24.
Simony, 123.
Simpulum, 118.
Situle dite Arnoaldi, 109, 111; Benvenuti, 117, 118; Boldù-Dolfin, 105, 106; de Bologne, 105; — de bronze (liste des), 96; — de Capodaglio, 104; — de la Certosa, 109; — celto-illyriennes, 218; — d'Este, 105; — de Kuffarn, 115 118; — de Matrai, 110; — de Trezzo, 102; — de Watsch, 100, 114, 116; — Zannoni, 104, 109.
Solin, 72.
Somma, 52.
Sommebionne (Marne), 172.
Souabe, 183.
Spandau, 151.
Spatha, 194.
Steckhow (Brandebourg), 152.
Stèle Malvasia, 165, 167.
Stèles découvertes dans la nécropole de la Certosa, 167.
Sternberg (Souabe), 149.
Stockholm, 154.
Stoechades (Iles), 19.
Strabon, 11, 14, 16, 67.
Stratigraphie des tombes d'Este, 161.

Straubing (Bavière), 152.
Syrmos, roi des Triballes, 11.

Tables Eugubines, 77.
Tapisseries orientales, 108.
Tarente, 214.
Tartessos, 8.
Taurini, 26.
Taurisci, 26, 30.
Tectosages, 25.
Tello, 225.
Tène (La), 142, 171, 217.
Terramares, 186.
Teutona, 198.
Textes historiques sur les Celtes, 3.
Thalheim (Wurtemberg), 87.
Théocrite, 112.
Théopompe, 10.
Thierry (Amédée), 16, 22, 72.
Thor, 199.
Thraces, 125.
Tite-Live, 20, 65, 183, 201, 205, 209.
Timagène, 201, 207.
Timée, 15. 16.
Toiano, 214.
Tolentino, 214.
Tombe à camere, 49.
Tombes de Hallstatt (contenu des), 126, 146.
Torques, 143, 144.
Transalpins (Celtes), 30.
Transylvanie, 130.
Trépied, 132.
Trezzo, 96.
Trogue Pompée, 66, 208.
Tröltsch (E. von), 151, 213, 214, 215.
Tumulus, 132, 183; — à incinération, 83.
Type physique des Gaulois, 37, 38.
Tyrrhéniens, 76.

Uffing (Bavière), 215.
Umbriae (tractus), 76.
Umbro-italici, 69.
Upland, 154.
Urne cinéraire, 55, 59.

Urnes de Garin, 83.
Uxisama, 15.

Vadena (nécropole rhétique de), 64.
Valais, 88.
Valence, 153.
Valérius Flaccus, 195.
Vaphio (Morée), 226.
Varron, 212.
Vases de bronze; 127, — peints, 132.
Veau d'or, 138.
Valtravaglia, 56.
Väringenstadt près de Sigmaringen, 87.
Vénètes, 10, 43, 45, 46.
Vergiate, 52.
Vermo, 215.
Verroteries phéniciennes, 129.
Veru, 195.
Vetulonia, 59, 70.
Vie de Bagneux (Côte-d'Or), 149.
Villa Nessi (vase de), 57.
Villanova, 59, 78, 166.
Villanovienne (civilisation), 187.
Ville assiégée, 226.
Virgile, 113.
Vistule, 14.
Vornay (Cher), 150.
Vulci, 214.

Watsch (Carniole), 94, 96, 97, 139, 188; — (tombes de), 141.
Weichering (Bavière), 152, 155.
Wertheim-sur-le-Mein, 152.
Wiesbaden, 149.
Wilsingen (Wurtemberg), vii.
Windischgraetz (prince Ernest de), 138, 188.
Wodendorf (Bavière), 86.
Wosinsky, 213.

Xénophon, 9.

Zannoni, 105, 160, 172, 174.
Zeuss, 21, 68.
Zones concentriques, 225.
Zurich, 89, 182.

www.ingramcontent.com/pod-product-compliance
Lightning Source LLC
Chambersburg PA
CBHW070529170426
43200CB00011B/2370